IJSCASS 中国社会科学院
日本研究所

"登峰战略"系列研究成果

THE ELECTIONS AND POLITICAL
FUNDING IN POSTWAR JAPAN

战后日本选举与政治资金问题

朱清秀 著

社会科学文献出版社
SOCIAL SCIENCES ACADEMIC PRESS (CHINA)

目 录

序 章 ··· 001

第一章 政治资金问题的国际比较 ··· 024
 第一节 日本选举政治中的政治资金 ··· 024
 第二节 美国的政治资金问题及政治资金管制体系 ······················· 032
 第三节 英国的政治资金问题及政治资金管制体系 ······················· 038
 第四节 战后日本政治资金问题的演变及特点 ······························ 043
 第五节 美日英政治资金管理体系的异同 ······································ 050
 本章小结 ··· 053

第二章 日本选举制度改革与政治资金问题 ······································ 055
 第一节 日本选举制度的变迁 ·· 055
 第二节 战后日本中选举区制度与政治资金问题 ·························· 064
 第三节 选举制度改革与小选举区比例代表并立制 ······················ 071
 本章小结 ··· 079

第三章 《政治资金规制法》的修订与政治资金问题 ······················ 083
 第一节 选举活动的监管与《政治资金规制法》的导入 ·············· 083

第二节　《政治资金规制法》的内容和修订过程 …………… 089

第三节　《政治资金规制法》与政治资金管制体系的缺陷 …… 098

本章小结 …………………………………………………………… 105

第四章　政党的国家援助与政治资金问题的发展 ……………… 108

第一节　引入政党援助制度的原因 ……………………………… 108

第二节　政党援助制度的制定过程及内容 ……………………… 114

第三节　政党援助制度存在的问题及对政治资金问题的影响 … 121

本章小结 …………………………………………………………… 130

第五章　不断发展的后援团体 ……………………………………… 132

第一节　后援会与选举政治 ……………………………………… 132

第二节　1994年的政治改革对后援团体的影响 ………………… 139

第三节　迂回献金问题与政治资金的流转 ……………………… 148

本章小结 …………………………………………………………… 154

第六章　日本政党及政治家的政治资金状况 …………………… 157

第一节　政党的政治资金结构 …………………………………… 157

第二节　日本各政党的政治资金结构 …………………………… 163

第三节　日本政治家的政治资金结构 …………………………… 177

第四节　政治资金结构与政治资金问题 ………………………… 186

本章小结 …………………………………………………………… 188

第七章　小泉纯一郎与安倍晋三的政治改革
——兼论改革过程中的政治资金问题 ………………… 190

第一节　"小泉神话"：改变自民党，改变日本 ………………… 190

第二节　民主党：建立政治主导和国民主导的政府……………………199
　第三节　安倍晋三：推动政治改革，挑战战后安保体制……………205
　本章小结……………………………………………………………………213

第八章　"改元"与"改宪"：后平成时代日本政治走向
　——兼论日本政治资金问题的发展趋向…………………………………217
　第一节　告别平成时代，皇室的传统与现代之变……………………217
　第二节　摆脱战后体制，安倍式修宪进入新阶段……………………222
　第三节　后平成时代日本政治走向……………………………………226
　本章小结……………………………………………………………………231

第九章　结语………………………………………………………………………232

参考文献……………………………………………………………………………238

后　记………………………………………………………………………………249

序　章

一　"政治资金"的研究契机

战后日本政坛经常发生大规模的政治资金腐败案件,为了抑制腐败事件的发生,日本对政治资金管制体系进行了全方面的改革,特别是1994年日本改革了被称为金权政治罪魁祸首的中选举区制度①,将中选举区制度改为小选举区和比例代表并立制。同时改革了政治资金管制制度,强化《政治资金规制法》在预防政治资金腐败、惩治腐败行为方面的作用,并且向西方学习,引入政党援助制度②,制定《政党援助法》。日本国民期望通过这一系列的改革来杜绝产生日本"金权政治"的土壤,将日本政治的发展引向廉洁的方向。然而,这种期望并没有实现,1998年以佐佐木毅为首的日本政治学者对选举制度改革后的首次大选进行了全国性的调查,此次调查的重点即为政治资金问题。此次调查报告认为:"1994年的改革并未改变日本的'金权政治',实行小选举区和比例代表并立制的支出花费并不比中选举区制度时期少,强化政治资金法律体系对于解决政治资金问题依然效果不彰。"同时,强化政治资金管制体系之后,政治家为了逃避监管,通过迂回及地下黑钱的方式来筹集政治资金。这不仅加大了监管的难度,也会给日本社会带来政治资金腐败势头已经得到控制的假象。然而,2004年和2009年接连发生的日本牙科医师会非法献金事件③及西松建设公司非法政治献金事件④打破

---

① 战后1946~1993年选举日本众议院议员的选举制度,在该选举制度下每个选区有2~6人(一般3~5人)有当选议员的资格。1993年在细川内阁所推行的政治改革中被废除。

② 引入目的为降低各政党对企业献金的依赖,减少政治资金问题的发生。

③ 日本牙科医师会违反《政治资金规制法》向自民党国会议员非法捐献政治献金事件。2001年7月2日,在东京都一高级料亭,平成研究会(桥本派)会长及前首相桥本龙太郎、自民党前干事长野中广务及青木干雄收到日本牙科医师会会长1亿日元的支票,平成研究会没有向其开发票,也没有登记在政治资金收支报告书中,违犯了《政治资金规制法》的相关规定。

④ 西松建设公司通过设立空壳政治团体向各党派领袖非法捐献政治献金的事件。

战后日本选举与政治资金问题

了此种假象,日本政坛的政治资金腐败问题再次吸引了日本国民的目光。

在上述背景下,关于战后日本政治资金问题,有两个问题引起了人们普遍的关注:第一,为什么战后日本经常发生政治资金问题?第二,为什么1994年进行的以改革选举制度、引入政治资金援助制度、加强对政治资金的管制为核心的政治改革依然未能有效遏制政治资金问题的发生。为此,本书将带着上述疑问对战后日本的政治资金问题展开进一步的研究。

战后日本政治成为"金权政治"的代名词,然而"金权政治"的主要表现为选举政治中的政治资金问题。中国学术界对于日本的"金权政治"已经有了一定的研究,但是从政治资金的视角进行研究的很少,因此,本书的研究在一定程度上充实了国内对于日本"金权政治"的研究,弥补了国内政治资金问题研究的不足,具有一定的学术研究意义。同时,通过对战后日本的政治资金问题进行研究,可以学习和借鉴日本在管制和处罚政治资金腐败方面的经验与教训,从而更好地推进中国的反腐工作,因此该研究具有现实意义。

二 "政治资金"概念及研究

(一)"政治资金"概念

迄今为止,日本官方对于政治资金还未有一个正式的定义。在对战后日本的政治资金问题进行分析之前,对于政治资金等相关概念的解释和说明显得尤为重要。何谓政治资金?如果光从字面上解释的话:"所谓政治资金是指政党、政治团体、政治家个人参加政治活动包括选举活动时所需要的费用。"[1] 日本的政治资金具有以下特点:"第一,数额巨大;第二,接受政治资金这种行为并非一种政治行为,而是具有很强的目的性;第三,政治资金往往并不用于政治活动,多用于培养选举地盘。"[2] 吉田善明在《政治资金和法律制度》一书中也给出了相似的定义,所谓政治资金指的是:"政党及政治团体通过各种手段和方式筹措开展政治活动的费用,我们把这些费用称

---

[1] 藤田博昭「政治資金とは何か」、『北海道大学法学』第33巻第1号、1982年、211-233頁。
[2] 藤田博昭『日本の政治と金』、勁草書房サービスセンター、1980年、1頁。

为政治资金或政治献金。"① 而公明党则给出了不一样的解释:"所谓政治资金指的是政治家开展活动时使用的资金。政治资金主要分为三大类:一为捐赠;二为政治筹款宴会的收入;三为国家提供的政党援助金。"② 公明党的定义与前者最大的不同之处在于其强调的行为主体为政治家而非政党及政治团体。然而,公明党关于政治资金的定义有两个问题,即谁为政治家,判断政治家的标准是什么?政治家开展何种活动?即第一次参与选举活动的候选人是不是政治家,政治家参与政治聚会消耗的资金算不算政治资金?同时,强调行为主体为政党及政治团体的也有问题,在日本有部分国会议员无所属(不属于任何一个党派及政治团体),因此这一类人在进行政治活动时需要的费用算不算政治资金呢?为此,本书所使用的政治资金指的是,个人、企业、政治家、政党及其他政治团体为了达到某种政治目的而使用的资金,政治资金的范围主要包括政治捐赠、政治宴会筹集的资金、国家给予的政党援助金。

政治资金问题的定义有狭义和广义之分,狭义的政治资金问题主要指违犯日本《政治资金规制法》及《政党援助法》等对选举活动及政治资金的使用做出法律规定的行为皆为政治资金问题;而广义的政治资金问题即政治腐败,包括利用金钱、物资及借款等贿赂收买国会议员的行为。由于以上述二部法律为核心构成的政治资金管制体系还在不断完善和改革,特别是日本政治家善于以政治献金的名义收受贿赂,为了更好地对战后日本的政治资金问题进行分析,本书主要以《政治资金规制法》为核心从广义的视角对战后日本政治资金问题展开分析。为了避免将政治资金问题与公务员贪污受贿等腐败问题相混淆,本书的研究对象将仅局限于国会议员的政治资金,特别是众议员的政治资金问题。尽管很多政治腐败事件中也有事务次官等高级公务员的参与,但是本书对公务员腐败现象将不展开分析。

依据《政治资金规制法》的定义,"政治团体"是指以举行下列活动为目的的组织和以举行下列活动为主且长期存在的团体。一是举行、支持或者

---

① 三枝一雄・吉田善明ほか『政治資金と法制度』、日本評論社、1998 年、161 頁。
② 「政治資金ってなに?」、公明党、http://www.komei.or.jp/policy/politicsandmoney/seijishikin.html。

反对某种政治理念及政策的活动；二是推荐、支持或反对特定的公职候选人。同时，符合下列行为的组织也是政治团体：一是以国会议员为核心或者其参与者是国会议员的以研究某种政治理念或者政策为目的的团体，即所谓的政策研究团体；二是政治资金团体；三是举行特殊政治宴会的团体。政治团体主要分为三类：一是政党；二是政治资金团体，即政党指定的向政党提供资金援助的团体；三是其他的政治团体。

（二）"政治资金"研究

在日本，政治资金问题不只是政治家个人的政治伦理道德，它还关系到日本民主社会的健康发展。因此对于政治资金问题的成因及预防等各领域都有许多学者进行研究，在面对日本政界发生的政治资金问题时，日本学者主要从以下三个视角进行分析。

第一，法学层面。由于战后日本政治资金问题的发生往往与来自企业的非法捐献息息相关，从公司法及宪法等法律角度对政治资金问题进行深入探讨一度成为研究政治资金问题的主流。

第二，选举政治层面，主要分为选举制度及政治体制两部分。战后日本长期实行的中选举区制度被日本政治家及大多数政治学者认为是政治资金问题产生的主要原因。因此，为了避免政治资金问题的发生，只有改革选举制度，才能从根本上解决政治资金问题成为日本政治家及部分学者的共识。同时，战后日本自民党一党独大的政治体制也成为政治资金问题发生的重要原因。除此而外对于金钱及政治资金在选举政治中的作用即政治与金钱的关系也引起了很多学者的关注。

第三，具体的腐败案例研究。该部分的研究主要通过对具体腐败案例的分析来揭示政治资金问题的成因，研究的参与者多为参加过具体腐败案件的调查和报道的记者及国会议员，因此这部分的研究运用了大量的一手资料，将为本书的研究提供重要的参考。

第四，对政治资金问题进行国家间的比较研究。政治资金问题比较研究的对象主要为美国、英国、德国及法国等西方发达国家。由于战后日本政治资金问题非常严重，如何建立更好的政治资金管制体系成为日本学者关注的主要问题。于是，部分研究者将目光转向欧美等选举政治的发源地，意图通过国家间的比较研究来为日本的政治资金管制体系注入新的活力。

1. 法律层面的研究

法律方面的研究主要是以企业是否有资格捐献政治献金，企业捐赠政治献金是否符合相关法律法规等问题为核心来展开分析。1963年的东京地方法院对于八幡制铁事件①的判决，引起了法学界激烈的争论。但是之后在东京高等法院进行的二审推翻了一审判决的结果，承认企业可以向政党捐献政治资金。此案最终上诉到最高法院，最高法院的判决支持二审判决，承认企业向政党捐献政治献金的合法性。

不过，最高法院的判决结果并没有影响到法学界关于企业政治献金问题的讨论，学界的争论点主要集中在这几方面：其一，企业捐赠政治资金是否属于企业的权利范围之内；其二，企业捐赠政治资金是否影响了公共秩序；其三，企业董事是否违反了对企业忠实的义务。

认为企业捐赠政治资金是企业权利范围之内的学者认为："从企业的权利范围来看，限制企业法人权利的民法第四十三条不能适用于企业，企业参与政治献金活动是企业权利能力之内的事情，不管企业捐献多少政治献金，这都是企业的权利。"② 同时，也有学者认为："尽管公司法对于企业实现自己权利方面有规定，但是企业参与政治献金活动，不仅间接符合公司法所规定的可以实现企业的目标，而且这种捐赠行为对于企业的发展是有利的，因此参与政治献金活动应该是企业权利的一部分。"③ 反对的学者认为："企业对于社会慈善事业的捐赠是属于企业权利范围内的事务，但是对于政党及宗教团体的捐赠，不管数额多少，都应属于企业权利外的事务。"④ 该学者还认为企业向政党捐赠政治献金并非无偿的，而是具有一定的政治目的和立场，通过政治献金影响国家的决策。⑤

关于第二点，认为违反了公共秩序的学者认为："企业的政治献金与市

---

① 八幡制铁案件是围绕着公司捐献政治献金是否违法展开，经过三审，最终日本最高法院认定公司有资格捐献政治献金。
② 大森忠夫『会社法講義』（改訂版）、有信堂、1971年、18頁。
③ 鈴木竹雄『商法研究Ⅲ』、有斐閣、1971年、292頁。
④ 富山康吉『現代商法学の課題』、成文堂、1975年、137頁。
⑤ 富山康吉『現代商法学の課題』、156頁。

战后日本选举与政治资金问题

民所享有的政治自由相矛盾，违反了公民平等参与政治的原则，影响了由自由、平等的国民制定国家决策所形成的社会秩序，因此企业的政治献金是非法且无效的。"[1] 因为企业具有强大的经济能力，企业进行政治资金捐赠，会导致以公平为准则的社会秩序的崩溃。然而也有学者认为企业的政治献金并不影响公共秩序："企业的政治献金与那些为了获得利益而进行的贿赂、送礼的行为具有本质的区别，并不违反宪法，更不违反民法第90条。"[2] 因为企业是国民社会的一部分，追求利益，分担国家部分负担，接受国家的政治领导，从而没有理由要求企业不关注现实的政治，不能因为企业没有选举权而不允许其捐赠政治资金，更不能因为会导致"金权政治"而禁止企业捐赠政治资金。持有该观点的学者支持关于八幡制铁的二审和最高法院的判决。

关于第三点争论，认为没有违反企业董事对企业忠诚原则的学者认为："从企业的规模、业绩、社会经济地位及捐赠对象来看，只要在与企业规模相适应的合理范围内，管理者就不违反对企业的忠实原则。"[3] 持有"合理范围内合法"的学者一再强调只要企业提供政治献金是企业经营目标之一或者是企业的能力范围内的事情，企业的董事就不违反对企业的忠实原则。而反对合理范围论的学者认为："企业不管捐献多少政治献金其董事都违反了董事对企业忠实的原则。因为捐赠政治献金对于企业来说是一种非等价的交易行为，违反了企业经营的目的，同时企业有时也会进行非营利性的行为，比如灾后救援、社会慈善、纯粹的科技开发援助等，但是这些行为是企业的社会义务，而给予特定政党政治献金并非一种社会义务，并不依据其捐赠的多少而改变其性质。"[4]

本书并非从法学视角来探讨日本的政治资金问题，因此仅对与本书问题相关的文献进行分析。如今，有关政治资金问题的争论依然在法学界进行着，特别是在宪法学界，围绕着企业的政治献金是否违宪的争论[5]将政治资

---

[1] 富山康吉『現代商法学の課題』、119 – 120頁。
[2] 鈴木竹雄『商法研究Ⅲ』、332頁。
[3] 鈴木竹雄『会社法判例百選』、有斐閣、1983年、9頁。
[4] 西原寛一『商事法研究』（第3卷）、有斐閣、1968年、295頁。
[5] 关于企业政治献金违宪论可参考中島茂樹「憲法問題としての政治献金」、『立命館法学』第3・4号下卷、2000年、647頁；加藤一彦「企業による政治資金の規制論拠」、『一橋法学』第2卷第2号、2003年6月、433 – 446頁。

金问题的讨论推向一个又一个的高潮。自1995年《政党援助法》正式实施以来，要求禁止企业献金的争论就不绝于耳，尽管现在企业不能向政治家个人及其政治资金团体捐献政治献金，但是来自企业各种间接的迂回式的政治献金捐赠依然引起日本国民极大的愤慨。战后日本企业的政治献金被日本企业家誉为促进和维持自由民主经济发展及确保议会制民主主义健康发展的原动力。但是接连不断的政治献金丑闻使企业的政治献金成为"过街老鼠"。如今，在实施政党国家援助制度的基础上，能否禁止来自企业的政治献金将成为日本政治资金问题研究的另一个关注点。

2. 选举政治层面的研究

关于选举政治层面的研究主要有以下路径。第一，强调选举制度对政治资金问题具有重要的影响，即中选举区制度是导致日本政治资金问题的主要原因，要想改变"金权政治"的现状必须改革中选举区制度引入小选举区制度。第二，从日本"金权政治"的政治结构入手，对产生政治资金问题的原因进行分析。此种研究路径将自民党一党独大的政治结构作为日本政治资金问题产生的主要原因，要想根除日本的"金权政治"就必须打破自民党一党独大的政治结构，建立新的政治结构。除了上述比较主流的研究而外，也有不少学者侧重于从微观的视角来研究政治与金钱的关系，通过回答选举政治为什么需要金钱来寻找导致日本政治资金问题的原因。这一类的研究往往从政党或政治家的政治资金结构入手，依靠政治资金收支报告书，从微观的视角找寻政治资金问题产生的根源。

首先，从选举制度的视角来对政治资金问题进行剖析一度受到日本学者及国民的青睐。在20世纪90年代日本进行的政治改革中，改革选举制度就是其中一个非常重要的课题。1989年5月23日，自民党发表了《政治改革大纲》，该大纲的第一章里写道："政治资金的支出与选举制度紧密相关……直到现在我们都以政治道德为约束，通过个人的自觉及信念严格要求自己，然而我们感到金钱政治的结构，特别是选举制度……因此，我们认为现今日本政治存在的很多问题皆源自中选举区制度。"[①] 同样，1990年4月26日举行的第八次选举制度审议会所发布的《选举制度及政治资金制度改

---

① 日本自由民主党『政治改革大綱』、1989年5月23日。

战后日本选举与政治资金问题

革的报告》指出："在现行的中选举区制度下，无法避免以候选人为中心的选举。在这种以候选人为中心的选举中，加上我国特有的社会文化，使选举及政治活动的进行依赖候选人与选民之间的紧密关系，这同时也会导致选举中政治资金支出的增加。"① 再者，还有直接陈述需要废除中选举区制度的声音，《废除中选举区制度的宣言》指出"现在已经到了制度疲劳的极限……如果继续实行中选举区制，我们敢断定无法实现根本的改革，因此，我们要与中选举区制度诀别。"② 可见中选举区制度被日本学者及政治家认为是诱发日本"金权政治"的罪魁祸首，要想改变日本"金权政治"的现状就必须废除中选举区制。

然而中选举区制度是如何导致政治资金腐败的呢？中选举区制度有两个显著的特点。第一，候选人之间的竞选非常激烈。在中选举区制度下，不同的选举区可选出的议员数不同，当选议员的条件为得票排名靠前的候选人，因此，假设某个候选人获得大量的选票，那么其他候选人即使获得比较少的选票也可以当选。这就导致在中选举区制度下当选议员的选票门槛不断变动，对于每个候选人来说必须尽可能获得比其他候选人更多的选票，正是这种当选门槛的不确定性使在中选举区制度下候选人之间的竞争异常的激烈。第二，同一政党的候选人在同一选区相互竞争。一个政党要想获得过半数的议席③，至少必须在同一个选区派出两名以上的候选人，这就使选举竞争由以政党为中心转变为以候选人个人为中心，使日本各政党组织弱化，以议员为中心的组织及支持团体得到发展和强化。由于以候选人为中心，原本由政党支部负担的政治活动费用及选举运动费用转而由各候选人的后援会负担，再加上"同室操戈"，使政治资金的需求量不断增多。因此，在堀江湛看来，尽管采用任何选举制度都要花钱，但是日本实行的中选举区制度促使大量的非必需的政治资金投入，政治资金的大量投入不仅诱发了政治资金腐败事件，同时也加快了派阀政治的发展④。然而，对于后援会来说，其活动的

---

① 第八次選挙制度審議会『選挙制度及び政治資金制度の改革について答申』、1990 年 4 月 26 日。
② 『中選挙区制度廃止宣言』、1992 年 12 月 18 日。
③ 众议院实行中选举区制度时有 129 个选区，要选出 511 名众议院议员。
④ 堀江湛『政治改革と選挙制度』、芦書房、1993 年、17 頁。

序 章

费用来自哪里？对此，川人贞史认为，由于后援会需要支出大量的费用，候选人有必要向企业及各种团体索要各种政治资金[①]。在索要政治献金的过程中就容易滋生各种政治资金的腐败问题。因此，要想改变日本"金权政治"的局面，解决政治资金问题，就必须废除中选举区制度。于是，围绕废除中选举区制度引入小选举区制、实行小选举区比例代表并立制的选举制度改革在日本社会引起很大的争论。

然而，引入小选举区制度能否从根本上杜绝政治资金问题的发生？对此，日本国内围绕该问题展开了激烈的争论。石川真澄认为："之所以有人想要引入小选举区制，不外乎是大家认为引入小选举区制后可以实现不花钱或少花钱的选举，同时可以实现政权的更迭。然而这种认识过于简单，如果没有有效的管制政治资金的措施，不管实行什么选举制度都不可避免地会出现金权政治。"[②] 石川真澄还认为："小选举区制度有很多缺陷，其中最大的缺陷就是少数派的代表无法当选，人为地制造多数，无法正确地反映民意。"[③] 然而在支持引入小选举区制度的堀江湛看来，"引入小选举区制更容易实现政权的更迭，也更容易实现稳定的内阁……尽管小选举区制无法正确反映民意，但这主要与人们如何看待'代表性'息息相关"[④]。尽管对于引入小选举区制度、实行小选举区比例代表并立制的选举制度还存在不少争议，但是在1994年的政治改革中，细川非自民党内阁还是正式废除了中选举区制，实行小选举区与比例代表并立制。对于引入小选举区制度、实行小选举区比例代表并立制的争论还在继续，并且很多学者利用选举数据进行实证研究，对此次选举制度改革进行全面分析。对此次改革非常关注的山口二郎写道："原本寄予厚望的并立制未使以候选人为中心的选举变为以政策为中心的选举，这都不过是画饼充饥。"[⑤] 宫川隆义则通过对战前日本小选举区制度的分析认为，"自民党将政治资金腐败的责任全部转嫁到中选举区制上，以此来缓和国民对政治的不信任和批评。将中选举区制度描绘为造成政

---

① 川人貞史・吉野孝ほか『現代の政党と選挙』、有斐閣アルマ、2001年、138頁。
② 石川真澄『小選挙区制と政治改革―問題点は何か―』、岩波書店、1993年、11-13頁。
③ 石川真澄『小選挙区制と政治改革―問題点は何か―』、23-27頁。
④ 堀江湛『政治改革と選挙制度』、34頁。
⑤ 山口二郎『日本の課題』、岩波書店、1997年、10頁。

战后日本选举与政治资金问题

治资金问题及政权无法更替的原因只是日本政治家对自身原罪的诡辩。"①围绕选举制度与政治资金问题之间关系的讨论还在继续,但不可否认的是日本国民及学者均认识到并立制并不能减少政治资金问题的发生,将遏制政治资金腐败的希望寄托在选举制度上是不切实际的。

其次,在分析战后日本政治资金问题时,日本的政治结构成为学者关注的焦点。在岩井奉信看来,日本型民主主义的政治结构是由"官僚主导的政策决策"、"自民党一党独大的政治体制"、"中选举区制度"三者所构成。② 其中,自民党一党独大体制成为日本政治体系最明显的特征。该体制在三层关系结构的基础上形成:第一为政府和执政党关系,具体说的就是官僚制和自民党的相互依存而形成的混合体制;第二为执政党和在野党关系;第三为执政党内部各派阀及各种势力间的关系。③ 因此,这样一种相互依存、相互合作的关系,很容易滋生横跨政、官各界的腐败问题,事实上也的确如此,自民党一党独大时期的很多金权腐败案件往往都能看到政府官僚的影子。而这样的政治腐败结构是如何形成的呢?在室伏哲郎看来:"自从殖产兴业的明治时期以来,伴随着国家权力对经济活动介入的加强,战后的资本主义社会在混合经济的结构中,通过国家的投资实现经济的增长。在这种过程中,获得国家补助金、税收优惠及政策融资是以一些大型企业组成的财界为主,而财界为了报答自民党的恩惠向其提供大量的政治资金。"④ "除此而外,财界还通过向自民党本部、各派阀、党的领导及决策相关的各国会委员提供各种合法或者非法的政治献金,从而达到财界对政权、政策中枢的影响。不仅如此,为了让自民党的政权更加稳固,财界还向反体制的在野党提供政治资金,加强对其的控制。"⑤ 财界以合法及非法的政治资金的方式,将自民党及在野党紧紧地拴在一起。同时,财界为了加强和政府官僚的联系,让政府的高级官僚通过"下凡"的方式进入财界的大型企业担任职务,

---

① 宮川隆義『小選挙区比例代表並立制の魔術』、政治広報センター、1996年、46頁。
② 岩井奉信『「政治資金」の研究:利益誘導の日本的政治風土』、日本経済新聞社、1990年、38頁。
③ 岩井奉信『「政治資金」の研究:利益誘導の日本的政治風土』、44頁。
④ 室伏哲郎『汚職の構造』、岩波新書、1981年、190頁。
⑤ 室伏哲郎『汚職の構造』、190 – 191頁。

序　章

这样支配战后日本的政、官、财三位一体的政治结构就形成了。三鬼阳之助在其《献金金脉》①一书中对战后日本政治家背后的政治资金来源——"金脉"进行了详细的分析。政治家通过"金脉"来筹集政治资金，而财界也通过"金脉"来拉近和政治家的关系，从而实现双赢。

同时，除了财界外，官僚在战后的金权政治的结构中也发挥着非常重要的作用。官僚除了有与自民党结成利益同盟这一特点外，在战后日本的决策体系中占有主导地位成为其另一大特点。官僚通过官僚制将社会利益进行分配和调整，从而使各官僚部门分别成为各种社会利益的代表。社会上各种利益的对立和竞争就会转化成官僚内部各部门间的对立和竞争。这直接导致日本形成以官僚为主轴的社会利益分配格局，强化了官僚主导的地位。这最终使日本的利益集团以中央官厅为中心进行活动，而非以国会为中心。②

再次，关于政治与金钱的关系主要是从"选举政治为什么需要钱"及"政治资金花在哪"的角度展开研究。理想的民主主义制度是自由和公正的守护者，通过定期实行竞争性的选举，调节社会经济收入的差距，创建公平正义的社会。然而，在调整过程中，经济能力强的人希望将自身的经济实力转化成政治实力，这就有可能导致不平等社会的产生。实际上在所有的民主国家，政治资金是维系政界和财界对社会统治的最重要的桥梁，因此，在现存的政治结构、政治制度及政治过程中，金钱都会发挥非常重要的作用。③

在日本选举政治中，政治资金的多少对于议员的当选具有重要的意义。日本政治家有三大"法宝"，分别是"钱包""地盘""招牌"，而"钱包"又显得尤为重要。根据1998年日本第一次政治资金调查的报告，日本政治家大量的资金支出并非仅仅发生在大选年，平时的政治资金支出也非常巨大。④平时的支出主要用于在选举区举行各种活动，拉近与选民的关系，其中被日本国民诟病的就是"婚丧庆节"的红包。在选举区只要有红白喜事，

---

① 三鬼陽之助『献金金脈』、講談社、1975 年。
② 村松岐夫・伊藤光利・辻中豊『戦後日本の圧力団体』、東洋経済新報社、1986 年、184 - 213 頁。
③ Herbert E. Alexander・白鳥令編著『民主主義のコスト—政治資金の国際比較—』、新評論、1995 年、7 頁。
④ 吉田慎一・山本修嗣「議員を生み出すコスト」、佐々木毅ほか編著『代議士とカネ—政治資金全国調査報告—』、11 - 14 頁。

战后日本选举与政治资金问题

议员都必须送礼金,如果时间允许的话议员要亲自参加,这对议员来说一方面可以提高知名度,另一方面也可以借这种机会宣传自己的政策主张。同时,议员在选举区的活动主要由后援会来执行,由于选举制度改革后,后援会的主要功能由收集政治资金转向拉选票,后援会的支出并没有减少,其中最大的一项为人力成本的支出。除后援会外,议员要在中央和地方设立各种事务所,每设立一个事务所就要招募大量的工作人员。这导致每个事务所每月都会产生大量的工资、奖金、交通费等各种费用支出。不可思议的是,不管招募再多的工作人员,总感觉人手不够,因为在小选举区制度下,每个小选举区的平均人口为40万人,其中有投票资格的就有30万人。① 工作人员每天需要去拜访当地选民,参与当地的节日庆典,做各种报告会等活动。因此,对于议员来说,尽管人力成本支出高昂,但是为了在选举中获胜,不得不招募很多工作人员。根据1998年的调查报告,后援会和资金管理团体的经费支出和议员获得选票的多少具有正相关关系。对于议员来说,为了在选举中获胜,依靠传统的后援会活动、巩固"票田"的方式,要远比依赖小选举区政党支部开展政治活动收集选票更有效率。②

政治资金从哪里来?政治资金的来源问题总是伴随着腐败事件的发生而成为日本社会关注的问题。在日本中选举区制时期除共产党外日本各政党的政治资金主要来源于企业和工会的政治献金,特别是自民党的政治资金超过60%都是来自企业献金。为什么日本企业要向日本政党捐赠政治资金,对此主要有以下三种解释。其一,干净资金论,《旧金山条约》签订后日本经济开始发展,由于当时都是各企业分别向各政党捐赠政治资金,引起日本国民关于腐败的猜疑,为了消除日本社会的猜疑,由经团联出面组织,设立统一的向保守政党捐赠政治资金的团体,这样政治资金就可以得到调配和控制。其二,自由经济体制的保险金论,日本经济界为了防止日本被共产主义化、社会主义化,保护自由主义体制,向保守的自民党提供政治资金支持。其三,社会贡献论。经团联依据日本各政党的政策主张及实际的成绩打分,并

---

① 武村正義「なぜ国政にはそんなにカネがかかるのか」、『都市問題』第100巻第10号、东京市政調査会、2009年、10頁。
② 川人貞史「総論 支出から見た日本政治」、佐々木毅ほか編著『代議士とカネ—政治資金全国調査報告—』、朝日新聞社、1999年、98頁。

制定会员企业捐赠政治献金的指导方针。如果某政党的政策主张和经团联相符合，获得的政治资金就比较多。因此，各政党为了获得更多政治资金就必须经常和经团联交换意见。① 尽管古贺纯一郎对日本各个时期企业捐献政治献金的原因进行了全面的解析，然而作者似乎仅仅关注企业的社会属性，忽视了企业追求收益的属性，将企业政治献金的动机单纯化。为了重新认识日本企业的政治献金，日本经济学家小林俊治认为："企业的政治献金，是企业另一种形式的投资，要理解该'投资'必须站在下述三个立场上：第一，作为政治资源的企业，即对于政治家来说企业有什么利用价值；第二，作为投资对象的政治家，即企业向政治家捐赠政治献金是为了让政治家制定有利于自己的法律法规；第三，站在选民和消费者的立场上，即选民和消费者坚决反对企业的政治献金。"② 作者提出企业的政治献金是"另一种形式的投资"，既然是投资，那就需要考虑成本和收益及投给谁、投多少的问题。所以，翻开战后日本自民党的政治资金史我们就可清楚地看到，中选举区制度时代的自民党的企业政治献金收入在所有政党里是最高的，同时来自企业的献金占其每年政治资金总额的一半以上。由于战后自民党和财界的紧密关系，再加上自民党经常发生的政治腐败案件，企业献金的"投资说"得到广大国民的认可。然而，广濑道贞则认为企业十分关心政治，与其说是企业为了获得更多政治恩惠，还不如说是由于经济活动的变化导致与其相关的政治关系也相应发生变化，而这种变化就是经济的"政治化""信息化""国际化"。③

除了来自企业的政治献金外，在1994年政治资金规制体系改革后，日本学习欧美各国引入政党援助制度，并制定《政党援助法》④进行规范。设立政党援助制度主要是为了促进政党的政治活动，健全民主制度的发展。援助的总额依据每年日本人口的数量乘以250日元，比如2010年日本总人口为128057352人，则援助总额为32014338千日元。算出总额后依据各政党

---

① 古賀純一郎『政治献金：実態と理論』、岩波新書、2004年、88－98頁。
② 小林俊治『企業政治資金—もう一つの投資の理論—』、日本経済新聞社、1976年、4頁。
③ 広瀬道貞『政治とカネ』、岩波新書、1989年、120－121頁。
④ 共产党不接受国家的援助金。

战后日本选举与政治资金问题

向总务大臣提交的国会议员数、众议院及参议院选举的得票数进行分配。①政党援助制度作为政治资金管制体系改革的一部分在1994年正式形成，这改变了日本各政党政治资金的结构。1986年，政治献金占到自民党政治资金总额的56%，而在1996年自民党的政治资金中，政治献金所占比例下降到23%，政党援助金占到52.6%。②不仅自民党的政治资金结构发生了根本性的变化，其他政党的政治资金结构中来自国家的援助更是占有压倒性的比例，即国家援助制度形成后，日本政党的政治资金主要来自国家的援助。这种变化在一定程度上减少了政治家的腐败问题，使政治变得廉洁，但是围绕着国家援助制度又引起了新的争论。第一，《政党援助法》的违宪问题。比如，政党援助制度可能会导致由国家来认证政党及对弱小政治团体的打压和排挤，违犯了宪法第21条有关国民具有集会结社的自由权利。③第二，政党援助金的腐败问题。《政党援助法》里规定的政党援助金只能用于政党的政治活动，同时要按时提交政党援助金的使用报告。然而，许多议员将政党援助金花在购置房产、提高个人生活水平而非用于政治活动，并且在政治资金收支报告书中虚假登记，比如中岛洋次郎事件④。由于政党交付金来源于日本国民的税收，频繁发生违规使用政党援助金的事件引起日本国民极大的愤怒，本以为通过国家援助的方式可以减少日本政党对企业献金的依赖，从而达到净化日本政治的目的，但是不仅原先存在的政治资金问题没解决，而且可能会使政治资金问题更加复杂化。

3. 具体的腐败案例研究及政治资金规制体系

尽管通过对战后日本政治资金腐败事件的具体案例的分析，可以重新认识政治资金管制体系存在的问题。但是有关具体政治腐败案件的书籍多出自记者之手，很多记者为了书的销量，会刻意对相关细节进行夸大处理以吸引读者，因此客观性存疑。同时，有些记者在写作过程中会利用很多政治传闻

---

① 《政党援助法》第一条、第七条。
② 谷口将紀「政治とカネ」、『21世紀のガバナンスのあり方：日本の課題とアメリカの経験』、日本国際交流センタ、2002年6月。
③ 樋口陽一・佐藤幸治・中村睦男・浦部法穂『憲法Ⅱ』、青林書院、1997年、41頁。
④ 自民党群马县第3选举区支部于1997年交付中岛洋次郎议员1000万日元政党援助金，其中850万日元用虚假发票领取。

序　章

和消息进行推测，学术上显得并不严谨。为此，要想比较客观地把握每个具体案件发生的前因后果，只能通过相关的案例集和政治腐败史文献。有关战后日本政治资金的案例集可以参考《政治与金钱的案例集》①，该书围绕政治资金和政务调查费的违法案件进行整理和分析。特别是有关政治资金方面，作者主要从政治家非法收受贿赂和政治献金两方面来展开分析。作者认为，政治家收集到的政治资金用作其他用途并不只是征求选民意见的问题，而是一种违犯《政治资金规制法》的行为②。同时针对政治献金存在非常严重的虚假登记问题，作者认为这是一种非常严重的犯罪行为，作为政治家必须认识到该问题的严重性。③ 关于日本政治腐败史方面可以参考《选举违规的历史——从阴暗面看日本的100年》④，该书并不只是对一些选举违规事件的罗列，作者统计整理了大量的数据，通过对选举违规事件的分析来探讨近代以来日本社会的变迁。⑤ 作者认为，尽管从统计数据来看日本的选举违规的数量在不断减少，但是选举违规问题无法根绝。随着人口不断减少，将会出现越来越多的买卖选票的情况。同时伴随着网络的兴起，高技术的选举犯罪也会变得越来越多。⑥ 除此之外，斋藤荣三郎所著《政治改革的原点——政界腐败百年史》⑦ 一书对明治以后近百年日本政界腐败的历史进行了分析。由于作者曾经为自民党的参议员，该书向读者介绍了很多关于政治资金旁人不知的政界内幕。特别是该书附录了百年的政治腐败事件年表，这对于本书的写作起了非常重要的作用。

日本政治资金及选举活动的管制体系主要由作为基本法的《政治资金规制法》及规范国家对政党援助的《政党援助法》构成。由于《政治资金规制法》在该管制体系中占有重要的地位，战后日本的政治资金管制改革几乎都是围绕着《政治资金规制法》的修改来进行。截至2009年，《政治资金规制法》进行了48次修改，其中9次进行大幅度的修改，剩下的39次

---

① 関根勉『政治とカネの判例集』、星雲社、2012年。
② 関根勉『政治とカネの判例集』、19頁。
③ 関根勉『政治とカネの判例集』、66-67頁。
④ 季武嘉也『選挙違反の歴史—ウラから見た日本の100年—』、吉川弘文館、2007年。
⑤ 季武嘉也『選挙違反の歴史—ウラから見た日本の100年—』、228頁。
⑥ 季武嘉也『選挙違反の歴史—ウラから見た日本の100年—』、223頁。
⑦ 斎藤栄三郎『政治改革の原点—政界汚職百年史—』、国会審議調査会、1992年9月6日。

战后日本选举与政治资金问题

则对部分条款进行简单修改。有关《政治资金规制法》的修改历程及条约解析可以参考政治资金制度研究会编撰的《逐条解说——政治资金规制法》①。同时也可参考《为了实务和研修——易懂的政治资金规制法》②，该书由自治省政治资金课课长撰写，不仅详细列出了每次修改的内容，而且针对《政治资金规制法》里的关键词进行了重点分析。除此之外，要想从整体上来把握日本的政治资金规范体系，可以参考《政治资金与法律制度》③。该书不仅重点分析了历次《政治资金规制法》的修改背景，而且对《政党援助法》的制定及其存在的问题也进行了深刻的分析。

4. 国家间的比较研究

日本政治资金问题的研究除了上述视角外，还有部分学者热衷于国际性的比较研究，通过借鉴欧美各国对于防止政治资金腐败问题的法律制度来探讨日本的政治资金管制体系。然而，各国由于历史文化、政治制度及国民性等的差异，政治资金管制体系的切入点也不同。尽管很多欧美国家比较喜欢建立国家对政党的援助制度，这样一方面可以减少个人及企业政治献金对政治家的影响，另一方面也可以促使政治资金的使用公正、透明。但是不可忽视的是，通过对各个国家的比较，国家对政党进行援助并不能十分有效地防止政治腐败，恰恰相反，从多国的实践来看，国民开始反对国家用其税金来支持政党的政党援助制度。④ 白鸟令等编著的《民主主义的成本——政治资金的国际比较》一书通过对美国、印度、韩国、日本等13个国家的政治资金及相应的管制制度进行分析，揭示政治资金管制体系改革的方向。政治资金问题并非日本独有，上述13国都面临着严峻的政治资金腐败问题的困扰。因此，如何通过对各个国家的实证分析来共同寻找更好的管制办法成为该书的一大课题。然而，该书也留个读者一个问题：如何区分"民主主义的成本"和"利益诱导政治"？是不是民主国家发生的各种政治资金腐败都可以称为"民主主义的成本"，这是否有为民主政治的政治腐败做辩护的嫌疑。

---

① 政治資金制度研究会『逐条解説—政治資金規正法—』（第二次改訂）、行政出版、2002年。
② 鈴木良一『実務と研修のためのわかりやすい政治資金規正法』、ぎょうせい、1995年。
③ 三枝一雄・吉田善明ほか『政治資金と法制度』、日本評論社、1998年。
④ Herbert E. Alexander・白鳥令編著『民主主義のコスト—政治資金の国際比較—』、9頁。

森英树编著的《政党的国家援助和比较宪法的综合研究》[1] 则从比较法的视角来对美国、德国、英国等国家的政党制度、政党援助制度及政治资金问题进行分析。战后,在欧美各国的选举政治中,向政党提供政治资金援助的力度逐渐加大,日本为了遏制政治资金问题的频发也欲引进政党援助制度,但是,围绕政党援助制度是否违宪的争论也在学者间展开。欧美各国对政党提供政治资金援助是基于"民主主义的成本"的认识,日本的政治文化与欧美有差异,在对待政党援助方面也表现出很大的差异。同时,日本引入政党援助制度是基于减少日本政治家对企业献金的依赖,从而达到遏制政治资金腐败问题的泛滥这一目的的。因此,全书对于日本引入政党援助制度能否取得预期效果是存有疑问的,担心政党变质而成为寄生在政府上的特殊机构。

政治资金问题的国家间比较研究在现阶段还比较少,现有的很多研究也存在不少问题,比如比较的对象仅仅局限在美国、英国、德国、法国等国之间。因此,要想更进一步地分析选举政治中的政治资金问题,有必要增加比较对象,扩大比较的范围,在比较的过程中也有必要增加对各国选举制度、文化及选民偏好等领域的分析和研究。

5. 中国国内及其他研究

有关日本政治资金问题的研究不仅引起日本学术界的关注,也同样吸引了大批中国的日本问题研究者的关注。国内学者对于日本政治资金问题原因的研究主要从政治结构的视角入手,通过分析自民党一党独大的政治体制,解析自民党与财界的特殊关系,从而揭开日本政治资金问题频发的谜底。《自民党的兴衰——日本"金权政治"研究》[2] 可以说是国内较早系统性地对战后日本"金权政治"进行研究的著作。该书指出:"在日本,竞选实际上形成'竞钱',是获取政治资金的竞争。所以'当选第一主义',实际上是'政治资金第一主义',政治家也便成为'选票的奴隶'和'金钱的奴隶'。"[3] 因此在自民党执政的几十年里,权钱交易的"金权政治"现象愈演愈烈。林尚立在《政党政治与现代化——日本的历史与现实》一书中对

---

[1] 森英樹编著『政党国庫補助の比較憲法の総合的研究』、柏書房、1994年。
[2] 王振锁:《自民党的兴衰——日本"金权政治"研究》,天津人民出版社,1996。
[3] 王振锁:《自民党的兴衰——日本"金权政治"研究》,第94页。

战后日本选举与政治资金问题

自民党与财界的关系进行了详细的分析。该书指出:"在日本,政党的外围组织向政党所提供的支持,主要包括两方面,一是选票;二是政党活动经费"。[①] 而自民党的外围组织主要有利益集团和议员后援会,自民党的利益政治主要就是围绕这两类组织来进行的。[②] 宋益民在《日本"金权政治"刍议》[③] 一文中通过对战后日本政治资金腐败的案例进行分析,指出助长日本政治资金问题的两个原因:第一为结构性的原因,第二为制衡机制上的漏洞。结构上的原因是政官财三位一体的关系、议员和地方选民的关系、自民党议员与派系的关系;而制衡机制上的漏洞主要为《政治资金规制法》的漏洞、分权制衡中的问题、社会监督。该文比较全面地归纳了日本政治资金问题产生的各种原因,但是对于各因素是通过何种方式促使政治资金问题发生的机制却没有涉及。同时,各因素对于政治资金问题的发生有不同的作用和影响,作者并没有对此展开进一步的分析。孙惠彦在《日本的财界》[④] 一文中通过分析日本财界和政界的紧密关系来探讨日本"金权政治"的本质。该文认为,日本财界通过政治献金等各种方式影响政府的各项决策,有时为了希望政府出台有利的产业政策,财界用秘密献金及违法的手段向政治家进行非法捐助,从而导致日本政治资金问题频发。徐万胜从政治资金管制体系改革来分析日本的政党体制,认为1994年的政治资金管制体系改革尽管改变了各政党的政治资金结构,但是并未改变自民党与垄断资本之间的利益互换结构,这一制度的改革依然利于自民党长期执政,巩固以自民党和财界为核心的"金权政治",无法解决日本政治资金问题的发生。[⑤] 然而,政治资金对于自民党的长期执政并不总是发挥积极的作用,王振锁在《政治资金与自民党的兴衰》[⑥] 一文中则认为自民党的生存、发展和存续得益于庞大的政治资金,但是屡屡败露的政治资金丑闻又将自民党推向深渊并导致了自民党的分裂及战后"55年体制"的终结。乔林生在《从"世袭政治"看日本

---

① 林尚立:《政党政治与现代化——日本的历史与现实》,上海人民出版社,1998。
② 林尚立:《政党政治与现代化——日本的历史与现实》,第346页。
③ 宋益民:《日本"金权政治"刍议》,《日本学刊》1989年第4期。
④ 孙惠彦:《日本的财界》,《世界经济》1983年第11期。
⑤ 徐万胜:《政治资金与日本政党体制转型》,《日本学刊》2007年第1期。
⑥ 王振锁:《政治资金与自民党的兴衰》,《日本学刊》1996年第3期。

民主的实像》①一文中从世袭政治的角度对日本的民主政治展开分析，在涉及政治资金问题时，乔林生认为政治资金的继承使世袭子弟不用缴纳高昂的遗产税，从而"凭空"获得一笔巨额财富。同时，金钱选举和利益交换的盛行，不仅促使了世袭议员的流行，也强化了"利益诱导"，诱发政治腐败。

除此之外，国内学者也非常重视对日本政治资金管制体系进行研究。臧志军在《日本政治资金及其管理法制改革》②一文中对政治资金的重要性进行了分析。对于政治资金管制体系的改革和政治资金问题之间的关系，作者认为1994年的政治资金管制体系改革在一定程度上保证了资本主义民主政治的"公正""透明"，促进了政治资金筹措和运用过程的公开、透明，对于防止政治资金腐败产生了一定作用。当然，作者也认为，仅仅依靠政治资金管制体系是无法从根本上解决政治资金腐败问题的。然而，曲静则认为政治资金管制体系尽管多次修改，但是每次改革都是堵死一条通道，打开另一条通道，从而导致政治资金管制体系的改革成为原地转圈的游戏。同时，作者还认为导致日本政治资金规制体系出现原地转圈的原因在于日本型民主制度的先天缺陷③。由于日本型民主制度存在先天缺陷，日本各政党陷入政治资金腐败的旋涡中，但是纵览以往的多次政治资金腐败案件，日本共产党却能独善其身。对此，曹天禄认为日本共产党独具特色的财政活动使其能够拒绝政党援助金和企业的捐款，从而也就可以避免卷入政治资金腐败的旋涡。日本共产党独具特色的财政活动表现在：党费是财政活动的基础；事业费是财政活动的核心；个人捐赠是财政活动的重要组成部分。④然而，日本共产党的事业经费是如何运营的、个人捐赠又是如何避免违犯《政治资金规制法》的、党费收缴的情况如何等问题，作者并没有进一步说明。

尽管日本国内主要侧重于从选举制度入手来对政治资金问题进行分析，

---

① 乔林生：《从"世袭政治"看日本民主的实像》，《南开学报》（哲学社会科学版）2010年第1期。
② 臧志军：《日本政治资金及其管理法制改革》，《外国问题研究》2009年第2期。
③ 曲静：《原地转圈：日本政治捐款制度改革》，《日本问题研究》2013年第1期。作者列出了三个先天缺陷：耗费金钱的选举制度、长期畸形的政党体制、日本选民安心接受日本政治家"收买"的社会风气。
④ 曹天禄：《日本共产党独具特色的财政活动》，《咸宁师专学报》2002年第1期。

然而中国国内对该视角的研究并不多。《日本选举制度改革探究》一书在对1994年政治改革进行分析的同时，对作为此次改革的重要背景之一的中选举区制度也进行了相应的分析。该书指出："尽管对于中选举区制度进行改革的动力始终存在，但是一系列的政治丑闻的发生成为日本政治改革的导火线。"[①]《日本选举制度与政党政治》一书对于中选举区制度及选举制度改革也进行了相应的分析，但是对于选举制度与政治资金问题之间的关系并没有进行论述。近年来，中国国内对于日本选举制度的研究开始逐渐增多，从选举制度入手来分析政治资金问题的著作也开始出现，然而此类著作更多的还是对日本选举制度的引介和分析，对于政治资金问题与选举制度间关系的分析依然比较缺乏。

中国国内对日本的政治资金及政治资金管制体系已经有了初步的研究和分析，然而很多研究往往停留在介绍的阶段，至于政治资金问题是如何产生、为什么政治资金问题难以解决等领域几乎没有深入的论述。更多的研究只是向读者介绍日本政治资金的现状及政治资金管制体系的内容，论证型及分析型的研究还比较少见。

三　日本"政治资金"研究存在的问题与不足

尽管日本的政治资金问题吸引了日本社会的广泛关注，但是学术界对于该问题的研究并不充分。现有的研究主要侧重于从选举制度的角度入手来分析日本的政治资金问题，然而，选举制度改革之后并未从根本上遏制政治资金问题的发生。因此从其他视角来对政治资金问题进行研究显得尤为重要。同时，从现有的研究来看，各大新闻媒体的记者与退休后的政治家成为政治资金问题报道和分析的主力，而真正从学术的角度来对政治资金问题进行分析的著作则相对比较少。现阶段的研究主要存在以下的问题与不足。

第一，产生政治资金问题的原因是什么？在日本，政治资金的研究往往成为日本选举研究的一部分，特别是过分突出选举制度对政治资金的影响。这导致在分析日本政治资金问题产生的原因时，学者及国民都把目光聚焦到选举制度上。因此，1994年政治改革的核心就是改革选举制度，而改革选

---

① 周杰：《日本选举制度改革探究》，社会科学文献出版社，2012。

举制度的最大动力来自对中选举区制度是日本金权政治的根源的认识。然而，仅仅改革选举制度就能遏制政治资金问题的发生吗？以佐佐木毅为首的日本政治学研究者针对选举制度改革后的首次大选展开了一次全国范围的政治资金调查。该调查的主要目的就是检验选举制度改革后是否从根本上改变了产生政治资金问题的土壤。从调查结果来看："此次改革也仅仅只是无效重复的行为而已，不可能从根本上解决政治资金问题。"[①] 因此，要想全面地认清产生政治资金问题的原因，我们有必要在选举制度研究的基础上切入新的视角，从其他层面来分析政治资金问题频发的原因。为此，本书将在对选举制度与政治资金问题进行分析的基础上，增加从政治资金管制体系和政治团体的角度入手来探寻战后日本政治资金问题产生的原因。

第二，侧重于具体政治资金腐败案件的研究，忽视对政治资金问题的宏观分析。战后，由于日本政治资金问题的发生对日本社会产生非常严重的负面影响，日本政治学界对于该问题的关注也总是从具体的腐败案件入手，这种微观的研究确实可以让整个腐败案件的前因后果得以厘清，有助于加深人们对政治资金问题的理解，但是这种微观的个案研究忽视了日本政治资金问题的现状。过分强调政治资金问题的特殊性，只会将政治资金问题研究的视角变窄。因此，从宏观的视角对战后日本的政治资金问题进行分析显得尤为重要。这可以避免对政治资金问题的研究处于案件→原因→案件的往复循环中。

第三，如何看待政治团体在政治资金运转中的作用。在政治资金的运转中，政治资金管理团体、政党支部及后援会被称为议员的"三个钱包"。由于后援会在中选举区制度时期所扮演的角色已经引起很多学者的重视，对于后援会的研究已经比较充分，但是对于政治资金管理团体和政党支部的研究则比较少。特别是1994年选举制度改革之后，政治资金管理团体和政党支部在政治家筹集政治资金的过程中发挥着非常重要的作用。因此，要想全面解析1994年之后日本政治经常发生的迂回献金及秘密献金的政治资金问题，政治资金管理团体和政党支部将会是非常好的切入点。

---

① 佐々木毅ほか「政治資金全国調査の語るもの—政治改革の射程を考える—」、佐々木毅ほか編著『代議士とカネ—政治資金全国調査報告—』、57頁。

四 政党竞争工具与资金"中转站"

(一)本书日本"政治资金"研究的中心观点

观点1,日本政治资金管制体系改革总是成为议会政治的核心,议会各党派并非想从根本上解决政治资金问题,而是希望利用改革来削弱其他党派的力量。

各政党都想利用政治资金管制体系改革的契机来限制其他政党的政治资金来源,从而达到削弱其他政党的目的。因此,每次政治资金管制体系的改革总是局限在对部分法律条款的修修补补,这样做一方面回应了日本国民对于政治资金问题的愤怒,另一方面也是各政党相互妥协的结果。

作为战后日本政治资金管制体系的核心法律,《政治资金规制法》在设立之初是占领当局与总务省相互妥协的产物,其目的也并非限制政治资金违法行为而是强调政治资金的公开、透明。在战后首次改革中,社会党左右两派就利用此次改革契机来限制自由党收取来自企业的政治献金,而自由党也不甘示弱,积极游说各方希望限制社会党的"金源"——劳动工会的献金。于是从一开始,政治资金管制体系的改革就成为国会内政治斗争的核心,各党派都绞尽脑汁来利用政治资金管制体系改革的契机限制对手的政治资金来源。然而,这种利己的斗争最终使政治资金管制体系的改革一直无法顺利进行,特别是广受国民诟病的企业献金问题一直得不到解决。直到20世纪80年代末90年代初一系列涉及政、官、财各界的政治资金腐败案件被揭露,从根本上对政治资金管制体系进行改革才提上日程。

观点2,以政党为核心的政治资金筹集机制形同虚设,政党支部和政治资金管理团体成为政治家个人的政治资金中转站。

日本政治家的政治资金主要通过政治资金管理团体、政党支部及后援会来筹集,因此这三个组织被日本学者称为日本政治家的"三个钱包"。然而,新的政治资金制度是建立在由政党来筹集政治资金的基础上的,因此,政党支部就积极地承担起筹集政治资金的重任。特别是政治家个人的政治资金管理团体对于来自企业及团体的政治献金有上限的规定,促使大额的政治献金流向政党支部。除此之外,后援会在筹集政治资金方面也发挥着非常重要的作用,后援会一般通过举办宴会来筹集政治资金。尽管政治资金制度越来越严厉，但是对"三个钱包"的监管却出现很大问题。《政治资金规制法》中所定义的政党仅仅指政党总部，而政党支部则不受该法律有关企业及团体的政治献金条款的限制。因此为了规避《政治资金规制法》的限制，来自企业和团体的政治献金一般通过政党支部来进行迂回。这样促使政党为了获得更多的政治资金，设立了很多政党支部。然而法律并没有对每位政治家设立政党支部的数量做出限制，所以截至2009年，仅仅自民党的政党支部就超过7000个，政党支部的数量已经远远超过自民党国会议员和地方议员数的总和。所以，在日本学者看来政党支部仅仅只是换了个名字的后援会而已。

（二）研究方法

政治资金问题并非仅仅存在于日本，它在一定程度上成为欧美等国家的"巨大成本"。因此，为了更好地分析战后日本政治资金问题产生的原因，有必要运用比较的视角，通过和欧美等国进行比较分析来认真找寻导致日本政治资金问题频发的原因。同时，研究的范围主要限定于选举政治，因此不可避免地会使用大量与选举及政治资金相关的数据，为此，通过运用日本总务省公布的相关数据进行数据分析显得尤为重要，通过数据分析可以清楚地把握战后日本政治家及政党等的政治资金来源、使用明细及与政治资金问题间的关系。除此之外，通过数据分析可将分析的结果以图表的方式呈现，有利于认清历年政治资金的变动及政治资金问题的发展趋势，从而从整体上把握战后日本政治资金问题频发的原因。

因此，为全面解析战后日本的政治资金问题，本书将综合运用比较分析法、数据分析法及个案分析法，在大量已有研究的基础上对战后日本的政治资金问题展开全面的研究。

第一章
政治资金问题的国际比较

第一节 日本选举政治中的政治资金

理想的民主主义制度应该定期为国民提供公正、自由及透明的选举,国民通过选举来表达政治意愿并决定国家的大政方针。然而事实上国民政治意愿的表达主要通过政治家、政党及其他政治团体的政治活动。因此,作为政治与选民之间桥梁的政治家、政党及政治团体在传递国民政治意愿、维护国民政治权利方面发挥着重要的作用。然而,政治家、政党及政治团体在实现国民政治主张维护国民政治权利时需要举行各种政治活动,即选举时期的选举活动及日常的政策调研、立案等,这些政治活动的进行需要花费大量的政治资金。所以,为了获得更多的政治资金,政治家、政党及政治团体不得不与企业及捐款者保持紧密的联系,在这过程中就很容易诱发政治资金问题。

同时,为了在政治活动中更好地宣传自己的政治主张及维护自身利益,拥有雄厚经济实力的个人和团体也想将自身所拥有的经济实力转换成政治影响力,并利用各种手段和方法在政治过程中施加各种压力。金钱最主要的特征在于为了获得政治权力,可以转换成其他资源或与其他资源共同运作来获取影响力,在政治界金钱的可转换性成为其最大的优势。[1] 因此,不管是对于个人还是集体来说,为了提升自身的影响力及获取政治权力,运用金钱将会是一条便捷有效的路径。事实上,如今在很多西方民主国家中广受诟病的政治献金即是体现,政治献金成为民主社会中连接政治界和经济界的中介。不过,社会经济发展的不平等必将带来政治权力发展的不均衡,这导致在西方民主社会中经济资源和政治资源不断向拥有雄厚经济实力的某些特定群体

---

[1] Herbert E. Alexander・白鳥令編著『民主主義のコスト―政治資金の国際比較―』、7頁。

集中。

政治与金钱之间这种相互吸引、相互依赖的共生关系在维护国民选举权利的同时，也将选举政治带入金钱政治的"深渊"。政治成为有钱人的游戏，政治资金问题的广泛存在成为民主主义巨大的"成本"。

为了更好地对当今民主社会中的政治资金问题进行解析，本章在对政治资金进行全面分析的基础上，通过对美国、英国及日本的政治资金问题及管制体系进行比较研究，全面透析作为民主主义"成本"的政治资金问题在各民主社会的发展及其管制体系的改革历程。

一　选举政治需要大量的政治资金

在日本的政治用语中有这样一个词，即"井戸塀"，它形容的是日本政治家为了筹集政治资金而不断地变卖家里的财产，直到最后家里就只剩下井和墙，用中国的成语来说就是家徒四壁。该词的诞生很形象地告诉我们在日本成为政治家需要耗费大量的政治资金。无独有偶，在美国政治中也流行一句俗语："金钱是政治的母乳"，即要想在选举中获胜成为政治家需要花费大量的政治资金，筹集政治资金的多寡成为衡量候选人政治实力和政治影响力的重要标准。当然筹集政治资金的多寡与候选人能否在大选中脱颖而出之间并不存在正相关的关系，但是，许多政治家还是会用尽各种手段去筹集政治资金，以致最后有可能会落到家徒四壁的下场。因此，我们不得不怀疑为什么选举政治需要大量的政治资金呢？这些政治资金主要用来做什么呢？

对于候选人及现任议员来说，能否在下一次大选中脱颖而出或者实现成功连任是其最为关注的事情。因此，为了赢得大选，候选人及议员必须在选举区参加各种选举活动推销、宣传自己，并且为了获得最大的宣传效果，每位政治家需要雇用大量的工作人员来维持事务所的日常运营，同时还需要利用各种广播媒体来宣传自己的政策主张，尽一切可能扩大自己在选区的影响力。

在日本选举政治中，政治家要想从竞争激烈的选举区中脱颖而出必须依赖"钱包""地盘""招牌"这三大法宝。其中，"钱包"又显得尤为重要，议员"巩固地盘"和"扩大招牌"必须依赖"钱包"提供的政治资金。因此，对于日本的候选人来说，政治资金将首先用来"巩固地盘"，即支持候

战后日本选举与政治资金问题

选人在选举区举行的日常活动。根据1998年日本第一次政治资金调查的报告，日本政治家大量的资金支出并非仅仅发生在有重要选举的时期，平时政治家个人政治活动的政治资金支出也非常巨大。[①] 首先，政治家日常的支出主要用于在选举区举行各种活动，拉近与选民的关系，其中深受日本国民诟病的就是"婚丧庆节"的红包。在选举区只要有红白喜事，议员都必须送礼金，如果时间允许的话议员要亲自参加。对于礼金的数额可参考渡边美智雄在外国特派员协会上的说明："在日本，葬礼及探望病人有送礼金和花的习惯，这些礼金和花并不是一两千日元就可以打发的。花的价格要在2万日元，一次葬礼要送3万~5万日元礼金，而葬礼几乎每天都有。除此而外，要是遇到好日子，一天可能要参加4~5场婚礼。这些活动年轻的议员也可以不参加，但结果是其下次大选一定会落选。"[②] 其次，政治资金的支出将用来维系后援会及各类事务所的日常运营。对于政治家来说在选举区的日常活动主要有两个作用：一方面可以提高在选区的知名度，另一方面也可以借这种机会宣传自己的政策主张。然而，政治家在选举区的日常工作主要由后援会及事务所来负责运行，后援会开展各种活动需要雇用大量的工作人员。尽管1994年进行了选举制度改革，但是从自民党和民主党的选举活动来看，依然是以后援会为中心。[③] 同时对于每位国会议员来说，除后援会外，还要在中央和地方设立各种事务所，每设立一个事务所就要招募大量的工作人员，这导致每个月需要支付工资、奖金、交通费等各种费用。不可思议的是，不管招募再多的工作人员，总感觉人手不够，因为在小选举区制度下，每个小选举区的平均人口约为40万人，其中有投票资格的就有30万人，事务所和后援会的工作人员每天的选举活动都将以这30万人为对象进行。[④] 因此，假设每位政治家每年招募10名工作人员，每名工作人员的年薪为

---

① 吉田慎一・山本修嗣「議員を生み出すコスト」、佐々木毅ほか編著『代議士とカネ—政治資金全国調査報告』、朝日選書、1999年、11–14頁。
② 広瀬道貞『政治とカネ』、14–15頁。
③ 岩井奉信「政治とカネをめぐる課題」、『政権交代時代の政府と政党のガバナンス—短命政権と決められない政治を打破するために—』、21世紀政策研究所、2012年、131頁。
④ 武村正義「なぜ国政にはそんなにカネがかかるのか」、『都市問題』第100巻第10号、東京市政調査会、2009年、10頁。

300万日元，①除去国家给予的3名秘书支助的名额外，剩下的7名秘书光是工资就需要2100万日元，这还不包括事务所的房租、水电等日常开支，这导致在议员的历年政治资金支出中人力成本总是占比最大。表1-1展示的是日本自民党新生力量小泉进次郎和党内二阶进博在2016年的政治资金支出明细。从表1-1我们可以看出，雇用工作人员产生的人力成本在两位议员的支出中所占的比重比较大。其中，小泉进次郎的政治资金支出事项中，人力成本的支出远远高于其他支出。

表1-1 众议员的政治资金支出明细（2016年）

单位：日元

支出事项	小泉进次郎	二阶俊博
人力资源费	14490085	6914802
水电热费	80385	0
日常用品费	2521562	1935988
事务所费	6412520	1583352
组织活动费	1808249	1879980
选举活动费	0	0
机关杂志等事业性活动费	12491487	0
调查研究费	0	0
献金和援助金	3000000	0
其他	0	600000

资料来源：小泉进次郎的政治团体泉进会的政治资金收支报告书和二阶俊博的政治团体新政经研究会的政治资金收支报告书，参见『政治資金収支報告書及び政党交付金使途等報告書』、総務省、http：//www.soumu.go.jp/senkyo/seiji_s/seijishikin/contents/SS20171130/1032100039.pdf、http：//www.soumu.go.jp/senkyo/seiji_s/seijishikin/contents/SS20171130/1026600043.pdf。

最后，政治资金的支出用来"扩大招牌"，提高政治家的知名度。不管是在中选举区制度时期还是改革之后实行小选举区制度时期，每位国会议员所面对的选民都以数十万来计。因此，仅仅依靠后援会或事务所的日常活动来宣传自己，扩大政治家的知名度就显得比较困难，这时就不得不开展各种类型的宣传活动。在日本最常见的宣传方式为在选举区张贴政治家的宣传海

---

① 可参考2018日本国税厅的调查，2018年日本工薪人员的平均年薪为441万日元，参见『平成30年分民間給与実態統計調査』、国税庁、https：//www.nta.go.jp/information/release/kokuzeicho/2018/minkan/index.htm。

报，驾驶宣传车绕选举区进行宣传以及向选民邮寄明信片和竞选广告。尽管这部分的支出与人力支出相比显得比较少，但是在一个拥有 30 万人的选区里，任何一笔支出很容易就会达到千万日元的级别。比如，邮寄 1 张明信片需要 50 日元，邮寄 1 次竞选广告就需要 80 日元。除此而外，有些政治家还热衷于在杂志及地方报纸刊登竞选广告，宣示自己的政策主张，这样一来光是广告一项的支出就使政治家陷入政治资金不足的窘境。正是由于选举活动对政治资金的需求量非常大，所以才使政治家总是处于入不敷出的境地，政治家对政治资金的强烈需求就给予某些企业及商人可乘之机，从而为政治资金问题的发生埋下伏笔。

二 政治资金的来源

由于政治家的一切政治活动都需要政治资金的保障，政治家对于政治资金的需求非常强烈。然而，政治家要去哪里募集政治资金呢？在日本，根据政治资金的来源，将政治资金主要分为三类：第一类为政治捐赠即政治献金，其中又分为个人捐赠和企业团体捐赠；第二类为政治宴会筹集的资金；第三类为国家给予的政党援助金。除此而外政治资金还来源于党员上交的党费、政党的事业性收入等。在引入政党援助制度以前，日本自民党的政治资金结构中，56% 都是来自政治献金，由于日本选民没有向政治家捐款的意识，自民党的政治献金几乎全部来自大企业和其他团体，这是形成战后日本自民党"金权政治"的重要背景。

然而企业为什么热衷于向政党及政治家捐献政治献金呢？对此日本学者古贺纯一郎认为主要有以下三个原因。一是干净资金论。《旧金山条约》签订后日本经济开始发展，由于当时都是各企业分别向各政党捐赠政治资金，引起日本国民有关政治家腐败的猜疑，为了消除日本社会的猜疑，由经团联出面组织，设立统一的向保守政党捐赠政治资金的团体，这样政治资金就可以得到调配和控制。二是自由经济体制的保险金论，日本经济界为了防止日本被共产主义化、社会主义化，保护自由主义体制，主动向保守的自民党提供政治资金支持。三是社会贡献论。经团联依据日本各政党的政策主张及实际的成绩打分，并制定会员企业捐赠政治献金的指导方针。如果某政党的政策主张符合经团联的需求，其将会在政治资金分配方面获得经团联青睐。因

第一章　政治资金问题的国际比较

此，各政党为了获得更多的政治资金就必须经常和经团联交换意见。[①] 日本经济学家小林俊治则认为："企业的政治献金，是企业另一种形式的投资，要理解该'投资'必须站在下述三个立场上：第一，作为政治资源的企业，即对于政治家来说企业有什么利用价值；第二，作为投资对象的政治家，即企业向政治家捐赠政治献金是为了让政治家制定有利于自己的法律法规；第三，站在选民和消费者的立场上，即选民和消费者坚决反对企业的政治献金。"[②] 由于战后自民党和财界的紧密关系，再加上自民党经常发生的政治腐败案件，使企业献金的"投资说"得到广大国民的认可。不过，自从1994年引入政党援助制度后，在自民党1996年的政治资金结构中来自国家的政党援助金超过企业献金，占政治资金总量的52.6%（见图1-1）。

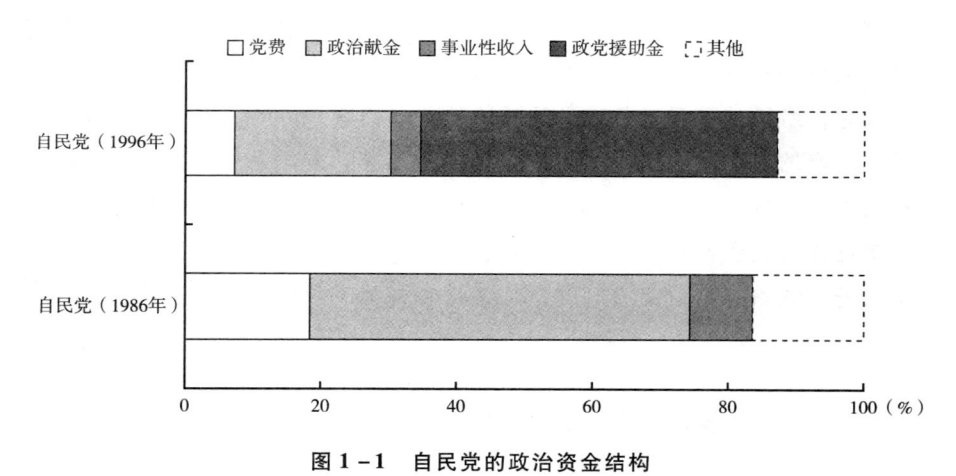

图1-1　自民党的政治资金结构

资料来源：谷口将紀「政治とカネ」、『21世紀のガバナンスのあり方：日本の課題とアメリカの経験』、日本国際交流センタ、2002年6月。

到2010年，在日本各主要政党的政治资金结构中，来自国家的政党援助金占有压倒性的优势，原先严重依赖企业政治献金的自民党，在2010年的政治资金结构中对政党援助金的依赖已经达到67.4%（见表1-2）。如今，日本的各主要政党已经实现了"政党的国营化"，这在一定程度上摆脱

[①] 古賀純一郎『政治献金：実態と理論』、88-98頁。
[②] 小林俊治『企業政治資金—もう一つの投資の理論—』、4頁。

战后日本选举与政治资金问题

了日本政党对日本财界的依赖,减少了政治资金问题发生的机会,但这未必是当初引入政党援助制度的初衷。

表 1-2 政党援助金额

政党	援助金额(亿日元)	占比(%)	政党	援助金额(亿日元)	占比(%)
民主党	171.1	82.7	社民党	8.2	51.9
自民党	102.6	67.4	大家的党	6.9	58
公明党	23.4	16.3			

资料来源:総務省「平成22年分政治資金収支報告の概要(総務大臣分)」、2011年11月30日。

政治资金的来源除了献金及政党援助金而外,政治宴会上筹集的政治资金也越来越引起日本国民的注意。主要原因为日本财界为了避免来自日本国民的批评,纷纷减少了对各政党的政治献金的捐赠。但各大经济团体为了保持对政治家的影响力,通过购买政治宴会入场券的方式来向政党及政治家捐助政治资金。从表1-3可以看出,在2007~2011年,政治宴会所筹集的政治资金远远超过企业及法人团体的政治献金。企业购买政治宴会入场券被认为是促进与政治家进行交流的润滑剂,是一种为了合作而不得不进行的必要的恶。[1]

表 1-3 日本政治资金收入(2007~2011年)

单位:百万日元

年份	政治资金总量	企业及法人献金	政治宴会筹集的资金
2007年	287896	14076	21514
2008年	253742	12216	21055
2009年	264853	11585	16053
2010年	246127	8706	18458
2011年	221910	7867	15010

资料来源:総務省「平成23年分政治資金収支報告の概要(総務大臣分+都道府県選管分)」、2013年1月22日。

---

[1] 古賀純一郎『政治献金:実態と理論』、136頁。

尽管，日本的政治家会想尽一切办法利用各种方式筹集政治资金，但是政治资金的支出就像无底洞一样，不管筹集到多大数额的政治资金，政治家总面临"钱荒"的困扰。为了解决政治资金短缺的问题，政党或者政治家甚至会向个人及银行贷款，通过借贷的方式充实政治资金。2011年日本各主要政党的借款金额可参考表1-4。

表1-4 2011年日本主要政党借款金额

单位：千日元

政党	借款金额	政党	借款金额
自民党	349237	公明党	420
民主党	154213	社民党	1200

资料来源：総務省「平成23年分政治資金収支報告の概要（総務大臣分+都道府県選管分）」、2013年1月22日。

当然，如果从各政党每年筹集到的政治资金总量来看，表1-4所列的借款数额还相对较少，或者说对于各政党来说显得微不足道。但是对于政治家个人而言，这些借款已经非常多了。因此，利用借贷的方式来筹集政治资金的行为无异于涸泽而渔，特别是日本选举活动的频率和密度又非常高，那些参与政治资金借贷活动的政治家，一旦竞选失败或者无法连任将很有可能被掏空家底，甚至背负巨额债务，成为真正的"井户塀"政治家了。同时，这也在某种程度上促使一部分政治家铤而走险，通过不正当或者违法的方式来谋取政治资金，从而使日本选举政治陷入黑金政治的困境。

政治与金钱之间存在着相互吸引、相互依赖的共生关系，政治活动的举行需要金钱给予保障，而金钱的所有者也想通过政治献金的方式来谋取政治影响力，从而获取更多的金钱。因此，如何通过法律法规来规范政治与金钱的关系，从而保护民主主义健康发展成为西方民主社会所面临的一大难题。政治资金问题的产生已经成为民主社会的毒瘤，成为民主主义巨大的"成本"，为了解决这一难题，以美国、英国等国为首的民主国家进行着不懈的努力和探索。

第二节 美国的政治资金问题及政治资金管制体系

政治资金问题历来是美国人关注的焦点,随着竞选成本的升高,国会议员与利益集团及富裕阶层日益走近,建立在"一人一票"基础上的美国代议制民主制度正面临着严峻的挑战。国民对政治逐渐失去信心,特别是作为美国民主体制象征的美国总统大选只有将近一半的选民走向投票站。对候选人的不了解、选民登记手续的烦琐及政治家相互否定的选举活动增加了选民对于政治的厌恶。特别是在选举活动中政治家对政治资金的大规模使用,增加了选民对于政治资金腐败的疑虑,也使越来越多的美国选民意识到在政治资金泛滥的美国选举中投票的价值已不复存在,远离选举、远离政治成为部分美国人的心声。为此,本节在对美国的政治资金问题进行回顾的过程中,解析美国对于解决政治资金问题所做的努力及现阶段还存在的问题。

一 政治资金问题的起源与发展

在美国政治中,政治资金问题的历史可以追溯到美国建国时期。1757年,美国国父乔治·华盛顿在竞选弗吉尼亚州议员的时候,曾购买了29加仑朗姆酒、50加仑朗姆饮料、34加仑葡萄酒、46加仑啤酒以及2加仑苹果酒充当竞选物资。[①] 华盛顿的这一行为受到当时竞争对手的非难,认为其用金钱来换选票。此时,华盛顿就已经认识到选举政治中金钱的重要性,只是其还未意识到政治资金腐败问题在此后美国政治的发展中已经成为重要的政治问题。因此,在制定宪法时才没有对政治资金方面有特殊的规定,当然,在那个时期政治家在进行选举活动时还不用支出大规模的政治资金。同时,在美国建国初期,在朴素的清教徒价值观居于主导地位的乡村社会中,腐败并没有成为美国政治的突出问题,担任国会议员的人士不仅由于宗教信仰和道德律令的约束主观上视腐败为耻辱,而且由于出生于上层社会,其不必通过公共权力来谋求私人利益,他们独有的责任就是从

---

① 刁大明:《美国大选中的金权政治》,《红旗文稿》2012年第21期。

事公共服务。①

然而，到 19 世纪中期，随着美国资本主义工业的发展及西进运动的展开，围绕政治资金的腐败在美国国会多次发生。西部开发的加快，一些国会议员和开发商相勾结大肆进行土地投机买卖，利用政府合同进行肮脏交易，肆意侵吞联邦津贴，腐败行为愈演愈烈。② 然而，联邦政府关于政治资金管制方面的法律比较缺乏，只是在 1867 年《海军拨款法》（Naval Appropriations Bill）中的部分条款予以明确。因此，对于已经形成或者正在形成中的利权交换体制没有任何约束力，原先存在的非法捐献政治献金的情况依然在继续。美国民众对于联邦政府的不作为感到非常愤怒，为了平息民众的不满，1883 年出台了《文官制度改革法》（Civil Service Reform Act），设立文官制度，取消"政党分赃制度"，把《海军拨款法》的限制扩大到所有政府公务员，这项规定成为美国历史上第一次对选举经费进行限制的法令。③ 尽管该法特别强调禁止联邦政府的雇员从其他联邦政府雇员手中筹集用于选举活动的政治资金，但是在政治资金泛滥的年代里，关闭一扇门又会有新的窗户被打开。1896 年共和党的总统候选人麦金利的选举活动资金管理者利用设定企业的捐款额度与其捐献能力相匹配的战略，从银行、保险公司及大企业筹集了大量的政治资金，总量远远超过相关法律的规定。

19 世纪时期，对于政治资金问题联邦政府缺乏相应的法律法规进行控制，特别是随着西进运动和资本主义工业化的发展，各种利益集团竞相拉拢国会议员和政府官员，希望他们制定出有利于自己的法律和政策，而这种竞争直接表现在国会的立法活动中，各大利益集团通过向国会议员捐献大量的政治献金，进行权钱交换，从而期望能在国会中通过有利于该行业的相关法案。政治资金问题的不断发生激怒了美国国民，特别

---

① 孙哲、赵可金：《美国国会对腐败问题的治理》，《清华大学学报》（哲学社会科学版）2009 年第 2 期。
② 孙立勇：《美国西部开发与腐败》，《正气》2008 年第 4 期。
③ Donald P. Moynihan, "Protection Versus Flexibility: The Civil Service Reform Act, Competing Administrative Doctrines, and the Roots of Contemporary Public Management Debate", *Journal of Policy History*, Volume 16, Issue 1, pp. 1-33, 转引自孙哲、赵可金《美国国会对腐败问题的治理》，《清华大学学报》（哲学社会科学版）2009 年第 2 期。

战后日本选举与政治资金问题

是由于金钱分配的不平等，金钱在选举活动中所发挥的作用严重威胁到美国立国的理念和基础。尽管1883年出台的《文官制度改革法》首次对选举活动中的政治资金进行了限制，但是来自政治资金问题的挑战才刚开始。

进入20世纪之后，随着竞选活动对于政治资金的需求增多，各大利益集团及大财团利用政治献金来左右选举政治的现象也日益频繁，这引起了美国社会及一些进步人士的担忧。于是，1907年西奥多·罗斯福总统在议会提出禁止来自企业政治行动委员会的政治献金及具有政治目的的献金，同时提议成立选举活动基金。① 在总统的提议下，议会通过了第一个限制政治献金的《提尔曼法案》（The Tillman Act），规定禁止企业及银行向竞选联邦议会议员的候选人捐献政治资金。在该法案通过三年之后的1910年，议会又通过了《公开法案》（Publicity Act），规定参与竞选下院议员的候选人有义务公布政治献金捐献明细，同时限制竞选联邦议会议员的候选人在选举活动中的支出总额。到1911年，竞选上院议员的候选人也有义务公示政治献金捐献明细。尽管相关法案的出台在一定程度上弥补了无法可依的尴尬局面，但是这些法规自身就存在很大的缺陷和漏洞，再加上缺乏相应的惩罚机制，因而形同虚设难以产生预期中的威慑作用。1925年《联邦腐败行为法》（Federal Corrupt Practices Act）在两院通过，该法律对政治资金支出及筹集方面做出了明确的规定，比如候选人的竞选支出应根据以往选举区的投票情况限制为2500～5000美元。1939年《哈奇法》（Hatch Act）在国会通过，该法规定个人每年向候选人及政治行动委员捐献的政治献金不得超过5000美元。尽管在20世纪前期，联邦政府为了遏制政治资金问题的恶化，制定了大量的法律法规，并且内容逐渐细化，但是许多法律缺乏具体的可操作性，一些法律内容不严密、不健全、漏洞百出，比如1939年制定的《哈奇法》并不禁止个人向同一个候选人及该候选人的政治行动委员会捐献政治献金。特别是由于缺乏专门的机构来监督和实施、忽视惩罚机制的建立，这些法律在实际的选举政治中并不能发挥应有的效用。

---

① 三枝一雄「アメリカ」、三枝一雄・吉田善明ほか『政治資金と法制度』、39頁。

二　政治资金管制体系的形成

第二次世界大战结束后，政治家的政治资金支出又再次吸引了美国民众的目光。特别是进入 20 世纪 60 年代之后，随着选举经费的上升，候选人用尽方法去筹集政治资金，各种来路不明的政治献金充盈了候选人的金库，但是也带来了大量的政治资金问题。为了改变此种情况，联邦政府在 20 世纪 70 年代掀起了一股改革的浪潮。

1960 年，肯尼迪作为总统候选人参与美国总统大选，竞争对手批评肯尼迪有显赫富裕的家室，使总统大选缺乏公平。肯尼迪成为总统后也表明了对于富人容易成为公职候选人的担心，并提议设立讨论总统选举经费由国家支付的超党派的选举运动委员会。[①] 这种担心的背景在于，进入 20 世纪 60 年代后，电视、广播等大众新闻传播媒介的快速发展，刺激候选人在竞选活动中投入大量的政治资金用于宣传，尤其是少数富人利用电视媒体不断向现役国会议员发起挑战，使现役国会议员倍感忧虑。为了减少政治资金的投入，降低金钱对于选举的影响力，进入 70 年代之后，联邦政府对选举政治的各个层面进行了重大的改革。同时，各州也意识到一些非法的政治资金对于选举活动的操纵，意图通过改革来减少政治资金的影响，强调选举活动的公开透明。1971 年，废除了漏洞百出的《联邦腐败行为法》，出台了具有划时代意义的《联邦选举法》（FECA）和《国内税收法》（Internal Revenue Act）。《联邦选举法》在废除原先对政治献金及政治资金支出方面限制的同时，要求候选人必须全面公开政治献金的来源及支出明细。《国内税收法》则引入了总统选举活动基金的制度，该法的出台对以后总统大选的国家援助制度的形成打下了重要的基础。然而，《联邦选举法》尽管禁止企业及工会直接向政治家捐献政治献金，但是允许政治家通过政治行动委员会（PAC）来自发地筹集政治资金，并且该法同以往的法律一样缺乏一个独立的执行、监督机构。于是 1974 年通过了《联邦选举法修正案》，该法吸取了以往法律的种种特点，强化了财政报告制度，并且建立实施法律和管理竞选财政的

[①] 三枝一雄「アメリカ」、三枝一雄・吉田善明ほか『政治資金と法制度』、41 頁。

机构，是美国有史以来第一次建立起一种综合性的竞选财政制度。[①] 在此之后，1978年《政府道德法》（Ethics in Government）获得通过，该法规定政治家的资产及政治资金以外私人经济活动所获得的收入必须向联邦议会报告。

三 软钱问题

美国在20世纪70年代围绕政治献金的一系列改革初步建立了政治资金管制体系，完善了竞选财政体系，强化了政治资金明细的公开和报告制度，对于政治资金问题的规范和遏制起到重要的作用。然而，该体系依然存在诸多漏洞，比如政治献金的来源问题、软钱的管制方面等。进入20世纪80年代，政党的全国性机构筹集的政治资金数额已经开始远远超过联邦法律规定的范围，这些资金从名义上来看并不是用来进行联邦选举。因为这些资金一般提供给各政党在州一级的组织，用于基层活动和选民动员工作。尽管这部分资金主要用于组织基层选举活动，但基层选举活动进展顺利的话必定有助于各政党在州一级和地方竞选活动中获得支持，同时也利于该党参加联邦竞选的候选人。此外，这些筹款活动主要由政党的全国官员和参加联邦竞选的候选人以及联邦官员协同进行，这表明争取这些捐款的主要目的就是资助参加联邦竞选的候选人。这部分资金就是俗称的软钱（soft money），软钱是与"硬钱"相对而言的，所谓"软钱"就是指政党从公司、工会、个人及其他团体筹集到各种目的、无限量的、并非直接用来影响选举结果的钱，这些钱在联邦选举法中没有相应的规定，"软钱"即不受管理的钱。[②] 软钱问题的管制从20世纪70年代末开始持续20多年一直难有进展，直到2001年"安然公司破产事件"为软钱立法提供了一个极为有利的时机。安然公司通过政治献金与美国政界建立了各种联系，安然公司破产所暴露出来的权钱交换问题才使会中赞成修改政治资金法案的议员增多。

2002年2月，美国众议院通过了旨在减少政治资金对于选举结果影响

[①] 谭融：《美国利益集团政治研究》，中国社会科学出版社，2002，第118页。
[②] Thomas E. Mann, "The U. S. Campaign: Finance System Under Strain", in Henry Aaron, Robert D. Reischauer, eds., *Setting National Priorities: The 2000 Election and Beyond*, Brookings Press, 1999.

的政治资金改革法案,同时 2002 年 3 月,布什总统签署了麦凯恩－范戈尔德法案,这两个法案都禁止全国性政党接受软钱。至此,关于软钱的立法已经迈出了关键的一步,这是继 20 世纪 70 年代政治资金体制改革以后最重要的一次变革。

在美国,关于选举政治中的政治资金问题,二战之前人们主要关注的是大金主对于政治的影响;二战之后,随着选举经费的上升,政治行动委员会的筹款能力越来越强,人们又将矛头对准了政治行动委员会;而进入 20 世纪 90 年代之后,软钱问题又成为人们关注的焦点。改革政治资金管制体系来加强对软钱的监管不仅可以减少政治资金腐败问题的发生,同时也有利于维护美国民主政治的平等,维护美国的立国理念。

回顾美国政治资金体制改革历程的时候,有两点值得注意。首先,历次改革的重点都是对企业的政治献金进行限制,而普通公民在个人出钱资助政治活动方面一直享有广泛的自由,他们对联邦候选人或者政治行动委员会的捐款需要遵守限额的规定,但对联邦免税非营利机构的捐赠并无数额限制。[1] 其次,每次政治资金管制体系的改革几乎都是在发生重大政治资金腐败案件之后进行。当政治家为自己或者少数利益群体谋求私利的事实被媒体公开时,美国民众的不满情绪就会立刻涌现出来,国会迫于舆论的压力不得不对相关制度进行改革或者进行新的立法,以平息民众的不满情绪。2002 年禁止全国性政党收受软钱的法案的通过即美国国会及政治家迫于舆论压力的结果。

2012 年的美国总统大选成为美国历史上花费政治资金最多的选举[2],在此次选举中超级政治行动委员会在筹集资金方面的能力给人留下深刻的印象。所谓超级政治行动委员会是有别于传统的政治行动委员会而言的,超级政治行动委员会不向政党或者任何候选人直接捐助政治献金,这意味着其政治资金不受联邦选举委员会的任何监管和限制,而主要通过各种广告、邮件或者其他方式来对特定的候选人或者选区实施影响。

---

[1] 徐彤武:《"外围团体"对 2012 年美国大选的影响》,《美国研究》2012 年第 3 期。
[2] 此次选举共花费近 60 亿美元,参见《美国的"超级政治行动委员会"左右总统选举》,人民网,2012 年 3 月 11 日,http://world.people.com.cn/GB/17349503.html。

超级政治行动委员会的出现为美国的政治资金监管带来新的挑战,如何在确保政治自由的基础上避免选举成为金钱的对决将成为美国政治资金监管的一大难题。

第三节 英国的政治资金问题及政治资金管制体系

英国作为世界上第一个进入工业社会的国家,在工业化发展初期,伴随着圈地运动的发展、殖民贸易的扩张,原有的社会经济结构被破坏,政府权力的扩张使公职人员利用手中的政治权力去谋求经济利益的腐败行为经常发生。同时,进入18世纪后英国下院的政治地位逐渐提高,议员在国家中的地位也得到相应提升,当选议员被视为步入政坛和升官发财的捷径,因此在举行下院选举时候选人之间的竞争日益激烈。在此种情况下,候选人为了成功当选而通过用金钱购买选票或者非法收受政治献金等各种政治资金腐败事件经常发生。为了改变此种状况,同时也为了规范选举政治中政治资金的有序运行,1883年英国制定了《防止腐败及违法行为法》(The Corrupt and Illegal Practices Prevention Act),该法的出台成功地遏制了政治资金支出无限增长的态势,抑制了政治资金问题的频繁发生,使英国政治成为世界上廉洁政治的代表,也促使日本决定向英国学习管制政治资金的方法。[①] 为此,本节将从1883年的《防止腐败及违法行为法》入手,对英国的政治资金管制体系的形成过程及面临的挑战展开分析。

一 政治资金管制体系的形成

提到英国政治资金管制体系的历史,不得不提1883年制定的《防止腐败及违法行为法》,该法的制定对于消除英国选举政治中的权钱交易及降低选举活动中的政治资金的支出具有重要的意义。特别是该法的制定一举改变了18世纪末到19世纪之间英国政治腐败的局面,有效地规范了政治资金在政治活动中的运作,为以后政治资金管制体系的形成和发展打下了良好的基础。

[①] 日本学者和国民十分推崇英国对于政治资金问题的管制和预防,1994年进行的政治改革引入小选举区制度就是向英国学习的结果。可参考堀江湛『政治改革と選挙制度』、234頁。

1883 年的《防止腐败及违法行为法》以设定选举活动中候选人政治资金支出的限额为中心，限制政治资金的滥用及政治献金对于选举的控制和影响。该法将腐败行为和违法行为进行区别，腐败行为主要指通过运用贿赂、胁迫、欺诈等各种方式来改变选民投票意向的行为；违法行为主要指以下行为：以当选为目的支付某种费用或签订契约，支付或收取规定限额以上的政治资金，为非法支出提供金钱的行为，不遵守政治资金及场所使用限制的行为，选举事务长不遵守关于政治资金支出方面限制的行为。同时选举活动中政治资金支出的数额也根据该选举区选民人数的多寡进行限制。以英格兰地区为例，选民在 2000 人以下的市支出限额为 350 英镑；超过 2000 人的市支出限额为 380 英镑。因此，该法规对于选举活动中政治资金的限制不可谓不严格。除了严格限制政治资金的支出外，对于违犯该法律的行为也进行严厉的惩处。除了欺诈以外，对于腐败行为均处以一年以下有期徒刑或者监禁或者 200 英镑以下的罚款，对于欺诈行为则处以两年以下有期徒刑。再者，即使成功当选议员，其当选也将被判无效。

除了直接的处罚外，如果候选人被判有罪的话将永远禁止其在该选举区参选议员；如果候选人是受到代理律师的影响而被判有罪的话，也将剥夺其在该选举区 7 年的选举权和被选举权。对于违犯《防止腐败及违法行为法》的行为主要有处以 100 英镑以下的罚款，同时如果候选人被判有罪其当选结果无效，并剥夺其在该选举区 5 年的投票权和 7 年的被投票权。如果是选举事务长有罪的话，候选人的当选也被判无效。候选人一旦被判定违犯该法律，那么意味着其将不可能在司法部门及公职部门工作，对其择业的影响将伴其一生。

该法对于选举活动中的腐败行为和违法行为的处罚非常严厉，除了罚款，严厉的刑罚更是引起英国社会强烈的关注。因此，英国政府制定该法不只是简单为了规范选举秩序、遏制政治资金问题的发生，净化选举、打击选举活动中的政治腐败也成为该法的主要目的之一。特别是对于被判有罪的候选人给予当选无效乃至剥夺其相应年限的选举权和被选举权的处罚赋予该法极大的震慑力，也正如此才使该法的出现一改 18 世纪末期到 19 世纪英国政坛腐败的局面，使英国成为世界政治资金管制体系方面的先驱。

然而，20 世纪中期以后随着选举活动向全国范围扩展，政党对选举活

战后日本选举与政治资金问题

动的关注和投入不断加强，利用19世纪制定的法律来规范20世纪的选举活动显得不合时宜，制定于19世纪后期且只是对候选人个人的政治资金进行限制的以《防止腐败及违法行为法》为核心的政治资金管制体系日益显露出先天性的不足。进入20世纪70年代之后，政党间围绕着政治献金的争夺日益白热化。然而，在英国缺乏相应的法律、法规来对政治献金捐赠者进行分类及对资金数额进行限制，唯一对企业献金进行限制的条款来自1967年制定的《公司法》（Companies Act）。该法规定企业超过50英镑以上的捐赠必须记录在股东报告书中，不履行该义务将面临刑事处罚。1985年对《公司法》进行修订时将企业献金的额度由50英镑提高到200英镑，处罚也由刑罚改为罚款。同时为了控制选举中政治资金支出无限增长的趋势，1983年通过了《人民代表法》（Representation of the People Act），限制候选人在选举区的政治资金支出及支出范围。该法的制定严格限制了候选人在选举活动中的政治资金支出，保证了英国选举活动中政治资金的支出始终控制在一定范围内。"根据推算，考虑物价波动的因素，1992年的选举总支出也才只是1880年的1/3，1992年保守党及工党的各候选人政治资金的支出也才只有1929年的1/5及1/3。"[1] 尽管如此，在具有悠久政党政治历史的英国，还尚未对政党的选举活动及政治资金支出进行相应的规范，也未要求政党提交政治资金收支报告书。因此，20世纪80年代之后在部分政党之间开始出现对来自英国以外的政治献金的依赖及由此引发的各种政治资金问题。然而，真正让政治资金问题浮出水面成为民众关注的焦点则要属1993年原波力·派克（Polly Peck）会长的非法献金事件。该会长在1985~1990年向保守党捐献了44万英镑的政治献金，这些政治献金没有依法记录在政党收支报告书里。除此之外，出生在埃及的实业家为了成功购买伦敦有名的百货店"哈罗斯"，向保守党捐献了25万英镑的政治献金事件也引起了英国社会的关注。[2]

为了有效遏制政党对政治资金需求的增长及对国外政治献金依赖所导致的政治资金问题的发生，英国于2000年通过了《政党、选举及公民投票权

---

[1] Martin Linton, *Money and Votes*, Institute for the Public Policy Research, 1994, pp. 5-6.
[2] 古賀純一郎『政治献金：実態と理論』、173頁。

法》(Political Parties, Elections and Referendums Act)。该法将政党的政治资金纳入监管,改变了一直以来对政党的政治资金监管缺失的局面,对英国的政治资金管制体系来说是一次很大的变革。同时根据该法律的规定还设置了对政治资金进行管制的机构——选举委员会。选举委员会对于议会具有一定的独立性,其成员的组成也要求与党派政治无关。

尽管《政党、选举及公民投票权法》的实行对于政党的政治资金进行了严格的监管,但是经常发生个人向政党非法捐赠大量政治献金的事件,同时英国政府也意识到政党在历次选举中的支出长年居高不下,给各政党的财政带来极大的压力。在此背景下2009年对《政党、选举及公民投票权法》进行了修订,制定了《政党及选举法》(Political Parties and Elections Act)。该法重新划定了选举委员会的权限,并且修改了政党政治资金及支出的限额,确保政党的政治资金能够得到更好的监管。

如今英国的政治资金管制体系以1983年通过的《人民代表法》及2000年通过的《政党、选举及公民投票权法》为主要支柱。《人民代表法》主要规定了候选人在选举活动中的政治资金的支出情况;《政党、选举及公民投票权法》主要对选举委员会的组织及功能、政党的政治资金,以及针对第三者、特定政党的支持或反对的政治资金支出进行规定,同时该法还率先引入了援助政党的相关制度。

二 《政党、选举及公民投票权法》与政党援助制度

英国关于引入政党援助制度的争论始于20世纪70年代,伴随着选举支出的逐渐增加,各政党都面临着入不敷出的局面,政府在缓解政党财政危机的背景下设立对政党进行援助的委员会,商讨建立政党援助制度。尽管英国社会对政党援助制度进行了20多年的讨论,但各方依然无法达成共识。支持引入政党援助制度的一方认为引入政党援助制度:一是可以防止政党对特定的政治资金来源的依赖,有利于防止政治资金问题的发生;二是确保政党能够公平地开展选举活动,政党由于政治资金的缺乏无法进行充分的选举活动,得票率降低,引入政党援助制度有利于确保政党间机会的平等;三是提高政党的政策制定能力,政党可以利用国家提供的援助金进行相应的政策调研和立案。反对的一方认为:一是损害政党的独立性,可能导致政党的国有

化，有可能使政党加强对国家的依赖而远离选民，对民主主义是威胁；二是在政党间产生新的不公平，由于新成立的政党无法领取政党援助金，政党援助制度有利于已有的政党；三是遭到纳税人的反对，由于国家提供援助金，有可能出现某政党领取的援助金恰好来自强烈反对该党的选民，这势必会遭到纳税人的强烈反对。[1] 但是在2000年通过的《政党、选举及公民投票权法》第一章第12条中有对设立政策开发援助金的规定，直到这时政党援助制度才第一次正式引入英国[2]。政策开发援助金主要用来补充及支持政党在政策立案方面的支出。该援助金的实施主要由《政党、选举及公民投票权法》的第一章第12条及在此基础上制定的关于2002年政策开发援助实施计划方面的选举规则[3]进行保障。

然而，并非英国的任何政党都可以领取政策开发援助金，政党要想领取政策开发援助金必须满足下列条件：一是在《政党、选举及公民投票权法》进行登录的政党；二是拥有2名以上的下院议员。满足这两个条件的政党才有资格领取政策开发援助金。援助金每年的总额为200万英镑，依据2002年制定的选举规则，援助金分两步进行发放，首先将其中的一半即100万英镑不问政党大小依照公平的原则进行平均分配，剩下的100万英镑依据各政党在总选举中获得的选票数进行分配。同时该援助金的交付由选举委员会具体执行。为了防止各政党将援助金用于非政策立案方面，援助金的发放和支出受到选举委员会的严格监管。援助金的支出范围受选举委员会的严格限制，支出事项仅限于与政党政策立案相关的领域，选举委员会不会一次性地将全部援助金发放完，而是依据政党的政策立案进展分批发放。

政党援助制度成为许多民主国家用来遏制政治献金捐赠者对政治的影响力，并成为替代秘密献金的有力手段。政党援助制度的引入有利于促进政策的调研和立案，从而促进国会议员对于现实问题的把握和理解。尽管英国只

---

[1] 关于是否引入政党援助制度方面的争论可以参考：三枝一雄・吉田善明ほか『政治資金と法制度』、24-29頁。该书将英国围绕是否引入政党援助制度的争论进行了全面的总结和梳理。

[2] 其实在政策开发援助金引入之前，英国也通过各种方式对政党进行援助，最典型的是1975年由工党议员肖特（Short）引入的对在野党的议会活动进行援助的"肖特金钱"（Short Money）。不过此种援助制度与世界上普遍实行的政党援助制度有根本上的不同。

[3] The Election (Policy Development Grants Scheme) Order 2002.

是部分地引入政党援助制度，将援助金的使用严格限制在政策立案方面，而不是像美日等国对政党的选举、议会活动等进行全面援助。但是，政策开发援助金的设立标志着英国在政党援助制度建设方面迈出了坚实的一步。

尽管早在1883年英国就开始通过立法限制候选人政治资金的支出，但是全面完善政治资金管制体系的建设则始于2000年。2000年通过的《政党、选举及公民投票权法》将政党的政治资金纳入监管，弥补了英国政治资金管制体系对于政党的政治资金支出的缺失，对于英国的政治资金管制体系的改革具有划时代的意义。

第四节 战后日本政治资金问题的演变及特点

二战结束后，日本不得不接受以美国为首的盟军的占领，在美国的主导下进行多项民主改革。然而，此时对于日本的政治家来说，如何在几乎成为一片废墟的国土上进行重建、复兴日本经济才是最为重要的课题。在此背景下，执政党纷纷推出各种以经济重建为目标的优惠政策，同时以政府为主导的各种大规模的实业投资也开始在日本各地陆续展开。在这些优惠政策及实业投资的背后却蕴藏着政、官、财各界的紧密联合。战后初期形成的政、官、财之间的紧密关系成为孕育战后日本"金权政治"的温床，这三者的关系也成为理解战后日本政治的重要线索。战后日本政坛经常发生大规模的政治资金问题，而来自财界的非法政治献金及贿赂往往成为案发的重要原因。因此，如何规范政治资金、净化选举成为日本社会关注的焦点。本节在对战后日本政治资金问题的演变进行回顾及对具有重大影响的政治资金问题进行分析的基础上来全面分析战后日本政治资金问题的特点。

一 战后日本政治资金问题的演变

日本战后初期物资极度匮乏，为了尽快实现经济重建，政府采取将资金和物资向钢铁、煤炭等一些重要产业部门倾斜的政策，而在其中发挥重要作用的就是复兴金融金库。国家将集中起来的资金通过复兴金融金库对重点行业、重点领域进行分配。这一方面有利于集中有限资源，提高资金的利用效率；另一方面优先确保相关重点行业能够率先复苏，带动整个产业的发展，为今后国民经济的全面恢复打下基础。在该历史背景下,战后初期资金及物资分配的权力被集中到执政党及特定的政府部门,而企业围绕这些特权展开的非法政治献金拉开了战后日本政治资金腐败的大幕。

在1947年社会党片山哲内阁时期,为了将煤炭、矿山资源收归国家管理,执政党议员向国会提出《炭矿国家管理法案》,此举遭到了日本煤炭主及矿主们的强烈反对。为了阻止该法案的成立,矿主们通过保守派议员向议会施加影响,最终制定的《炭矿国家管理法案》按照矿主们的要求进行了修改并获得通过。最后此事被曝光,数名国会议员及矿主以贿赂罪的罪名受到起诉,事后查明部分矿主通过向保守派议员捐献政治献金的方式来影响该议案的制定,但由于此时关于政治资金管制方面的《政治资金规制法》尚处于讨论中,对政治家收受政治献金的行为还缺乏有效的制度进行约束,最后,收受政治献金的议员逃脱处罚,矿主则被判有罪。此案的发生使日本社会开始意识到企业政治献金对于日本政治生态的影响,至于影响到何种程度,日本社会却没有形成统一的认识。直到1948年昭和电工事件的发生才使日本社会意识到企业政治献金对于日本民主主义的挑战。

为了从复兴金融金库获得企业开展生产的资金,昭和电工的日野原节三社长向政府高官及政府金融部门的干部行贿。此案在1948年6月被曝光,该社长被逮捕。此后,大藏省官僚福田赳夫及在野党民主自由党①的大野伴睦也随即遭到逮捕,最终导致芦田内阁总辞职。该案经过14年的审判,于1962年进行宣判,除了日野原节三社长被判有期徒刑1年、缓刑5年及大藏大臣栗栖赳夫被判有期徒刑8个月、缓刑1年且追缴罚金150万日元而外,其他政、官、财各界的人皆无罪释放。因此,室伏哲郎认为:"昭和电工案最大的问题在于政、官、财各界的涉案人员都被判无罪,或者说被判了缓刑,结果使此案实际上以未处罚任何一人而告终。"② 昭和电工案的发生震惊了日本社会,更让人震惊的是连当时的芦田均首相也因受牵连而被起诉,尽管最后被判无罪,但是这个看似政治决断的判决无法消除日本国民对于政治的不信任。同时,在此次事件曝光之时刚好公布了《政治资金规制

---

① 民主自由党成立于1948年,1950年与民主党联合派合流,改称"自由党"。
② 室伏哲郎『汚職の構造』、44頁。

法》，日本社会十分期待该法律能够严惩政治家非法收受政治献金的行为，然而令人失望的是该案件并不适用于《政治资金规制法》①。除此之外，昭和电工案之所以受到关注还在于驻日盟军最高司令部下属的民政局高官也被曝收受了昭和电工负责人的贿赂，最终此案在驻日盟军最高司令部的强力干预下，不仅昭和电工案中受牵连的政治家没受到实际的刑罚，炭矿管理回收事件中的主要政治家也逃脱了惩罚。因此这些带有政治性质的刑事案件以非常政治化的方式解决了。②

由于昭和电工事件波及面广、涉案高官众多，特别是芦田均首相也被牵连，昭和电工事件成为战后日本四大政治腐败事件之一。在这之后，日本社会又发生了保全经济会诈骗事件③、造船腐败事件等牵涉政界高官的政治资金腐败事件。其中，造船腐败事件影响甚广，并成为吉田内阁倒台的肇因之一。为了让《建造外航船舶补助法》及《损失补偿法案》在议会通过，各船厂及协会向政界高官捐赠政治献金而涉嫌贿赂。1954年1月检察机关开始对各大船厂进行强制搜查，搜查过程中陆续逮捕了政、官、财各界的嫌疑人。最后，由于犬养健法务大臣行使指挥权，暂停了对该案核心人物佐藤荣作的逮捕和搜查。最终，尽管此案涉及人员众多，但仅有10多位嫌疑人被宣判有罪，且都缓期执行，而像佐藤荣作、池田勇人等政界高官则免于起诉。造船腐败事件的发生促使《政治资金规制法》进行改革，在1961年的第一次选举制度审议会中提出了禁止企业、工会等团体的政治献金，不过该提议以还需讨论为由并未执行。除此之外，犬养健法务大臣对检察机关行使指挥权的行为使政界核心人物免于起诉，并在很长一段时间内给日本司法界带来十分恶劣的影响。室伏哲郎评价道："造船腐败事件是日本战后政治腐败史的重要分水岭。"④ 该事件发生之后的1955年1月，日本财界组建"日

---

① 1948年制定的《政治资金规制法》强调的是政治资金的公开和透明，对于政治献金的数额及捐赠方式没有明确规定。
② 室伏哲郎『汚職の構造』、46頁。
③ 1948年，伊藤斗福成立保全经济会，以高分红作保证进行集资，集资的资金一部分用于投资，另外一部分用于打通政界关系，并以邀请政界名人担任顾问的方式捐赠政治献金。此后随着股市暴跌，保全经济会由于无法偿还资金，经营陷入停滞，最终成为严重的社会问题。该事件受害人达15万人之多，共损失44亿日元。
④ 室伏哲郎『汚職の構造』、57頁。

战后日本选举与政治资金问题

本经济再建恳谈会"①,希望断绝个别企业与政界的交流,统一政治献金的路径,推动日本保守势力的联合,这事实上推动了战后日本自民党一党独大的"55年体制"的形成。

造船腐败事件之后,关于加强对政治献金进行监管的呼声日益高涨,但是在保守、革新对立的"55年体制"下,政治献金的问题非但没有解决,反而随着财界与自民党关系日渐紧密而逐步恶化。如1955年发生了卖春腐败事件②、1961年发生了武州铁道事件③、1965年发生了九头龙大坝事件④及1966年后半期以自民党为中心发生的一系列政治腐败事件。特别是以自民党为中心发生的一系列政治资金腐败案件⑤成为《政治资金规制法》改革的契机,在第五次选举制度审议会中提出了关于限制企业政治献金的修正案,然而由于国会内部执政党和在野党的对立,最终使该修正案未被审议而成为废案。

进入20世纪70年代,爆发了震惊日本社会的洛克希德事件。洛克希德公司为了与其他公司竞争,在推销新型飞机的过程中向日本首相田中角荣及其他政界高官行贿。尽管田中在1974年12月就因政治资金问题而下台,但最终检察机关还是以违反外汇法及受贿的罪名对其提起诉讼。1983年一审判处田中有期徒刑4年,并处罚金5亿日元,田中不服当庭上诉。最终经过旷日持久的审判,日本最高法院于1995年做出终审判决,驳回上诉维持原判。洛克希德事件中前首相田中角荣被判刑可以说终结了战后以来"刑不上内阁高官"的传统,该事件涉事人员除前首相和内阁高官外还包括许多财界的重要人物。受洛克希德事件的影响,"防止客机腐败问题协议会"提议对《政治资金规制法》进行修改,明确政治家的私人资金和用于选举活动的政治资金之间的区别。

---

① 1961年改为国民协会,是国民政治协会的前身。
② 为了防止《禁止卖春法案》及《处罚卖春法案》的通过,卖春相关的协会及企业向众议院法务委员会及自民党风纪对策委员会捐献政治献金,共有二三十名国会议员涉案。
③ 为了获得融资及武州铁道建设的许可,埼玉县的财界组织向政界非法捐献政治献金,涉及10多名自民党国会议员。
④ 围绕在九头龙大坝上建设水电站的事件,鹿岛建设被曝与池田首相约定捐献政治献金而在招投标中轻松胜出。
⑤ 这一系列的腐败事件又被称为"黑雾事件"。

尽管洛克希德事件的发生引发日本国内关于政治家的伦理道德及政治资金问题的讨论，但是进入20世纪80年代之后，围绕政治资金问题发生的各种腐败案件依然层出不穷，特别是1988年发生的利库路特事件成为战后日本最大的腐败事件。利库路特公司负责人为了提高该公司在财界和政界的地位，向政治家、官僚及媒体转让还未上市的子公司的股票，待子公司上市后政治家及官僚又趁高价卖掉，从而获取不正当收入。此次事件不仅涉及中曾根前首相、竹下登首相、安倍晋太郎干事长以及宫泽喜一大藏大臣4位自民党内部四大派阀的首领，在政治资金方面比较自律的中坚派议员也被牵涉，显示出与田中角荣时期不同的"金权体质"。①

利库路特事件的发生使日本社会要求加强对政治资金进行管制的呼声日益高涨，因此在20世纪90年代前期"政治改革"成为日本社会最为重要的课题。最终在1994年成功实行了政治改革，引入小选举区制度和政党援助制度，强化对企业及团体政治献金的监管，修改《公职选举法》，强化惩罚机制，即一旦有公职的政治家犯受贿罪，一律要求解除其公职。

1994年政治改革之后，除了强化对企业及团体的政治献金的监管外，还引入了政党援助制度，意图减少政治家对于企业献金的依赖，遏制政治资金问题的发生。然而，政治资金问题并没有得到根本解决，为了规避处罚，企业常常利用迂回及秘密的方式依然源源不断地将政治资金送入政治家的"钱袋"。2000年的KSD事件②、2002年的铃木宗男事件③、2004年的日本牙科医师会的秘密献金事件、2008年的西松建设事件、2009年的陆山会事件④等违犯政治资金管制制度的事件接连发生。引入的政党援助制度也带来了新的问题，尽管政党援助金必须用于政治活动，同时要按时提交政党援助金的使用报告。但是许多议员将政党援助金花在购置房产、提高个人

---

① 石川真澄・広瀬道貞『自民党—長期支配の構造—』、岩波書店、1989年、174頁。
② 财团法人中小企业家福利团（KSD）为了设立大学而通过中介团体用迂回的方式向自民党国会议员捐献政治献金，与此案相关的政治家包括小渊惠三、桥本龙太郎等。
③ 众议院议员铃木宗男收受岛田建设秘密献金及其政治资金管理团体虚假登记政治资金收支报告书等事件。
④ 市民团体起诉小泽一郎的政治资金管理团体"陆山会"在购买土地过程中在政治资金收支报告书中虚假登记等有关小泽一郎违犯《政治资金规制法》的一系列事件。

生活水平而非用于政治活动,并且在政治资金收支报告书中进行虚假登记,比如中岛洋次郎事件。当然,1994年的政治改革在一定程度上遏制了大规模的政治资金腐败问题的发生,原先自民党时期经常发生的政、官、财各界广泛参与的政治资金腐败案件得到了一定程度的控制,财界由于受到舆论的压力也一度停止了向政党捐献政治献金。但是选举活动对于政治资金的需求量并没有减少,1994年政治改革对于政治资金管制体系的强化反而导致迂回献金及秘密献金泛滥,再加上对于政党援助金的滥用及虚假登记,使政治资金问题出现新的发展趋势。所以,频繁发生违规使用政党援助金的事件不仅使原先存在的政治资金问题没有得到根本解决,而且有可能会促使新的政治资金问题发生,导致政治资金问题向复杂化的方向发展。

二 战后政治资金腐败问题的特点

战后日本政治资金问题的发生,使"金权政治"成为战后日本政治的代名词,特别是大量的民选政治家及高级官僚的涉案,增加了选民对政治的不信任,严重影响了战后日本民主主义的发展。战后日本的政治资金问题的演变主要有以下几个特征。

(一)牵涉广泛,包括日本政、官、财各界知名人物

战后日本政治资金问题的发生往往牵涉大量的政、官、财各界的知名人物。特别是以强调客观、中立及专业分工为原则的公务员多次参与政治资金腐败,利用手中的权力为国会议员及企业谋取不正当的利益。自从奉行殖产兴业的明治维新以来,国家权力深深地介入经济社会发展。在战后资本主义发展中,依靠政府的发展规划、产业政策及政策优惠,日本经济实现了高速的增长。在经济发展的背后,就离不开财界运用经济手段来影响与决策相关的国会议员及高级官僚,从而满足其政策偏好。同时,伴随着自民党的长期一党执政,在执政的自民党和省厅官僚密切的联系中形成本人-代理人关系,双方往往能在确认对方的政策偏好之后共同制定政策[1]。从昭和电工事件到造船腐败事件再到洛克希德事件和利库路特事件,

---

[1] 村松岐夫『政官スクラム型リーダーシップの崩壊』、東洋経済新報社、2010年、8頁。

第一章　政治资金问题的国际比较

战后日本爆发的四大政治资金腐败案件中，政、官、财联合的政治结构受到日本社会强烈的批评。

（二）涉案官员级别高，首相涉案成为最明显的特征

在战后日本政治资金腐败事件中，涉案人员除了普通的国会议员外，内阁大臣及事务次官之类的高级官员也多次被起诉。不过在战后日本政治资金腐败问题中首相涉案才是最为明显的特征。战后日本已经多次发生内阁成员或者首相本人涉及政治资金腐败而被迫下台的事件。有的政治资金腐败事件在官员执政期间未被查出，直到数年之后随着案件的曝光，涉案的官员才被追责。在战后日本政治史中，受政治资金问题影响而辞职的首相主要有：1948年昭和电工案的发生导致芦田均内阁总辞职，1954年造船腐败事件的发生成为吉田茂内阁倒台的重要原因之一，1988年利库路特案的发生又导致竹下登内阁总辞职，1992年发生的佐川快递案成为细川户熙内阁辞职的导火索，鸠山由纪夫的政治献金问题也成为其辞职的原因之一。尽管上述首相主要是受到在野党及舆论的压力才被迫辞职，并没有受到法律的制裁，但1976年涉嫌收受美国洛克希德公司巨额贿赂的前首相田中角荣则未能幸免。田中角荣在1974年就已经因为政治资金问题而引咎辞职，但是受洛克希德事件的影响，被处以刑罚，使其成为战后日本首位被判刑的首相。

（三）自民党国会议员成为政治资金问题的主要参与者

战后日本"55年体制"的成立，使自民党长期处于日本权力的中心，几乎垄断了日本的政治资源。为了更好地维持一党独大的权力体系，也为了扩大政治资金来源，自民党与财界建立了紧密的合作关系。同时，自民党与省厅官僚形成了本人－代理人关系，原本掌握在高级官僚手中的政策资源也逐渐向自民党集中，形成特殊的政、官、财一体的统治体系。特别是在20世纪70年代以后，自民党族议员的形成更是强化了自民党在政、官、财一体统治体系中的核心地位。由于部分族议员为了获得选票和政治资金往往热衷于成为财界的说客，族议员和相关省厅与企业及行业协会间的关系日益紧密，成为战后日本政治资金问题发生的"温床"。自民党特殊的拉选票"机器"——后援会的存在也促使自民党议员加强与企业及行业协会间的联系。因为要想维持或者扩大后援会的活动规模，每年需要花费数千万或数亿日

元,这些资金最主要来自企业及行业协会的政治献金。① 这种建立在资金需求基础上的关系很容易使后援会与企业及行业协会成为腐败的共同体。

本节主要以战后日本四大政治资金腐败事件为中心,对战后日本的政治资金腐败的发展及其特点进行回顾和分析。战后日本政治家围绕政治资金发生的腐败事件极大地威胁了战后日本民主主义的发展。尽管1994年进行了政治改革,在一定程度上遏制了大规模的政治资金问题的发生,但是无法从根本上规范政治资金,反而使企业及行业协会通过迂回及秘密献金的方式来捐赠政治资金,再加上政党援助金的滥用,改革后的政治资金问题出现了新的发展趋势。

第五节　　美日英政治资金管理体系的异同

在形容金钱的重要性时,人们常说"有钱能使鬼推磨",这句俗语同样适用于选举政治。在选举政治中,政治家通过运用政治权力来筹集政治资金,同时又利用政治资金来维系或不断扩大其在选举区的影响力,实现连续当选。在这一过程中,政治与金钱之间建立了相互依赖的共生关系。然而,在选举活动中,政治家的政治资金并非全都来自自有资金,政治资金主要来源于企业及个人献金、政党事业经营收入及引入政党援助制度之后的政党援助金等。因此,候选人在参与竞争时,各候选人之间就会不可避免地出现拥有雄厚经济实力的候选人将获得更多的政治资源,进而导致社会发展容易出现由经济不平等向政治不平等方向发展的趋势。同时,在筹集政治资金的过程中,通过政治资金纽带连接起来的政治家与企业之间也容易滋生各类腐败问题。因此,为了维护民主制度一人一票制的基本原则,规范政治资金运行,遏制政治资金问题的发生,通过制定各种法律法规建立政治资金管制体系成为各国比较常用的做法。通过对美、英、日三国的政治资金管制体系进行分析,对三国的政治资金问题进行比较研究。

尽管政治资金问题的发展在美、英、日三国各不相同,然而三国在对政治资金进行监管及控制方面所建立的管制体系却有诸多相同之处。

---

① 石川真澄・広瀬道貞『自民党―長期支配の構造―』、167頁。

表 1-5 日、美、英三国的政治资金管制体系比较

国家	日本	美国	英国
主要的法律	《政治资金规制法》《政党援助法》《公职选举法》	《联邦选举法》《总统竞选基金法》	《政党、选举及公民投票权法》《人民代表法》《公司法》等
对捐赠献金主体的限制条件	·禁止匿名捐赠 ·禁止外国人及团体的捐赠 ·连续亏损3年以上的公司,其亏空补上之前禁止向政党及政治资金团体捐赠 ·收到国家给予补助金的企业及团体在收到补助金一年之内禁止向政党及政治资金团体捐赠或者永远禁止捐赠(有详细规定)	·禁止企业、工会及政府工作人员捐赠(但是可以通过PAC) ·禁止外国人捐赠 ·禁止超过100美元的现金捐赠 ·必须设立银行捐赠账户(数量不限)	·捐赠者仅限于登记选民 ·禁止外国的企业、工会等团体的捐赠 ·禁止收受身份不明者的献金 ·企业一年捐赠额超过200英磅的时候,需要在捐赠前获得股东大会的表决并且要向董事会及股东报告 ·工会要想通过政治基金捐赠献金,政治基金的设立需要得到会员的同意
对献金总量的限制	个人单独向政党及政治资金团体的年捐赠总额为2000万日元,向其他政治团体及公职候选人的捐赠金额为1000万日元 企业、团体为750万~1亿日元	个人捐赠者在两年间捐赠限额为9500美元、候选人每次选举捐赠的金额在2000美元以内、向PAC的捐赠限制在每年5000美元以内。关于捐赠者及收受者还有其他更详细的规定	没有限制
支出限制	政治资金禁止用于购买股票,原则上禁止政治资金管理团体购买土地或房屋	对于在总统选举中领取竞选基金的候选人及政党有相关的限制	下议院议员候选人的支出分为两类:在郡的选举区为5483英磅+选民数×6.2便士,都市选举区为5483英磅+选民数×4.6便士。政党的支出为:3万英磅×提名候选人的选举数
政党援助金	对领取援助金的政党有严格规定,总额为:250日元×当年的人口总数	总统选举分为三个阶段:一是预备选举候选人,二是政党候选人指定的全国大会,三是总统大选	有2名及以上国会议员的政党,每年最多可以领取200万英磅的政策补助金
税收上的优惠措施	无	无	无

战后日本选举与政治资金问题

续表

国家	日本	美国	英国
公开捐赠者信息的标准	年捐赠额超过5万日元、政治宴会支付金额超过20万日元	超过200美元	政党本部:超过5000英镑 政党支部及议员:超过1000英镑

资料来源：総務省自治行政局選挙部政治資金課「政治資金規正法のあらまし」、2009年4月；桐原康栄「欧米主要国の政治資金制度」、『調査と情報』第454巻、2004年8月、国会国立図書館、https://ndlonline.ndl.go.jp/#!/detail/R300000004-I1000733-00。

美、英、日三国在规范政治资金运行及遏制政治资金问题方面主要通过制定法律、设置严格的条件限制政治资金的来源，同时对于政治资金的支出也进行部分规定，但是三国最大的不同在于对政治献金总量及支出方面的限制。美国和日本在政治献金的总量上都进行了严格的规定，限制个人及企业团体无限制的捐赠政治献金，从而规范政治资金秩序。然而，英国对于政治献金的总量并没有进行限制，相反对资金的支出进行了严格的限制。三个国家政治资金管制体系的着力点不同，使三国的政治资金问题的表现形式又大不一样。英国限制政治资金总量支出可以防止候选人为了筹集政治资金而与企业及协会保持紧密的联系而忽视了与选民交流，维护了一人一票制的民主原则，降低了选举活动中政治资金总量的支出。因此，与美日相比，英国在选举活动中政治资金支出的数额是最少的。英国对政治资金支出总量进行严格限制，一方面可以为候选人提供一个相对公平的选举环境，避免国会议员成为筹钱的工具而忽视一名合格的国会议员所应具备的能力；另一方面可以节约选举经费，控制不必要的支出，有利于打造廉洁政治。美日尽管对于企业及个人的政治献金捐献进行了严格的限制，但是在支付方面没有进行限制，使两国的政治资金支出比较大。在2012年的日本大选中，总务大臣所管部分的政治资金支出为1107.97亿日元，比上一年增长24%，收入为1129.8亿日元，比上一年增长12%；而在2010年总的政治资金支出为2441亿日元，收入为2461亿日元。[①] 美国在2012年总统大选中支出近60亿美

---

① 「平成24年政治資金収支報告の概要（総務大臣分）」、「平成22年政治資金収支報告の概要（総務大臣分＋都道府県分）」、http://www.soumu.go.jp/senkyo/seiji_s/data_seiji/index.html。

元，成为史上支出最多的总统选举。① 因此，由于美日在选举中对候选人及政党的政治资金支出没有进行限制，选举成为金钱的大比拼。为了获得更多的政治资金，政治家及政党不得不用尽各种手段去筹集政治资金，尽管对于企业及个人政治献金的捐献有明确的规定，但是政治家及政党常常为之冒险。2009 年日本首相鸠山由纪夫冒用大量已经死去选民的个人信息作为献金捐赠者进行登记，以规避法律的监管，② 遭到舆论的批评。因此，美日两国的政治资金问题不仅表现为围绕政治资金所引发的腐败问题，还包括选举中政治资金支出的无节制的快速增长。

选举政治中不断引发的政治资金腐败，对于民主制度是一个极大的挑战，成为维系民主主义的"成本"。由于欧美日各国历史文化及政治体制各不相同，各国的政治资金腐败问题呈现出不一样的表现形式，但通过制定法律，完善政治资金管制体系成为各国共同的选择。如何更好地监管政治资金，遏制政治资金问题的发生不仅是美英日三国面临的问题，也是很多实行自由选举制度国家面临的共同难题。

本章小结

围绕政治资金的接收、流转及使用等方面所产生的政治资金问题成为"民主主义的成本"，各国基于自身的政治文化及政治现实制定不同的监管机制来进行监督。在实际运行中，如果政治资金监管机制过于严厉就有可能影响政治家各种政治活动的举行，进而影响政治家与选民的关系，并对民主制度造成影响；如果监管措施不力或监管机制存在漏洞，那么则无法对政治资金的接收、流转及使用等各个环节形成有力的监督，进而导致政治资金问题的发生，而政治资金问题的发生又将会威胁民主制度的健康发展。为此如何平衡政治资金问题与维护选民合法权益之间的关系，如何平衡政治家的权益与维护民主制度的健康发展成为管制政治资金问题需要解决的两对难题。

---

① 《美国的"超级政治行动委员会"左右总统选举》，人民网，2012 年 3 月 11 日，http://world.people.com.cn/GB/17349503.html。
② 岩井奉信「政治資金をめぐって—果てしない『イタチごっこ』—」、『都市問題』、東京市政調査会特集 1、2009 年 10 月、7 頁。

战后日本选举与政治资金问题

各国在本国政治实践的基础上制定了许多政治资金监管机制，同时很多机制随着时代的不断发展在不断地更新和完善。

尽管如此，美国、英国、日本等国家依然面临政治资金问题的困扰。一旦选举压力增大，政治家必定会通过各种方式来举行各种集会、宣传活动来拉拢选民，争取选票。然而政治资金的大量支出必定会促使政治家利用各种方式增加政治资金的收入，结果形成恶性循环。为此，在现有的通过管制政治资金的接收、流转及支出的政治实践的基础上，能否寻求改革国家的援助制度，特别是对于日本而言，将国家的政党援助制度向以提供选举服务的方式转变。国家通过向候选人提供选举服务的方式来介入政治活动，不仅可以降低政治资金的支出，也可以防止政治资金不正常的流转，清除产生政治资金问题的土壤。

第二章
日本选举制度改革与政治资金问题

1889年,随着帝国议会的开设,明治政府正式将选举制度引入日本,在此后漫长的历史岁月中日本的选举制度经历了多次改革。最近的一次是1994年进行的政治改革,此次改革废除了在日本长期实行的中选举区制,引入了小选举区制,实行小选举区比例代表并立制。此次政治改革可以说是"自战后驻日盟军司令部的改革以来在日本发生的规模最大、涉及面最广的一次政治改革"。① 1994年的政治改革不仅从根本上对选举制度进行了改革,而且还修改了《政治资金规制法》,加大对政治资金的监管和处罚力度。此次日本政府之所以要大刀阔斧地对选举制度进行改革,主要是因为日本社会认为中选举区制度下"容易形成以候选人为中心的选举,为了成为议会多数党,相同政党的候选人之间不得不相互竞争,从而容易诱发派阀政治和政治资金腐败问题"。② 因此要想根除战后以来一直困扰日本社会的"金权政治",必须对选举制度进行根本的变革。

本章从日本的选举制度发展沿革入手,在对1994年选举制度改革进行分析的基础上,进一步对选举制度与政治资金问题的关系进行探讨。

第一节 日本选举制度的变迁

日本自1889年正式引入选举制度之后,选举制度的发展经历了战前的限制选举权时期、实现男子普选权时期及战后在联合国盟军司令部改造下的实现完全普选权时期。

---

① Gerald L. Curtis, *The Logic of Japanese Politics: Leaders, Institutions, and the Limits of Change*, New York: Columbia University Press, p.137.
② 自由民主党『政治改革大綱』、1989年5月23日、7-8頁。

战后日本选举与政治资金问题

一 限制选举权时期

明治维新以后,日本由幕藩体制的封建制转变成中央集权的统一国家。虽然明治政府意识到要想在西方列强面前保持国家的独立地位,不可避免地要实行立宪制度,但是由萨长藩阀势力主导的明治政府热衷于巩固统治基础,对于当初所确立的引入议会制度的目标缺乏热情。尽管如此,明治政府内比较开明的政治家木户孝允授意青木周藏起草宪法草案,率先开启了制定明治宪法的大门。此时的大久保利通提出《宪法问题意见书》,"该意见书提出了国会构想,但是将议员资格限定在华族和官吏阶层"。[①] 明治政府对待议会制度的消极行为及政府官员提出的宪法构想引起了被排挤的士族阶层强烈的不满和指责。1874年1月,以板垣退助、后藤象二郎等人为首写给明治政府建议开设民选议会的《民撰议院设立建议》公布。该建议书批判了当时的官僚专制,指出天皇和人民均没有统治的权力,只有设立民选议会,才能抑制官僚的权力,国民才可以得到幸福。不过讽刺的是,尽管该建议书提出了纳税人有参政权,但将纳税人的范围局限在士族、豪族及富农等阶层。该建议书的公布轰动了全日本,给明治政府造成了极大的压力,以此为契机日本国内展开了关于是否开设国会及如何制定宪法的争论。通过此次争论壮大了自由民权运动的气势。在此背景下,明治政府向民权派做出了让步,1875年4月,明治政府发布了《立宪政体诏》,元老院受天皇所托起草宪法草案。然而先后提出的两个草案均被伊藤博文、岩仓具视等政府首脑否决。

西南战争结束之后,日本国内自由民权运动的规模急剧扩大,影响力逐渐增强,1880年"期待建立国会的同盟会"的民间组织正式成立,第二年该同盟会就提出宪法草案,仅仅在1879年到1881年这三年间就有多达数十部的民间宪法草案出台。然而受《民撰议院设立建议》的影响,民间起草的宪法草案都规定了严格的财产及纳税条件,还尚未有提案涉及普选权。从该时期制定的民间宪法内容可看出,当时民权派的选举构想中仅将选民限定为纳税者或者有产者,对于普选权还尚未有清晰的认识。当然,尽管明治政

[①] 稻田正次『明治憲法成立史』(上)、有斐閣、1960年、211頁。

府在 1875 年摄于自由民权运动实力的扩大而提出了《立宪政体诏》，但是事实上政府一直认为现在建立民选议会的时机并不成熟。同时，在明治政府内部支持马上建立民选议会的势力也比较单薄，参议①当中也仅大隈重信提出在 1882 年开设国会的建议。即使如此，大隈重信的提议也立即遭到了明治政府内部保守势力的反对，右大臣②岩仓具视命令井上毅制定了政府关于设立国会的基本方针《大纲领》，并且上奏天皇。该纲领明确提出"实行两院制，从财产上对民选议院的选民资格进行限制"。③ 从内容来看该纲领基本上确定了 1889 年《明治宪法》的基本框架。

经过此次事件，在日本国内，一方面自由民权的思想得到进一步的传播，自由和改进两党陆续成立，开设国会的事宜也逐渐提上日程；另一方面明治政府在自由民权运动的压力面前也不得不软化立场，开始着手制定宪法，并派遣伊藤博文远赴德国借鉴相关经验。最终，明治政府在 1889 年颁布《大日本帝国宪法》的同时也一并颁布了《众议院议员选举法》。该法律规定："选民资格为在当地居住满一年且向政府直接交纳国税 15 日元的满 25 岁的男子，被选举人资格与选民资格一致，只是年龄提高到 30 岁，除此而外实行小选举区制和单记名投票法。"按照当时的生产条件，该法律对纳税要件的要求非常高，结果导致 1890 年第一次选举时全日本符合该条件的选民才有大约 45 万人，仅占全国人口的 1.14%；对居住年限的限制也不利于城市选民，具有强烈的农村本位导向。尽管如此，在自由民权运动的压力下，实行了立宪政体并且设立了民选议院，在当时的政治环境下可谓自由民权派的一大胜利。然而对于纳税要件的高额设置，使拥有选举权和被选举权资格的国民仅局限于部分富裕及地主阶层，大部分日本国民依然被剥夺了选举权和被选举权资格。

尽管明治政府开设帝国议会，但在帝国议会初期藩阀势力强势介入，在内阁人事安排上排斥政党力量。为此，由自由党系统发展起来的民党势力与政府在议会运营上持续进行激烈的对抗和斗争。为了缓和政党与政府间的对

---

① 明治政府时期设立的官职，职阶高于现在的内阁大臣。
② 明治初期太政官里最高的职务，1885 年设立内阁制后废除。
③ 『憲法中綱領之議』、1881 年、国立国会図書館デジタルコレクション、http://dl.ndl.go.jp/info: ndljp/pid/3860373。

抗，在中日甲午战争时期，明治政府决定向政党妥协，允许政党成员加入内阁。此时，伴随着选举活动的持续进行，政党的影响力逐渐增大，在专制政府内部民党的势力也逐渐增强。1900 年，藩阀首脑伊藤博文召集部分民党势力成立了立宪政友会。同年选举法的改革也在第十四届议会获得通过，此次修改是《众议院议员选举法》颁布之后进行的第一次大范围的修改。首先，废除小选举区制，实行府县大选举区制度及市独立区制；其次，降低纳税要件，纳税额由原先规定的 15 日元降为 10 日元。纳税额的降低极大地扩大了选举权范围，"具有选举资格的国民增加到 98 万余人，占总人口的 2.2%，与 1890 年的选民人数相比增加了 1 倍以上"。① 其中增加的选民主要来自受资本主义发展影响的城市选民。

然而，在此之后随着人口的增加及资本主义经济增长导致的城市化扩张不断推进，1900 年改革所规定的选举区划分及选举区额定议员数已经越来越无法满足当时的发展情况。特别是日俄战争之后，日本经济进入垄断资本主义时期，各种近代工业全面快速发展。与此同时，工业化的发展不仅使劳动人口增加，还推动了城市化的快速发展。因此，寻求对选举制度进行改革的呼声日益高涨，加上大正时期社会运动及大众媒体传播技术的发展，政党在社会中的影响力越来越大。为了回应民众的呼声，众议院以政友会势力为主的议员提出改革议案，希望对选举制度进行根本改革，恢复小选举区制，扩大普通民众的选举权。结果在 1919 年的原敬内阁时期成功实现了选举制度的改革。此次改革主要围绕选举区划分和选举权而展开，关于选举区，原则上以小选举区制度为主，同时设立若干 2 人及 3 人选举区并增加 83 名国会议员；选举权方面，随着大正民主运动的发展，国民要求实现普选权的呼声高涨，不过此次改革并未采纳，仅降低纳税要件，由原先的 10 日元降低为 3 日元，同时居住时间也由 1889 年规定的 1 年缩短为 6 个月。尽管普选权的要求并未实现，但是纳税要件的大幅降低使选民人数极大地增加，"有资格的选民达到了大约 300 万人，是 1902 年的 3 倍，占总人口的比重也超过了 5%"②。

---

① 杣正夫『日本選挙制度史：普通選挙法から公職選挙法まで』、九州大学出版会、1986 年、21 頁。

② 杣正夫『日本選挙制度史：普通選挙法から公職選挙法まで』、23–24 頁。

事实上早在制定明治宪法期间，废除财产及出身对选举权的限制，解放全体国民这样纯粹的民主主义思想就已经开始萌芽，然而废除纳税要件限制选举权的要求则直到明治宪法制定之后才开始出现。尽管选举制度经过多次改革，纳税要件的限制也逐渐缓和，但是直到1925年选举制度改革之前，选举权依然受到纳税要件的限制。

二 实现男子普选权时期

明治宪法制定之后，日本社会内部围绕废除纳税要件实行普选权的社会运动就已经开始萌芽，1892年以东洋自由党为主体建立了"普选同盟会"。在当时的议会中，连扩大选举权都未能成为争论焦点的情况下，该同盟会的成立在日本普选运动史上具有重要的意义。受此影响，追求实现普选权的各种团体和组织纷纷成立，实现普选权的社会运动也得到了快速发展。

与此同时，为了与民间实现普选权运动相呼应，帝国议会内部也开始出现关于实现普选权的提案。在1902年2月的第16届议会上，普选权法案首次由宪政本党的中村弥六等人提出。主要内容为："选举权和被选举权的年龄要件分别降到20岁和25岁，完全废除纳税要件。"[①] 不过，该提案被众议院委员会否决。在此之后普选权法案多次在议会提出，然而均被否决，直到第27届议会提出的普选权法案在众议院获得了通过，但该议案最终还是被贵族院委员会否决，这导致普选权法案在此之后很长一段时间内在议会的审议被暂停。普选权提案之所以遇到各种阻力，一方面来自藩阀官僚势力的强烈抵制，另一方面也由于普选权尚未获得社会民众的支持，民众对于普选权的认识仅仅处在抽象的观念理解阶段。然而1918年第一次世界大战结束之后，争取普选权的社会运动日益高涨，民众对于普选权的理解已经走出抽象认识阶段，开始积极投身到争取普选权的社会运动当中。与社会上日益高涨的争取普选权运动相比，议会内部各党派围绕普选权法案的争议也非常热烈。在第42届议会，在野党提出的普选权法案在议会内部引发了

---

① 富田信男「普選法の制定と普選第一回総選挙」、『選挙研究』第5号、日本選挙学会、1990年、4頁。

战后日本选举与政治资金问题

很大的争论,最终原内阁不得不下令解散议会。在之后的第 43、44、45、46 届及第 49 届议会,尽管也提出了普选权提案,但都没通过议会审议。直到第一次加藤高明内阁期间,通过宪政会、政友会及革新俱乐部所谓的"护宪三派"的通力合作,第 50 届议会才顺利通过《众议院选举法改革》方案,普选权被正式引入日本。此时距第一份普选权法案在议会提出已经相隔 23 年。

此次对《众议院议员选举法》进行改革的内容主要有:实行每个选区 3~5 人的中选举区制度,采用单记非转让投票法;废除选举权的纳税要件,只要是 25 岁及以上的日本男子都具有选举权,被选举人需 30 岁及以上的日本男子。此次废除纳税要件使选民数量极大地增加,"1924 年大选时大约有 330 万名选民,占当时的人口比例约为 6%,而在 1928 年男子普选权实现后的第一次大选中,选民大约有 1240 万人,占当时人口的比例已达到 20%"。① 同时,为了防止政治资金腐败事件的发生,减少候选人及政党的政治资金支出,学习英国对选举活动的费用支出进行最高限额。

此次选举改革虽然只实现了 25 岁及以上男子的选举权资格,并未涉及女子普选权的问题,属于"阉割后"的普选权。但是此次选举改革对于日本政治的发展具有重要的影响。一方面,此次选举改革加大了对选举活动中腐败行为的监管和查处力度,不仅对于候选人在选举活动中的直接支出进行总额限制,而且工作人员配备及物品使用等间接方面的支出也进行了严格的管理;另一方面,首次正式引入中选举区制度,中选举区制度作为护宪三派的政治妥协,各方对其并不寄予期望,但在日本的选举历史上中选举区制度的实施时间最长,对日本政党政治的影响也是最为深远的。同时,在围绕选举制度的争论中,选举制度与政治资金腐败之间的关系多次成为各方争论的焦点。在实行小选举区制度期间,由于选举腐败事件的发生以及选举费用支出过多,当时的内务省向众议院提出废除小选举区制度引入中选举区制度。内务省提出的《选举法改革理由书》认为:"小选举区制会导致金权选举及选举违法行为的增多。"② 因此,最终选择中选举区制度除了具有政治妥协

---

① 松尾尊兊『普通選挙制度成立史の研究』、岩波書店、1989 年、327 頁。
② 宮川隆義『小選挙区比例代表並立制の魔術』、政治広報センター、1996 年、51 頁。

的意味外，尝试用新的选举制度来遏制小选举区制度时期泛滥的政治资金问题也是题中应有之义。

1925年选举法改革之后，所谓的政党内阁只持续到1932年5月的斋藤内阁，在这期间日本总共举行了3次全国大选，选举过程中腐败行为及行政干预现象遭到了日本社会的强烈批判，通过普选选出的部分众议院议员深陷政治资金问题的影响，进而导致众议院无法正常运转。大选中发生的政治资金问题对于日本社会来说是巨大的冲击，当时的日本社会希望通过1925年选举法的改革来加强对选举活动的监管，并严格控制政党及候选人的政治资金，但改革后未能达到预期的效果。新引入的中选举区制度不但未能遏制小选举区制度时期的选举腐败，反而促使相同政党的候选人相互竞争，在带来派阀政治的同时也引发了政治资金问题的发生。在此种状况下，修改选举制度的争论又再次产生。1930年"众议院选举改革审议会"正式成立，该年12月提出了改革选举制度的报告。然而滨口首相的遇难，使该修正案一直未能提交议会审议。此后在1933年第64届帝国议会中又再次提出该报告，然而该报告因缺乏"选举公营案"的内容而未能通过。加入"公营案"的相关内容之后，该报告在1934年第65届帝国议会提交并顺利通过。

此次改革的最主要目的在于减少选举活动中政治资金的支出，遏制政治资金腐败事件的发生。为此："①加强对选举活动的监管，限定候选人选举团体的正式员工及非正式员工的人数，减少经费支出；②限定选举活动经费，每位候选人最高支出为9000日元；③加强对选举腐败行为的处罚；④修改'选举公营制度'，选举材料免费邮寄及提供选举演讲的公共场所等。"[①]

日本自1889年制定选举法以来，仅经过36年就实现了男子普选权；而英国作为实行议会制度的先驱，从1832年选举法改革到1918年《国民代表法》的制定，经过近86年的时间才实现了普选权。这体现了日本现代化快速发展的进程，同时也是日本无产阶级力量快速成长的结果。

---

① 中央社编『衆議院議員選挙法改正：政府解説纂輯』、中央社、1934年、1-8頁、国会国立図書館デジタルコレクション、http：//kindai.ndl.go.jp/info：ndljp/pid/1464991。

三 完全实现普选权时期

1945年8月，日本接受《波茨坦公告》，宣布无条件投降，以美国为首的驻日盟军最高司令部进驻日本，开始了对日本的占领统治。为了遵循美国对日本非军事化及民主化的改革要求，东久迩内阁决定对选举法进行根本性改革，决定设立"议会制度审议会"来负责选举法的改革。然而，1945年10月4日，驻日盟军最高司令部发布了《废除对政治、信教及民权自由的限制的备忘录》，为此，罢免了全国的"思想警察"。受此冲击，东久迩内阁总辞职。币原内阁接替东久迩内阁，并且起用堀切善次郎担任内务大臣。此时，堀切善次郎提出了三点选举法改革的内容："一是降低选举权和被选举权的年龄要件，二是赋予妇女参政权，三是采用大选举区制。"① 从此后的选举法来看，堀切善次郎提出的这三点内容基本上奠定了改革后选举法的基本框架。

1945年11月27日，币原内阁向第89届众议院会议提出了政府的选举法改革议案，经过议会内部激烈的讨论，政府议案被进行了部分修改，修改后的议案于12月11日的众议院会议获得通过，12月14日在贵族院也顺利获得通过。尽管选举法改革议案在帝国议会获得了通过，但是此时日本处于盟军的占领下，日本政府并没有自主处理选举立法的权限，只能在驻日盟军最高司令部的命令下行事。因此，当时的内务省担心驻日盟军最高司令部会不会认可改革后的选举法。在1946年1月12日最高司令部发布实施总选举的指示后，内务省征求最高司令部的意见，最高司令部认为："①允许按照修改后的选举法进行大选；②严格监管选举过程中的腐败行为；③缺乏选举运动及选举费用方面的规定，不过依据麦克阿瑟的裁定即可不用进行修改。"② 最终，帝国议会通过的《众议院议员选举法》获得驻日盟军最高司令部的认可而正式成立。

此次《众议院议员选举法》改革的内容包括选举权的年龄要件降为20岁，被选举权的年龄要件降为25岁，承认女性的选举权和被选举权，实行

---

① 自治大学校编『戦後政治史Ⅳ—衆議院選挙法改正—』、自治大学校出版、1961年、7頁。
② 自治大学校编『戦後政治史Ⅳ—衆議院選挙法改正—』、52頁。

第二章　日本选举制度改革与政治资金问题

以都道府县为单位的大选举区制度等，至此日本完全实现了普选权。普选权完全实现之后的第一次大选于1946年4月举行，此次大选由于实现了完全普选权，再加上大选举区制度的实行，引起了日本国民的强烈关注。此次大选共有1364名候选人参与竞选，其中有79名女性候选人，并且有39名女性候选人成功当选。同时由于实行大选举区限制连记制，大量的小党及革新政党获得议席进入众议院，这给保守政党带来强烈的冲击。为此，在大选之后，"都道府县选举主管课长会议"对大选举区限制连记制的投票方式给予强烈批判，该课长会议建议对选举制度进行修改。同时，议会内部的自由和进步两党的干部也在围绕选举制度改革进行磋商。经过多次磋商以及在大范围内征求党内意见，两党达成一致意见同意实行中选举区制度。然而，就在议会内部围绕中选举区制度进行争议之时，1946年末日本社会掀起了庞大的工人运动，这不仅干扰了驻日盟军在日本的统治，而且引发了日本社会的混乱。在驻日盟军最高司令部一纸禁令下，工人运动遭到沉重打击，但是社会秩序依然未能有效恢复。为了恢复社会秩序、平息民众的不满，麦克阿瑟要求吉田内阁举行大选。对此，吉田内阁的内务相植原与民政局长惠特尼（Courtney Whitney）举行会谈，征求其关于选举制度改革的意见。植原提出了三点改革原因："①为了防止国会内部小党林立，实现以政策为中心的公正选举，应该实行小选举区制度；②要是觉得第一条改动过大的话可以实行中选举区制；③上次实行大选举区制导致共产党候选人进入议会，如果继续这样的话，估计还会有更多的共产党人进入议会。"[1] 然而，惠特尼以才实行了一次大选举区制度不能过早下结论为由拒绝了植原的建议。不过此时议会内的执政党围绕实行中选举区制度已经统一了意见，为了推动选举制度改革，吉田茂亲自出面与麦克阿瑟会谈，最终获得了麦克阿瑟的同意。在获得了最高司令部的同意之后，议会内部又围绕吉田内阁的《选举法修正案》展开激烈的争论。经过执政党的积极推动，《选举法修正案》于1947年3月30日正式通过，次日在贵族院也获得通过。

战后初期，由于众议院选举的紧迫性及人口的大量流动，战后首次大选实行了大选举区制度。实行大选举区制度，一方面促进了革新力量的发展，

---

[1] 自治大学校編『戦後政治史Ⅳ―衆議院選挙法改正―』、93頁。

引起了保守官僚阶层的反对；另一方面也使议会内小党林立，不利于稳定政府的建立。于是，对选举制度进行改革，重新启用中选举区制度的意见在日本社会又再次出现。然而，正如吉田内阁的内务相植原所言："关于众议院选举制度改革，由于小党林立阻碍民主主义的发展，而两大党制可以实现政党政治的稳定，实行小选举区制度是最理想的选择。但是要想立刻采用小选举区制度则比较难，只有先实行中选举区单记制。"[1] 由此看来实行中选举区制度也只是各方势力的折中和妥协，但不可否认的是中选举区制度在战后日本的政党政治中发挥着重要的影响，成为战后自民党一党独大的"55年体制"形成的重要因素之一。

第二节　战后日本中选举区制度与政治资金问题

选举制度作为现代民主政治的重要组成部分之一在民主生活中发挥着重要的作用。选择什么样的选举制度往往会影响候选人及政党采取何种方式去参与选举竞争。毕竟选举制度对于政党的政治组织及政治活动具有重要的影响，选举制度的差异也会对选民的投票策略产生影响。综合世界各国的情况来看，选择什么样的选举制度不仅由该国的政治势力所决定，还会受到政治文化及社会发展水平的影响。日本自1889年制定《众议院议员选举法》以来，长期实行中选举区制度，然而又由于中选举区制度存在问题而进行多次改革。对此，本节将在分析日本中选举区制度的基础上，重点探讨中选举区制度与政治资金问题之间的关系。

一　中选举区制度

普通人在理解选举制度时，一般比较容易将代表制和选举区制这两个概念混淆。事实上，在选举政治学中，代表制主要分为两种类型：一种为能够相对比较准确反映民意的"比例代表制"，另一种为反映民意大体概况的"多数代表制"。选举区制的划分就比较简单，如果该选区只有一个议员名额则是小选举区，有多个名额则是大选举区。

---

[1] 杣正夫『日本選挙制度史：普通選挙法から公職選挙法まで』、243頁。

表 2-1　代表制和选举区的关系

代表制	小选举区制	大选举区制
多数代表制	小选举区制 （英、美）	完全连记制
比例代表制		比例代表制 （欧洲大陆诸国）

资料来源：堀江湛『日本の選挙と政党政治』、北樹出版、1997年、19頁。

日本长期实行的中选举区制度却与上述的选举制度大不相同。1889年日本选举法规定将实行以小选举区制为主的多数代表制，尽管也有二人选举区，但是实行完全连记制，与欧美实行的多数代表制大体相同。然而，1900年，当时的山县有朋决定导入大选举区制度，从这个时候开始日本就实行具有其"特色的选举制度"。尽管大选举区制度和中选举区制度存在选举区规模的不同，但是两者的性质是一样的，都是以府县行政区划为统一的选举区并实行单记制。山县有朋之所以选择实行大选举区制度，其主要目的是通过改革选举区制度来分化民党，制造政党林立的局面，从而有利于藩阀政府的统治。由此可知，当时的明治政府已经认识到选举制度与政党之间的关系，也意识到选择不同的选举制度会对日本政治产生不一样的影响。于是充分利用选举制度的特点来分化、打击政治对手，实现对日本政治的主导。不过1919年原敬内阁通过改革重新引入了小选举区制度，经过6年短暂的运行之后，中选举区制度再次被护宪三派内阁带回日本政治。除了在1945年依据驻日盟军最高司令部的指示实行过一次大选举区限制连记制的选举制度外。直到1994年政治改革，日本政府一直沿用中选举区制度。

表 2-2　小选举区制、中选举区制、大选举区制

小选举区制		选举区定额为1个
大选举区制 （选区定额为多个）	中选举区制	选举区的定额为3~5个 必要的时候将相应的都道府县划分为多个选举区
	大选举区制	各都道府县即为一个选区

资料来源：加藤秀治郎『日本の選挙：何を変えれば政治が変わるのか』、中央公論新社、2003年、38頁。

战后日本选举与政治资金问题

1947~1994年，日本实行了47年的中选举区制度。在中选举区制度下，候选人并非将选票直接投给政党，而是投给政党的候选人。再加上实行的是单记非转让制的投票方式，不管选区定额是多少，每位选民只投1票，并且每位候选人不能将所获得的选票转让给相同选举区的其他候选人或者该选举区内相同政党的其他候选人。因此，有学者将日本的这种限制投票法与采用单记可转让投票方式的爱尔兰、芬兰进行比较，认为"两者的主要差别在于，单记不可转让投票制似乎更缺乏比例代表性，因为其选票无法转让"[1]。由于选票的不可转让性，即使候选人获得的选票远远超过当选的票数，他也不能将超出的选票转让给相同政党得票较少的候选人，此时就会出现"死票"的问题。1993年大选时，滋贺县新党先驱的候选人武村正义刮起了"投票旋风"，获得了21万张选票，名列榜首。然而最低票当选者才获得了7万张选票，武村正义的选票是其3倍，如果可以转让选票则至少又可以有1名新党先驱的候选人当选。[2]

除此之外，日本的中选举区制度采用相对多数当选制，这与英国及美国等采用单纯小选举区制度的国家完全不同。在小选举区制度下，由于议席定额为1个，只有在选举区内获得选票最多的候选人才有可能当选。而在中选举区制度下，根据选举区议席定额的设定，候选人按照得票数的多少依次当选。

战后日本长期实行的中选举区制度具有诸多"日本特色"，这导致部分日本政治研究者在分析战后日本政治时不可避免地将焦点集中在中选举区制度上。特别是将导致日本政治腐败及自民党一党长期执政的矛头指向中选举区制度。

二 中选举区制度下的政党竞争

选举制度对政党及政党体系的影响已经被不少研究所证实，在这些研究中"迪威尔热定律"被人熟知。"迪威尔热定律"指出小选举区制度容易形成两大党制，比例代表制则容易形成多党制。然而日本的中选举区制度既不

---

[1] 〔美〕阿伦·李帕特：《选举制度与政党制度：1945~1990年27个国家的实证研究》，谢岳译，上海世纪出版集团，2008，第39页。
[2] 加藤秀治郎『日本の選挙：何を変えれば政治が変わるのか』、中央公論新社、2003年、38頁。

第二章 日本选举制度改革与政治资金问题

同于小选举区制度,也不是比例代表制,在此种情况下政党间的竞争关系又该如何发展?

在中选举区制度下,依据各选区定额(多数为2~6个)差异,各政党推举的候选人人数也不一致,使各选举区内竞争差异也比较大。在小选举区制度下,得票最高的候选人即可获得议席或者只要获得选票比竞争对手多即可当选,比例代表制下选民投票给政党,政党依据得票率的多少来按照提出的候选人名单依次分配议席。在中选举区制度下,候选人当选的情况则比较复杂。如果该选区内各候选人得票率相当,那么微弱的优势都可能会影响到候选人的排名,最终决定哪几位候选人能够胜出。因此候选人只能用尽一切手段去获得尽可能多的选票。如果该选举区内极具影响力的候选人获得了大量的选票,那么剩下的候选人即使获得较低的得票率也可以顺利当选。可以看出,在中选举区制度下候选人的当选门槛并不固定,且常处于浮动状态,可能这次大选需要20%的得票率即可当选,而下次大选则需要35%的得票率。当选条件的不确定性容易导致选举结果的不稳定。因此,在中选举区制度下,增加了议员对于落选的恐惧心理,导致各政党间的选举竞争更加激烈。①

中选举区制度不仅加剧了各政党间的竞争,也会导致相同政党候选人之间的激烈竞争。"中选举区制度最大的问题在于会导致像自民党一样长期执政的大党之间的党内竞争。"② 尽管中选举区制度下众议院议员的定额一直在不断变动,但是对于想获取众议院半数议席的政党来说,至少要在同一选区派出2名以上的候选人参选。同时,在中选举区制度下,每个选举区都可选出多名议员,而每位选民却只能投1票。为了获得更多议席,政党就不得不在同一选举区派出多名候选人参与竞争。事实上这导致中选举区制度下政党内部选举竞争的激烈程度远远超过政党之间的竞争。以1990年的大选为例,自民党总共推举了338名候选人,超过众议院半数议席,社会党和共产

---

① 川人貞史・吉野孝ほか『現代の政党と選挙』、129頁。
② Steven R. Reed and Michael F. Thies, "The Cause of Electoral Reform in Japan", in Matthew Soberg Shugart and Martin P. Wattenberg, eds., *Mixed Member Electoral Systems: The Best of Both World?*, New York: Oxford University Press, 2001, p. 155.

战后日本选举与政治资金问题

党分别推举了 149 名和 131 名候选人[1]，未达众议院半数。在此种情况下，自民党议员就不得不面临着党内其他议员的竞争，这时的选举竞争就已经不在政党之间进行而是在党内候选人之间展开。党内候选人之间的激烈竞争很有可能出现"鹬蚌相争渔翁得利"的后果。结果，在中选举区制度下，自民党内部候选人之间的激烈竞争不仅引起自民党内各派势力的合纵连横，加剧自民党派阀政治的发展，也容易促使自民党候选人在政治资金方面铤而走险。

在选举竞争中，各政党只有团结一致，共同对外才能凝聚力量，赢得选票。但在中选举区制度下自民党内部各候选人之间的竞争非常激烈，这样往往容易滋生对立情绪，影响自民党的稳定与团结。从这个角度而言，这理应会削弱自民党的实力或者加快政权的轮替，但从战后日本政治发展的历程来看自民党长期维持着一党执政。此种不可思议的政治现象引起了很多研究者的兴趣，主要有以下研究路径：一是政治文化，日本特有的"以和为贵"的顺从文化导致日本国民比较容易顺从权威；[2] 二是经济发展，自民党采取稳健的发展政策实现了经济发展及收入的再分配，确保了政治稳定，因此获得了国民的支持而能够长期执政；[3] 三是庇护主义（clientelism），自民党利用中央集权的财政制度及议会内阁制来对以候选人为中心的选举制度和庇护主义的对象进行制度保护，从而维持长期执政。[4] 除此之外，很多研究认为中选举区制度有利于自民党，其理由是自民党在众议院选举中的议席率常常高于得票率，特别是 20 世纪 60 年代中期以后，尽管自民党的得票率不足 50%，但在众议院的议席总是超过半数[5]。

不过对日本中选举区制度的历史进行简单回顾就可对中选举区制度与自民党的关系有进一步的认识，毕竟日本并非战后才开始实施中选举区制度。1925～1945 年，日本也曾长期实行中选举区制度，且在 20 世纪 30 年代还

---

[1] 结果自民党获得 275 个议席，社会党获得 136 个议席，共产党获得 16 个议席。参见堀要『日本政治の実証分析：政治改革・行政改革の視点』、東海大学出版会、1996 年、80 頁。

[2] Van Wolfren, Karel, *The Enigma of Japanese Power: People and Politics in a Stateless Nation*, New York: Norton, 1989.

[3] 蒲島郁夫『戦後政治の軌跡：自民党システムの形成と変容』、岩波書店、2004 年。

[4] Scheiner, Ethan, *Democracy without Competition in Japan: Opposition Failure in a One-Party Dominant State*, New York: Cambridge University Press, 2005.

[5] 周杰：《日本选举制度改革探究》，第 42 页。

诞生了政友会和民政党的两大党制。同时，从战后初期形成的多党制来看，中选举区制度既不是自民党长期执政的充分条件也不是必要条件。

在中选举区制度下不仅政党之间的选举竞争非常激烈，自民党内部的候选人之间的竞争也非常激烈，政党之间的竞争导致在野党之间无法在推举候选人方面合作，自民党内的竞争则直接导致党内的对立。战后日本一党独大的政党体制主要由党内严重对立的自民党和难以构筑合作框架的在野党构成。

三 中选举区制度与政治资金问题

在战后日本政治中，中选举区制度被称为日本"金权政治"、派阀政治及利益诱导政治的罪魁祸首，因此要想减少政治资金问题的发生，促进民主政治的健康发展就必须改革中选举区制度。

在中选举区制度下，同一个政党会推选多名候选人在相同选举区参选。各候选人同属一个政党，其所主张的政策及代表的政治意识形态多少都有些相似，再加上单记投票制使每位选民只能投票给一位候选人。如何让选民投给自己而不是投给同一政党的其他候选人就成了自民党候选人必须思考的问题。在这种情况下候选人就会采用经济手段，实行利益诱导政治，向该地区选民做投票动员工作，而这样的选举活动方式不仅增加了候选人政治资金的支出，也加剧了日本"金权政治"的发展。事实上，在中选举区制度下自民党的选举活动就是如此展开的，自民党议员通过组织个人后援会建立个人的"集票机制"来解决党内的激烈竞争问题。所谓后援会指的是"为了支援某人，由第三者自发建立的组织，其中活动经费及具体的管理运营都由参加者承担"[①]。然而，自民党议员的后援会是由该议员自己组织运营，后援会的活动经费也由议员个人来承担。自民党的候选人利用后援会在选举区内开展积极的拉票工作，向该选举区内具有特定影响力的群体和企业提供"政治或政策服务"，作为回报这些群体和企业向候选人捐献政治资金，候选人则又使用政治资金培养自己忠实的支持者，通过利益与金钱的循环来巩固自己的选举地盘。当然，自民党领导层也意识到党内激烈的竞争状况在一

---

① 石川真澄・広瀬道貞『自民党—長期支配の構造—』、127頁。

战后日本选举与政治资金问题

定程度上会削弱自民党候选人的竞争力,于是自民党向选举区推举候选人时一般会优先考虑政策专长不同的候选人。这一方面缓解了党内的竞争,另一方面每位候选人都可以在选举区培养自己特定领域的支持群体。比如,擅长农业的候选人可以积极向选举区内的农业团体提供"政治服务",擅长工业的候选人则向选举区内大型企业提供"政治服务"。通过候选人之间的差别化竞争,在缓解党内竞争压力的同时,候选人之间可以相互合作、合理分配选票,最终巩固自民党在该选举区的势力。但是,后援会在进行选举活动时需要大量的政治资金,这部分资金最终还是由大企业及社会团体提供,自民党在胜选以后则利用手中权力制定相应的产业政策和经济政策进行回哺。正因如此,自民党在1989年发布的《政治改革大纲》中得出"造成政治资金问题的元凶是中选举区制度"[①] 的认识。

除此之外,中选举区制度下派阀政治横行,而派阀政治的横行又容易诱发政治资金问题。在中选举区制度下,自民党需要向相同选举区派出多位候选人,一般而言自民党在内部推举候选人实行的是现职议员优先的原则。在这种情况下,许多新兴的候选人有可能会因为得不到党内的支持而不得不放弃竞选。一旦新兴的候选人能够获得特定派阀的推荐和支持,那么其不仅可以获得参选的机会,而且还增加了当选的可能性。再加上,中选举区制度下后援会的大力发展阻碍了地方党组织实力的增长,候选人要想成功当选只能依赖派阀的支援。派阀领袖向候选人提供有助于当选的政治资金及处理民众请愿等各种资源。不过,据此就认为中选举区制度是形成自民党派阀政治的"元凶"话,则并不全面。自民党总裁公选制度的实行也是形成派阀政治的重要因素。自民党的候选人可以从派阀领袖那里获得当选议员的各种资源,而派阀领袖在竞选自民党总裁时则离不开派阀成员的支持。派阀领袖和候选人之间的相互需要,共同促成了双方相互依赖的共生关系。毕竟在战后日本政治中,自民党在众议院的席位长期超过半数,自民党总裁的选举也就成了日本新首相的选拔;而且在自民党总裁选举中,做出突出贡献或有重要立功表现的成员将会在政府及自民党内职务分配上获得优待,这在一定程度上也加剧了自民党内派阀政治的发展。因此,众议院选举实行中选举区制度及总

---

① 自由民主党『政治改革大綱』、1989 年 5 月 23 日、3 頁。

裁公选制度的实行强有力地推动了自民党内派阀组织势力的发展。[①] 派阀在中选举区制度下的一个重要功能在于政治资金的收集和分配，然而事实上派阀内政治资金流动的隐秘性非常高，要想弄清楚资金的具体使用情况并不容易。派阀内政治资金的非公开性和隐秘性更是加重了日本社会对于中选举区制度下政治资金使用的担忧。

实行自由选举制度的国家在选择选举制度时要么选择小选举区制，要么选择比例代表制，而日本则选择了介于二者之间的中选举区制度。日本的中选举区制度的选举区规模介于小选举区制与大选举区制之间，2~6人的选举区议席定额，使大党为了获得众议院半数议席不得不派出多位候选人，再加上单记非转让制投票方式的使用，日本的选举制度极具"日本特色"。然而也正是日本中选举区制度的这些特色导致选举活动中后援会及利益诱导政治盛行，并在此基础上促使派阀政治及政治资金问题的发生。因此，改革中选举区制度成为20世纪90年代初期日本社会各界共同的呼声。

第三节　选举制度改革与小选举区比例代表并立制

事实上日本在1947年的选举制度改革中选择实行中选举区制度并非由于中选举区制度能够克服大选举区限制连记制所带来的选举混乱的问题，而是将中选举区制度视作向小选举区制度过渡的方式。1947年选举制度改革之后，日本国内就废除中选举区制度引入小选举区制度的改革论调依然不绝于耳。不过直到1994年才正式废除中选举区制度，实行小选举区比例代表并立制。

一　战后日本围绕选举制度改革的论争

战后日本自民党的许多国会议员一直主张在众议院选举中引入像英国下院的纯粹的小选举区制度。毕竟实行小选举区制度可以减少政党数量，有利于维持自民党在众议院的多数席位，从而有希望获得修改宪法的2/3多数议席。除此之外，以社会党为首的中小政党为了增加在野党的议席则十分希望

---

① 佐藤誠三郎・松崎哲久『自民党政権』、中央公論社、1986年、53頁。

实行比例代表制，因为在比例代表制下选民投票选的是政党而非候选人。①因此，不管是执政党还是在野党都从自身政党的利益出发，主张能够实现各自政党利益最大化的选举制度。

1951 年 8 月，"选举制度调查会"向政府提交了建议众议院选举实行小选举区制度的报告，此份报告一出炉就吸引了日本政治家和社会各界人士的关注。在此后的第 19、20、22 届国会中，就有部分国会议员连续提出实行小选举区制度的提案，但最终都没能在国会获得通过。此时小选举区制度之所以成为政治家及日本社会关注的焦点，缘于当时发生的昭和电工案及造船腐败事件。日本社会及一些国会议员认为造成日本政治资金腐败问题的根源在于实行了中选举区制度，为此主张废除中选举区制度实行小选举区制。从这个时期开始，日本社会对于中选举区制度的负面认知一直持续到 1994 年的政治改革。

（一）鸠山一郎的选举制度修正案

1956 年，自民党刚成立不久，鸠山一郎首相就尝试在国会提出引入小选举区制度的提案。1956 年 3 月 19 日，第三次鸠山内阁向第 24 届国会提出主要内容为众议院议员选举实行小选举区制度的《公职选举法修正案》。该修正案将众议院议席数从原先的 467 席增加到 497 席。该修正案一提出来就遭到在野党的强烈批评。一方面，在当时设置 497 个一人选举区比较困难；另一方面，该选举区划分有利于自民党现职议员。面对在野党的批评，鸠山首相对该提案进行了修改，将一人区改为 457 个，同时设立 20 个 2 人区，但该法案最终未能在参议院审议而成为废案。

（二）第 1~7 次选举制度审议会

1961 年，国会通过了《选举制度审议会设置法》，依据该法律，日本首相成立了政策咨询机构——选举制度审议会。在 1961 年至 1972 年的 11 年间，连续设置了 7 次选举制度审议会，提出了许多关于改革政治资金及选举制度的建议，并且还审议了多份代替中选举区制度的替代方案。

1972 年提出的第 7 次选举制度审议会的报告提出了 4 个具体的中选举区制度替代方案：小选举区制、以都道府县为单位的比例代表制、小选举区

---

① Gerald L. Curtie, *The Logic of Japanese Politics: Leaders, Institutions, and the Limits of Change*, p. 145.

比例代表并立制。① 然而在第 7 次选举制度审议会结束之后，审议会的工作就中断了，也没提交有关替代中选举区制度的统一提案。直到 1989 年第 8 次选举制度审议才重新开始，并在前面 7 次审议会的基础上开展新的工作。

（三）田中法案

1973 年，田中角荣提出了一票制的小选举区比例代表并立制的选举制度改革法案，该法案包括 310 席的小选举区和 200 席的比例代表选区，然而该提案立即遭到在野党的反对。不仅如此，社会党、共产党、公明党和日本劳动组合总评议会在全国范围内举行了多次大规模的群众性反对运动。面对此种形势，自民党内部谨慎派的力量也开始抬头，最终在党内外的反对下，田中被迫放弃该议案。

（四）第 8 次选举制度审议会

1990 年第 8 次选举制度审议会提交的《政治改革大纲》指出，众议院总议席数为 501 个，其中 301 个议席从小选举区选出，200 个议席从比例代表区选出。每位候选人有 2 张选票，一张选票填写参与小选举区竞选的候选人，另一张选票填写比例代表选区的政党。同时，小选举区的候选人依然可以在比例代表候选人名册上登记，即使小选举区竞选失败也可以通过比例代表选区而复活。②

1991 年 6 月，第 8 次选举制度审议会正式向海部首相提交《政治改革大纲》的最终稿，自民党总务会围绕小选举区和比例代表混合使用的选举制度展开激烈的讨论，但是由于总务会内部的强烈反对，最终总务会长中止审议，该法案未能获得审议。

自民党的国会议员之所以要积极引入小选举区制度，主要有以下三个原因。第一，确保自民党在历次大选中都能获得多数席位或者 2/3 以上的席位，从而达到修改宪法的目的。第二，达到挤压政治对手、减少政党数量的目的。由于小选举区制度容易形成两大党制的政党体系，通过引入小选举区制度，从根本上实现政治对手的减少，有利于实现自民党的长期执政。第

---

① 自治省選挙部選挙課編『選挙制度審議会答申・報告集（第 1 次～第 7 次）』、自治省選挙部選挙課、第七次選挙制度審議会、1980 年、226－227 頁。
② 第八次選挙制度審議会『選挙制度及び政治資金制度の改革についての答申』、1990 年 4 月 26 日、5－8 頁。

三，实现政策本位的选举。自民党为了成功引入小选举区制度，在党内以及日本社会做了各种工作和努力，然而事实上并非所有的自民党国会议员都能接受小选举区制度。部分自民党国会议员担心引入小选举区制度会冲击原先中选举区制度下形成的选举地盘，而选举地盘的建立及巩固需要耗费大量的时间和资金。理论上小选举区制度对于自民党的长期执政有帮助，但实际上每位国会议员面临的情况并不一致，一旦引入小选举区制度，使选举地盘重新洗牌，将会加重部分国会议员的选举压力。因此对于是否引入小选举制度，自民党内部一直存在积极派和慎重派，两派围绕小选举区制度展开了激烈的博弈。正是自民党内对于小选举区制度存在两种不同的声音，1994年自民党的分裂成为成功引入小选举区制度的原因之一。

二　小选举区比例代表并立制

1994年的政治改革废除了中选举区制度引入了小选举区制度，实行小选举区比例代表并立制。其实在1972年的第7次选举制度审议会的报告中就曾提出实行小选举区比例代表并立制的建议，然而由于审议工作的中断，围绕小选举区比例代表并立制的讨论不得不拖到20世纪90年代初期。新引入的小选举区比例代表并立制由300个小选举区和200个比例代表区[1]构成，其中比例区部分将日本划分为11个选举区。选民的投票方式与1990年第8次选举制度审议提交的《政治改革大纲》一样。每位选民有2张选票，一张选票投小选举区的候选人，另一张选票投比例选举区的政党。小选举区比例代表并立制具有如下特点。

第一，避免同一政党的候选人在相同选举区相互竞争。中选举区制度下，同一政党候选人之间的相互竞争被广为诟病，然而在小选举区比例代表并立制下该问题迎刃而解。由于在定额为1个议席的300个小选举区里，每个政党只能推荐1名候选人参与竞选，不存在同一政党候选人之间的相互竞争。而在11个比例选举区，尽管公布了候选人名单，但是由于实行严格的限制名单的投票制度，选民只能选择政党，不能选择候选人，最后根据政党所获议席数按照名单顺序决定当选者。如果排在前面的候选人或当选者死亡

---

[1]　1999年通过削减比例选举区定额的法律，削减了20个比例代表区，现在有180个比例代表区。

或遭遇意外而出现空缺时，也需按照名单上的既定顺序依次递补。这样在比例选举区就可以排除出现同一政党候选人相互竞争的可能性。

第二，允许重复推举候选人，即相同的候选人既可以在小选举区获得推举，也可以被同时记入比例选举区政党名单成为候选人。在此种情况下，实行小选举区当选优先的原则，如果被重复推举的候选人在小选举区落选，那么依据名单的顺序可以确定其是否在比例选举区当选。这种制度设计是确保政党的重要候选人顺利当选的重要举措，即重复候选人具有两次当选的机会。然而一般能够成为重复候选人且排名靠前的主要是各政党的派阀领袖或者在党内担任重要职务的高层人士。事实上，这样的制度安排可以缓和小选举区制度下"废票"严重的问题，缓和候选人对于小选举区制度的不安心理。

第三，惜败率。惜败率指的是小选举区内落选的候选人的得票数与该选举区内当选的候选人的得票数之比。由于小选举区比例代表并立制下可以重复推举候选人，在比例代表的名单上，政党将重复推举的候选人排同一顺序，这时依据候选人惜败率的高低来决定小选举区落选的重复候选人在比例代表名单上的顺序。惜败率越高的候选人说明其与当选者之间的得票数差距越小，就越有可能重新当选。这同样也是有利于在小选举区的重复候选人，即使在小选举区落选了，依靠惜败率还有当选的机会。日本前首相菅直人即利用该制度设计在2012年的大选中成功当选众议院议员。在2012年举行的第46届日本众议院议员大选中，日本前首相菅直人在东京都第18小选举区落选，由于是重复候选人，其依靠87.9%的惜败率在比例代表区成功当选众议院议员。

战后日本自民党一直想要引入小选举区制度，而长期在野的社会党等则希望引入比例代表制，最终在1994年的政治改革中实行了小选举区制度和比例代表制混合使用的小选举区比例代表并立制，并且在制度设计之初为了使部分议员克服对小选举区制度的恐惧心理而设计了重复候选人制度及惜败率。但这样的制度设计并不能平息日本社会对于政治家的不满，也遭到日本选民"既然都在小选举区落选了，为何还能在比例代表区复活"之类的质疑。日本国内关于重复候选人制度及惜败率的讨论还在持续。同时，尽管小选举区比例代表并立制避免了同一政党候选人之间的相互竞争，但并不意味着自民党内的派阀政治已经消失。由于自民党在各小选举区的影响力和势力并不相同，候选人更愿意去容易当选的选举区。并且在制定政党名单时，候选人更希望自己的排名能够靠前，再加上自民党总裁公选制度的实行，使派阀在自民党内依然发挥着重要的作用。除此之外，重复候选人制度的实行又进一步推动了派阀政治在自民党内的发展。

三　选举制度改革对政治资金问题的影响

在1994年的政治改革中，小选举区制度的引入吸引了日本社会各界的关注。在中选举区制度下"金权政治"、派阀政治横行，自民党长期执政所带来的体制僵化问题引起了日本国民的强烈不满，日本财界、政界及社会舆论普遍认为中选举区制度是导致政治腐败和自民党长期执政的罪魁祸首，并确信只要实行选举制度改革，废除中选举区制度及引入小选举区制度就可以实现廉洁政治、政权交替以及以政党为主体的选举，进而推动日本民主政治的健康发展。然而，引入小选举区制度能否真正解决长期困扰日本的政治资金问题，选举制度改革对于政治资金问题的发展又有何影响等课题还需要展开进一步的研究。

中选举区制度下同一政党候选人之间的竞争被指责为导致政治资金问题及派阀政治横行的主要原因，而小选举区制度下候选人的选举行动又有什么特点呢？对此有必要对中选举区制度和小选举区制度下候选人的选举行动进行比较。

在小选举区制度下容易形成两大党制的竞争格局，选区内每个政党只能推举1名候选人参与竞选，在选举时展开以政党为中心的选举，不存在同一政党内的相互竞争。因此在选举过程中派阀失去了存在的意义，最终使派阀政治和"金权政治"失去了发展的基础。当然，这是比较理想的小选举区制度下的政治过程。如表2-3所示，实行小选举区制度确实可以避免党内候选人之间的竞争，一方面可以减轻派阀的作用，另一方面也可以减少候选人政治资金的支出，并且由于每个政党只推举1名本党的候选人，这样可以形成以政党或政策为中心的选举，终结派阀政治和"金权政治"。

第二章　日本选举制度改革与政治资金问题

表2-3　中选举区制和小选举区制下的选举行动

中选举区制度	小选举区制度
复数政党 党内竞争 ↓ 以候选人为中心的选举竞争 ↓ 派阀政治、金权政治 ↓ 旧风格的候选人	两党制 不存在党内竞争 ↓ 以政党为中心的选举竞争 ↓ 不存在派阀政治和金权政治 ↓ 新风格的候选人

资料来源：浅野正彦『市民社会における制度改革—選挙制度と候補者リクルート—』、慶応義塾大学出版会、2006年、30頁。

然而，事实上小选举区制度并不能完全实现上述功能，再加上此次选举制度改革实行的是小选举区比例代表并立制的选举制度，两种选举制度发挥的功能在某种程度上可能会相互抵消。

第一，理论上而言，小选举区制度下一个政党只能推举1名本党的候选人，这使党内之间的相互竞争消失，再加上候选人推举的决定权在政党执行部，使派阀在党内的重要性降低。除此而外，选举制度改革之后，对政治家之间政治资金的往来进行了严格规定，禁止派阀领袖向本派成员分配政治资金，因此政党执行部权力的增强及派阀势力的衰弱使派阀政治及政治资金问题可以得到终结。但是由于《政党援助法》及《政治资金规制法》存在诸多漏洞，派阀领袖会使用各种手段向本派成员分配政治资金。2004年发生的日本牙科医师会非法献金事件就是利用《政治资金规制法》存在的漏洞向桥本派捐献1亿日元的秘密献金。检察机关询问医师会会长："为什么要捐献这么多的政治资金。会长答：依据往年的捐献情况，自民党内的派阀领袖一般捐献2000万~3000万日元，但是桥本派为自民党内有100多名国会议员的大派阀，包含多名有影响力的人物，因此决定捐献1亿日元。"[①] 所以，自民党内的派阀政治并没有消失，围绕派阀政治所展开的政治资金问题也依然存在。

第二，小选举区比例代表并立制引入之后，小选举区制度下的选举活动

[①] 東京新聞取材班『自民党迂回献金システムの闇—日歯連事件の真相—』、角川学芸出版、2005年、328頁。

战后日本选举与政治资金问题

主要以政党及政策为中心展开,这样就有理由期待"金权政治"问题得到缓和。[①] 同时,在小选举区制度下,理想的情况下候选人至少需要获得50%的选票才能当选,而在中选举区制度下只需要10%~30%的得票率。在小选举区制度下如果实行利益诱导政治,则需要的政治资金非常大,没有哪位候选人有这样的财力,为此只能以政策为中心开展选举活动。然而,事实上日本人在投票时,有投给该地区比较知名的候选人的倾向,即使引入了新的选举制度,也不可能形成以政党或政策为中心的选举竞争,还是以候选人为中心的竞争,毕竟日本选民的投票行为主要基于对政党领导人个人的忠诚。[②] 即使在小选举区制度下候选人个人的后援会组织依然会发挥非常重要的作用,再加上小选举区制度下的有效候选人数并不就是2人。比如,1996年大选时的有效候选人数为2.95人,也就是说候选人只要获得35%以上的得票率就有可能胜出。这导致中选举区制度下的后援会政治不但未能终结,反而会在选举过程中发挥更加重要的作用。

第三,尽管小选举区制度下容易形成两大党制,但是由于日本实行的是小选举区比例代表并立制,将两组制度组合起来有可能会产生相互抵消的效果。从表2-4可以看出尽管小选举区内几乎形成了两党制的竞争格局,但是与比例选举区下形成的有效政党数相互平均,则有效政党数与中选举区一致。因此过分看重小选举区制度在新的选举制度下的作用而忽视比例代表制的特点并不利于理解选举制度改革后对日本政治的影响。

表2-4 选举制度和有效政党数

单位:个

年份	1980~1993	1996	2000
全　体	3.08	2.94	3.16
小选举区		2.36	2.37
比例选举区		3.84	4.72

资料来源:平野浩「選挙」、平野浩・河野勝『アクセス日本政治論』、日本経済評論社、2010年、209頁。

[①] 自由法曹団『検証小選挙区制』、新日本出版社、1994年、27頁。
[②] Christensen, Raymond, "Electoral Reform in Japan: How It Was Enacted and Changes It May Bring", *Asian Survey*, Volume 34, Issue 7, 1994, pp. 589-605.

因此，在分析选举制度改革对于政治资金问题的影响时，除了看到小选举区制度的作用外，还不能忽视两种制度组合起来的影响。从理想的角度来看，实行小选举区比例代表并立制确实可以消除相同政党候选人之间的竞争，削弱派阀的重要性，改变政治资金的使用方式，从而减少政治资金问题的发生。但是从选举制度改革之后的日本政治现状来看，小选举区制度的功能被过分夸大，事实上小选举区制度对于派阀的作用及"金权政治"的改变才刚刚开始。

本章小结

选举制度作为民主政治中非常重要的组成部分而受到广泛关注，确定采用何种选举制度决定了候选人的提名、选举活动的进行、政党体系的形成及民主政治的发展。然而，并非所有的选举制度都可以很好地解决民主政治发展中出现的问题，每种选举制度都会有自身的制度特性，从而出现不一样的选举结果。因此在选择选举制度时经常会综合考虑该制度的优缺点及想要达到的政治目的。从表2-5对各种主要选举制度"利害得失"的比较可知，世界上并没有最好的选举制度，小选举区制度尽管可以实现两大党制，杜绝

表2-5 各选举制度的"利害得失"

类型	支持原因（优点）	反对原因（缺点）
中选举区制	・可以反映少数派的意见 ・可以从较多的候选人中进行选择	・同一政党提名多位候选人会导致以候选人为中心的选举 ・个人后援会的组织等花费选举资金多 ・无法形成政策本位的选举
小选举区制	・容易形成议会多数党，确保政治稳定 ・每党提名一位候选人，实行以政策为中心的选举 ・选区小，需要的选举资金少	・无效票多，无法反映少数派的意见 ・地方有实力者容易运营选举地盘
比例代表制	・可以反映多数民意 ・政党间竞争，形成以政策为中心的选举	・形成小党分立的局面，政局不稳定 ・在限制候选人名单的情况下会导致候选人与选民关系的疏远

资料来源：加藤秀治郎『日本の選挙：何を変えれば政治が変わるのか』、中央公論新社、2003年、27頁。

相同政党候选人之间的同室操戈，但是不能正确地反映民意，或者会压制少数派。比例代表制则可以更好地反映民意，但是会带来小党林立的问题；中选举区制度则介于小选举区制度和比例代表制之间，但是党内的竞争及后援会的组织导致"金权政治"横行。然而，也正因为日本对于选举制度"利害得失"的认识，日本在选举制度选择过程中采用折中论或并立制论比较流行，希望将两种选举制度组合起来使用，充分利用各种选举制度的优势，避免选举制度的劣势，从而达到"1+1>2"的效果。但从实际的使用来看，中选举区被称为日本利益诱导政治及政治资金问题频发的根源，而小选举区比例代表并立制的实行则由于两种制度的对冲，实际效果与预期也存在很大的差异。

自从1889年明治政府正式引入选举制度以来，日本的选举制度经历了多次改革。1889年的选举制度实行小选举区制，并规定了有利于地主阶级的条件。通过小选举区制度的实践，明治初期的日本形成以农村地主为主力的政党——自由党（政友会前身）。然而，随着自由民权运动的发展及政党势力的扩张，1900年明治政府决定对选举制度进行改革，废除有利于在议会形成多数党的小选举区制度，采用大选举区单记制。这样一方面分散了政党力量，维护了藩阀官僚的统治；另一方面，我们也应看到大选举区制度有利于维护社会少数派的利益，推动多元主义发展的倾向。不过随着日本国内社会主义运动的蓬勃发展，社会主义政党在国民中的影响力逐渐增强，在选举中获得议席的可能性大为增加，并且议会内部小党林立的状况并不利于政治家对抗官僚势力，为此日本政府高层开始主张小选举区制度的回归。于是在原敬执掌内阁期间提出恢复小选举区的提案，并顺利通过，实现了小选举区制度的回归。

1925年日本能够成功实行中选举区制度可以归结为国内各派政治力量的妥协和折中，各方仅将中选举区制度看作向小选举区制度的过渡。1947年日本成功将选举制度由大选举区制改革为中选举区制。事实上此次选举制度的改革与1925年的改革十分类似，都是在共产主义思潮快速发展，社会各种力量风起云涌的背景下进行，即各种政治力量的妥协和折中，同时也是向小选举区制过渡的无奈之举。1994年的选举制度改革源于对中选举区制度弊端的各种指责，在自民党的权力斗争及在野党的妥协下成功再次实现小选举区制度的回归，实行小选举区比例代表并立制。总结日本选举制度改革的历程，可以明晰日本选举制度改革主要是在下列三个历史过程的相互作用中展开的："①包括中选举区在内的折中混合特点贯穿制度构建和发展演化的历史过程之中；②战后周期性出现的政治腐败弊案引发选民不满，制度变革是在野党不断探索建立联合政府的过程；③改革是长期执政的自民党内部权力斗争的过程，更是执政党与在野党的政治妥协的过程。"[1]

表 2-6 日本众议院选举制度变迁

实施时期	选举次数	选举制度类型	议席数(个)	主要内容
1889~1899 年	6	小选举区制	300	限制选举权，记名投票，214 个 1 人区，43 个 2 人区
1900~1918 年	7	大选举区制单记非转让	369	选区以府县为单位划分，2~12 人选区，降低纳税要件
1919~1924 年	2	小选举区制单记非转让	464	295 个 1 人选区，68 个 2 人选区，11 个 3 人选区
1925~1944 年	6	中选举区制单记非转让	466	实现男子普选，53 个 3 人选区，38 个 4 人选区，31 个 5 人选区
1945~1946 年	1	大选举区制限制连记制	468	实现完全普选，以都道府县为大选区，5 人以下选区单记，6~10 人选区连记 2 人，11~14 人选区连记 3 人
1947~1993 年	17	中选举区制单记非转让	466~511	
1994 年至今	6	小选举区比例代表并立制	500~480	小选举区人数 300，比例代表划分为 11 个区，人数为 200 人，2000 年减至 180 人，2017 年小选举区人数 289 人，比例代表区人数为 176 人。

资料来源：梅津実・坪郷実・後房雄・大西裕・森脇俊雅『比較・選挙政治—21 世紀初頭における先進 6 か国の選挙—』、ミネルヴァ書房、2004 年、222 頁。

尽管，引入小选举区制度，实行小选举区比例代表并立制是为了解决中选举区制度下政治资金问题与利益诱导政治横行的困境，但事实上选举制度与政治资金问题之间并没有必然的联系。西方的自由选举本身就需要大量的政治资金，选举制度与政治资金支出的多寡并不存在直接的关系，而政治资

---

[1] 周杰：《日本选举制度改革探究》，第 60 页。

金的多寡往往是竞选成败的关键。再加上，选举制度一旦形成，即使其周围的环境和条件已经改变，由于路径依赖，还是会像原先一样继续存在并发挥作用。① 因此，日本学者利用援助金的数据分析援助金与选举结果的关系，认为"尽管选举制度由中选举区制向小选举区比例代表并立制改变，但是强大的地区后援会及稳定的选举地盘在选举活动中依然发挥着非常重要的作用，因此不管今后举行多少次选举，利益诱导政治问题也不会得到解决。"② 同时，实行并立制后，在小选举区候选人提名中出现了对世袭议员及演艺明星过度依赖的情形，加上选民中无党派层的增加给日本民主政治的健康发展带来威胁。在此情况下，以加藤纮一和渡部恒三等人为首组织了以恢复中选举区制度的议员联盟，不仅如此，新党改革及奋起日本等小党也强烈呼吁恢复中选举区制度。总之，日本社会应该重新认识选举制度与政治资金的关系、选举制度与民主主义的关系，而不应该从"技术论"的角度来理解选举制度。

---

① 河野勝『制度』、東京大学出版会、2002 年、150 頁。
② 名取良太「選挙制度改革と利益誘導政治」、『選挙研究』第 17 巻、2002 年、139 – 140 頁。

第三章
《政治资金规制法》的修订与政治资金问题[*]

在代议制民主政治中，民众的政治主张一般通过政党、政治团体及政治家的各种政治活动得以实现。为了发挥代议制民主政治的作用，促进民主政治的发展，确保政党及各种政治团体的活动能够公开、公正就显得尤为重要。然而支撑政党及政治团体开展各种政治活动的是政治资金，如何获得政治资金就成为政党及政治家所面临的一个重大课题。围绕着政治资金产生的各种问题更是成为民主政治的巨大成本[①]。因此，如何规范和防止政党及政治家在政治活动中产生的各种政治资金问题，成为选举政治中的一大难题。也正因如此，通过制定相应的法律法规进行管制成为各个国家普遍的做法，然而随着选举活动的不断发展，围绕政治资金产生的各种腐败问题也不断地以新的形式出现，因此需要对相关的法律法规进行修改，从而更好地遏止政治资金问题的发生。为此，本章从《政治资金规制法》入手来对战后日本政治资金问题的发展进行分析，同时也对以《政治资金规制法》为核心的政治资金管制体系存在的问题展开研究。

第一节 选举活动的监管与《政治资金规制法》的导入

在选举政治中，政治与金钱的问题一直是困扰各国的一大难题，建立有效的政治资金监管体系，维护正常的选举秩序就显得十分必要。日本很早就已经引入了选举制度，然而对于选举过程中政治资金的使用和监管则是在战

---

[*] 本章的部分内容曾发表在《日本研究》2014年第2期。
[①] Herbert E. Alexander・白鳥令編著『民主主義のコスト—政治資金の国際比較—』、7頁。

后初期才开始。在驻日盟军最高司令部的指导下，日本制定了《政治资金规制法》用来加强对选举活动中政治资金的监管。

一 战前日本对选举腐败的治理

在1889年明治政府引入选举制度之后，针对选举过程中选举费用的支出及选举活动的举行等方面并没有出台具体的措施。一方面，由于有严格的纳税要件，选民的数量被限制在一定范围之内；另一方面，明治时期的一些政治家认为应该重新制定关于言论、集会及团体活动方面的治安法规。各方对于强化选举活动监管的意见主张不一致，在1889年的《众议院议员选举法》中只是笼统规定了对选举过程中的违法行为进行处罚的内容。1900年的选举法改革也依然未对选举过程中选举费用的支出及选举活动的组织形式进行规定，只是强化了对以暴力、欺骗、打击报复等手段影响选举秩序的管理，并制定了详细的管理规程。但是，在选举法改革之后明治政府颁布了《治安警察法》，加强对国民思想、言论、集会自由的监管和控制，该法律出台的背景主要在于随着日本国民要求扩大选举权的呼声不断高涨，自由民权运动及工人运动的发展十分迅速，社会秩序的变迁给明治政府的统治带来强烈冲击。为了稳定社会秩序，加强对社会运动的控制，明治政府决定制定规范集会及言论自由方面的法律，从而抑制日本社会民主化的快速发展。1919年日本政府再次对选举法进行改革，此次改革也未对选举费用的支出及选举活动的方式进行规定，但选举过程中各种贿选、欺诈及利益诱导等选举犯罪事件的发生，促使明治政府下定决心加大对选举活动的监管力度。

1925年选举法的修改实现了男性普选权，男性普选权的实现导致选民数量大规模增加。为了应对选民增加所带来的冲击，日本政府特意在对选举法进行修改之时，增加了对选举活动的举行方式及选举费用支出方面进行规范的内容。对选举活动的规定主要包括禁止拜访选民、限制选举海报及告示的数量和限制选举经费的支出。其中限制选举费用支出主要体现为要求候选人及政党减少选举费用的支出，并且对候选人及政党的选举费用支出制定最高限额，该限额不仅包括选举活动中的直接支出，而且选举活动中人力成本及物资消耗等间接方面的支出也属于限制的范围。在男性普选权实现之前选民的规模被控制在一定数量之内，但随着纳税要件的减少、选民数量的增

第三章 《政治资金规制法》的修订与政治资金问题

加，候选人之间的竞争也日益激烈。为了在激烈的选举中脱颖而出，许多候选人向政党本部寻求资金支持，也有部分候选人通过借债或依靠大地主等富有人士来筹集政治资金，结果导致关于违反选举经费管理的犯罪事件大量发生。为了规范候选人的选举行为，日本政府在要求各政党及候选人缩减选举经费支出的同时，增加了"选举公营"的内容，并对"选举公营"进行立法。此次"选举公营"增加了免费邮寄及使用学校等公共场所方面的内容。由于"选举公营"制度的实施需要对候选人的部分选举活动进行限制，日本社会对此褒贬不一。一方面"选举公营"制度确实起到减少选举费用支出、规范候选人行为的作用；另一方面对于候选人私底下选举活动的限制，不仅妨碍了候选人的政治自由，对于新提名的候选人也非常不利。毕竟首次参加选举的候选人在社会影响力、知名度及政治资源调动能力方面都比较欠缺，对私底下选举活动过于严格的限制将妨碍其提高竞选能力。

　　日本政府对于实现男性普选权后的选举腐败已经有了预期，并针对选举费用的支出进行了对症治疗式的限制。但1928年实现男性普选权后的第一次大选还是发生了前所未有的选举腐败事件，特别是贿选事件的大量发生使日本社会原先对于男子普选权的期望都化为泡影。为了改变此种局面，1930年滨口内阁时期成立了"众议院议员选举改革审议会"，"此时日本社会各界开始反思与其通过修改选举法来净化选举，还不如加强对国民的政治教育，并且后一种观点占多数"[①]，于是在该审议会上通过了强调防止贿选、缩减费用、培养立宪思想的政治教育及选举肃正方案内容的报告。其中，作为审议会成员的美浓部达吉则坚决反对进行政治教育和选举肃正，他认为产生选举腐败并非因为缺乏道德和知识，选举制度的缺陷才是导致选举腐败的根源。可以说从这个时期开始日本社会就已经有选举制度是造成选举腐败的制度性根源的认识，这也为战后日本社会指责中选举区制度是造成日本政治资金腐败根源的认识埋下了伏笔。尽管审议会提交了报告，但是由于滨口首相遇难，选举法修正案一直未能在议会提交。直到1934年才对选举法进行修改，修改的主要目的是实现革新选举和降低选举费用。于是在选举活动、"选举公营"及惩罚措施等领域修改了部分内容的同时，明确了禁止事项，

---

① 藤田博昭『日本の政治と金』、45頁。

085

比如禁止访问选民、限制第三者的选举活动、限定事务所数量（原则上为 1 个）、明确选举费用支出限额（每位候选人 9000 日元）、实行连坐制度等。此次关于选举腐败及选举费用支出的改革与以往的改革相比增加了不少内容，也明确了惩罚措施，可以说是一次对选举腐败监管的体系化尝试，为战后《公职选举法》的制定打下了良好的基础。

二 《公职选举法》的制定及特点

在驻日盟军最高司令部的指导下，1950 年 4 月《公职选举法》正式颁布。战后初期制定的《选举运动等特例法案》对于新闻自由及选举自由进行了严格的规定而遭到驻日盟军最高司令部的强烈批评，同时社会革新党的议员也对特例法案提出了严肃的批判，认为这与宪法规定的言论、集会、结社等自由相违背。面对各方指责，日本国会于 1949 年成立了与修改选举法相关的特别委员会，该委员会也想利用此次改革的机会在宪法框架内统一整合各类选举法，进而整合出一部完整的选举法规。最终，被称为《公职选举法》的法案在众参两院顺利通过。

《公职选举法》的第一条阐明了制定该法的主要目的："在日本宪法精神的指导下，确定众议院议员、参议院议员及地方公共团体的议会议员及议长的选举制度，确保选举能够公正严明，从而达到健全民主政治健康发展的目的。"因此，该法律的应用范围主要在："众议院议员、参议院议员及地方公共团体的议会议员及议长的选举"。此次公职选举法的制定吸取了战前对《众议院议员选举法》的改革经验，吸收了参议院及地方议会选举相关法律内容。《公职选举法》对于"选举活动、选举权和被选举权、选举活动的支出及献金"等进行了详细的规定，该法律具有以下特点[①]。其一，统一整合现行各部法律。尽管《公职选举法》是在驻日盟军最高司令部的指导下以推动日本选举自由为目标而制定的，但事实上对原先各类法制的整合优先于促进日本选举的自由化目标。其二，增加了投票机会。《公职选举法》缩短了选举权的居住时间要件，制定方便委托代理投票等相关措施，推动了日本选举制度民主化的发展。其三，扩大了被选举权的限制。尽管扩大了投

---

① 杣正夫『日本選挙制度史：普通選挙法から公職選挙法まで』、284 - 287 頁。

票权，制定了各种方便代理投票的措施，但是加强了对被选举权的限制，增加了被选举人的候选人委托金，缩短了候选人申请时间。同时也限制下级公务员及低级公务员的被选举权。其四，放松了对选举活动的限制。比如，缓和对访问选民的规定，并不禁止候选人同亲人及朋友之间的交流和访问，增加了选举活动中宣传海报的使用数量。尽管如此，对选举活动的放松仅仅体现在技术上或数量上，事实上很多限制选举自由的规定并未得到完全修改。其五，扩大了"选举公营"范围。将地方选举纳入"选举公营"的范围。地方议会选举的费用支出也连年增加，给地方财政带来很大的负担，将地方选举纳入"选举公营"范围有利于减轻地方财政所承受的压力。

《公职选举法》的制定是在联合国占领军司令部的指导下进行的，尽管减少选举活动过程中对新闻媒体报道及候选人选举活动自由的限制是制定该法律的初衷，但是事实上由于受到战前选举腐败事件的影响，候选人的选举活动自由依然受到很大的限制。即便如此，《公职选举法》在保障战后日本选举秩序的良好运行及选举活动公开、公正方面依然发挥着非常重要的作用。

三　导入《政治资金规制法》

1945年8月日本作为战败国接受盟军的占领，依据联合国民主主义的对日改造方针，废除明治时期限制人们宗教、言论自由的法律和机构，实行妇女解放运动、赋予妇女参政权、解散财阀等一系列民主改革。在此种情况下，日本各政党纷纷成立。1945年11月，日本社会党、日本自由党、日本进步党成立，接着12月日本协同党成立，日本共产党也恢复活动。受上述建党潮流的影响，日本地方上也纷纷涌现出很多区域性的小党，有些小党甚至只有一个人。各式各样政党的复活和成立给日本社会带来强烈的刺激，为了准备即将到来的大选，以政党为中心的各种政治活动在日本全国范围内大规模进行。

1946年4月，举行了战后日本首次众议院大选。然而，此时的日本社会秩序尚未稳定，经济发展也尚未恢复，男女完全普选权的实现不仅增加了选民的数量，同时也给选举秩序带来严重的挑战。与此同时，为了准备众议院大选，各政党之间的重组与合作也在频繁进行，涌现出许多政党，在此次大选中至少有250个政党提名了候选人。就在政党林立、选举秩序混乱的同时，各政党非法收受政治资金等政治腐败行为也开始出现并不断增多。为了遏制小党林立及政治资金问题逐渐增多的趋势，驻日盟军最高司令部和日本内务省围绕着政党法的制定召开了多次预备会议。内务省依据驻日盟军最高司令部的指示制定了《政党法纲要》。不过，内务省制定的《政党法纲要》在内阁会议讨论中引起很大的争议，各方难以形成一致意见。该纲要在当时未被采纳的原因主要有两点：第一，国会成立之初，部分小型政党未获得议席，一部分小型政党已经解散，小党之间的聚散离合已经不是当时面临的主要问题；第二，尽管当时争议的焦点已经转向记号式投票，但是为了控制混乱的国会、稳定政治秩序，政治腐败取代记号式投票成为国会关注的焦点。①

在此种情况下，1948年1月31日，众议院的特别委员会设立了"防止政党及选举活动腐败行为法起草委员会"。该委员会的成立较好地推动了关于预防政治腐败方面的立法进程。同时，与内务省解体相伴随的是，新成立的全国选举管理委员会在驻日盟军最高司令部的指示下制定了《防止腐败法》的大纲。经过两个委员会的共同协商，4月26日，"防止政党及选举活动腐败行为法起草委员会"制定了《政治资金规制法》。4月30日，除日本共产党之外，其他各党派联合在众议院提出该法案并顺利获得通过。在参议院审核阶段，尽管参议院在讨论中提出需要对法案内容进行部分修改的提议，但众议院以2/3多数强行表决该法案，并否决了参议院的提议。该法案6月30日再次在众议院的审议中顺利通过，并于该年7月29日正式公布实施。

从围绕政党法的制定到《政治资金规制法》的成立，历时二年多。在这期间，驻日盟军最高司令部在该法的制定过程中发挥了重要的作用，司令部以美国的《防止腐败行为法》②为蓝本，要求"起草委员会"依照该法律所强调的公开性为原则制定日本的《政治资金规制法》。所谓的公开性指的是政党及政治团体有义务提交政治资金的收支报告书，并且向国民公开报告书的内容及接受国民的监督。因此，从《政治资金规制法》制定的理念及内容来看，该法规制定伊始并非强调对政治资金问题的惩处和打击，而是以坚持政治资金的公开透明为最高理念。在该理念指导下，《政治资金规制

---

① 三枝一雄・吉田善明ほか『政治資金と法制度』、166頁。
② Federal Corrupt Practices act of 1925.

法》在预防和防止政治资金问题方面毫无约束力和强制力。可以说该法规是文化差异的牺牲品，而缺乏对政治资金问题的惩处机制成为该法律最大的缺陷和漏洞，并为战后日本政治资金问题的发生留下了"祸根"。

总而言之，《政治资金规制法》的制定规范了政党及政治团体的活动，确保了政治团体活动的公开透明，为以政党政治为基础的民主政治在日本的"生根发芽"打下了坚实的基础。但是片面强调公开、透明的理念而忽视对政治资金问题的惩戒也引起了日本社会强烈的不满。

第二节 《政治资金规制法》的内容和修订过程

一 《政治资金规制法》的内容及意义

《政治资金规制法》由总则、政治团体的申请、报告书的公开、政治献金的限制等 7 章 63 条构成，适用对象为政党、其他政治团体及公职候选人。制定的目的为："在议会民主政治下，为了让政党、政治团体及公职候选人举行的政治活动得到国民的监督，规范政治团体的申请、公开政治团体的政治资金收支报告书及规范政治团体及公职候选人政治资金的收支，从而达到促进民主政治健康发展的目的。"[①]

《政治资金规制法》的内容可以归纳为三部分。第一，与政党、协会及其他团体、公职候选人以及第三者有关的政治活动的政治资金收支明细必须向对其进行管辖的选举管理委员会报告。同时，为了让选民了解政治资金的来龙去脉，必须要向国民公开，实行公开、透明的原则。第二，为了预防选举过程中出现腐败行为，必须对政治资金的捐献进行限制。第三，如果违犯了上述规定，要给予无效当选、剥夺选举权和被选举权等相应的处罚。[②] 简单而言，《政治资金规制法》的内容主要为两点，即要求公开政治资金的收支报告、严格限制政治资金的收受。

从《政治资金规制法》的内容来看，该法律与其说是对政治资金进行

[①] 総務省自治行政局『政治資金規正法のあらまし』、選挙部政治資金課、2009 年、1 頁。
[②] 三枝一雄・吉田善明ほか『政治資金と法制度』、168 頁。

管制，不如说是一部强调政治资金公开、透明的文件。即使如此，其关于公开政治资金方面的内容也存在许多问题，因此该法律从一开始颁布就与现实政治相脱节，被日本社会指责为"漏洞百出的法律"。该法规缺乏强制力主要表现在：第一，当政党未提交收支报告书时，并没有相应的强制措施；第二，尽管政治团体及候选人等有义务提交收支报告书，但收支报告书内容的真实性无法核实；第三，未将所有的选举活动资金列为管制对象，从而留下漏洞；等等。日本社会对于这样一部漏洞百出及缺乏强制力的法律能否有效遏制政治资金问题的发生是存有疑问的。果不其然，在《政治资金规制法》颁布之后，日本政界接连发生一系列政治资金腐败案件，比如昭和电工贪污事件、保全经济会事件、造船腐败事件等。让人感到遗憾的是这些腐败案件却无法适用刚刚制定的《政治资金规制法》。对于这样一部存在先天性严重不足的法律，要想让其按照日本社会的期望发挥预防政治资金腐败的作用，只能依靠后天对其不断的"修修补补"。

1948年制定的《政治资金规制法》仅仅只是驻日盟军最高司令部和日本官员以及国会内各政党相互博弈的结果，但在当时特殊的时代背景下，该法律的制定和实施对于规范战后初期混乱的政党政治还是起了重要的作用，应该给予积极的评价。同时，日本社会围绕着该法律展开的争论，间接地促进了政治家及选民对政治资金的理解，间接地传播了民主政治的理念。因此，对于战后再次选择自由选举的日本来说，《政治资金规制法》形成了一个良好的制度保障，并对以后政治资金的管理和控制打下了制度基础。围绕政治资金的管理和控制成为战后日本政治生活中的一大主题，而《政治资金规制法》则又是其中的焦点。然而，面对战后日本政治资金腐败事件的发生，一部缺乏强制力和执行力的法律无论如何也无法进行有效的遏制。为此，每次政治腐败案件的发生就成为修改《政治资金规制法》的重要契机，通过不停地查漏补缺来增强其管制力。

二 《政治资金规制法》的修订历程

战后初期制定的《政治资金规制法》与其说是一部预防和打击政治资金腐败的法律，不如说是一部仅强调政治资金公开性和透明性的法律。随着日本政治资金腐败案件的大量发生，日本社会关于修改《政治资金规制法》

的争论也越发激烈。然而,要想毕其功于一役地修改《政治资金规制法》则显得异常困难。一方面,由于该法律存在诸多先天不足,每一次修改涉及的内容都十分繁杂;另一方面,对于长期执掌日本政权的自民党而言,修改该法律将会影响到其政治资金的筹集。每当日本社会提出修改方案时,自民党总表示出消极的态度,除非发生影响重大的政治腐败案件,并引起日本社会愤怒,最终影响到其选票时,自民党才会对此予以考虑。因此,从1948年制定该法律到2009年的60年间,《政治资金规制法》共修改了48次,其中进行大范围修改的则有9次,剩余的39次只是对部分内容及法条进行修正。虽说进行了9次大范围的修订,但是每次都只是对有问题的条款进行修补。①

(一)20世纪50年代的修改

进入20世纪50年代,政、财各界围绕政治资金的腐败事件层出不穷,1953年10月的保全经济会贪污事件,1954年1月的造船贪污事件,这一系列贪污事件的发生激起了日本国民的愤怒,修改《政治资金规制法》成为一个十分紧迫的问题。1954年2月,社会党左右两派联合提出修改议案,其主要内容为限制政党、协会团体接受来自企业的政治资金。该提案遭到自由党的强烈反对,自由党认为不能仅限制企业的献金,作为社会党财源的劳动工会的献金也应该限制。此次争论表明国会内部各政党都不想限制自己的资金来源,反而想通过修订《政治资金规制法》来削弱其他政党筹集政治资金的能力,并进而打击其他政党的发展。围绕《政治资金规制法》的修改所引起的各党派间的政治斗争成为该法修改历程的"主旋律"。各政党间的相互斗争导致该法规的修改不断被政治因素所干扰。在48次的修改中,各政党并非真正想完善该法律,从第一次修改开始,打击政治对手就成为历次《政治资金规制法》修改的主要议题。

(二)20世纪60年代的修改

1960年美日安保条约修订之后的首次大选于该年的11月举行。在此次大选中发生多起违犯《政治资金规制法》的事件。这些事件的发生激起了

---

① 岩井奉信「政治資金をめぐる―果てしない『イタチごっこ』―」、『都市問題』、東京市政調査会特集1、2009年10月、4頁。

战后日本选举与政治资金问题

日本社会的愤怒，也让日本国民认为政治资金腐败的发生和选举制度之间具有紧密的关系。于是，日本民众和学者纷纷呼吁政府从根本上改革选举制度，遏止政治资金问题的发生。为了回应日本社会的愤怒，日本政府于1961年设立了选举制度审议会，决定对选举制度改革进行调查审议。第一次选举制度审议会关于政治资金方面的内容主要包括对企业、劳动工会及后援组织的政治献金的限制，完善政治资金收支报告书的公开等。但是，对于何时开始限制企业和劳动工会的政治献金并没有进行说明。政府只是在报告中说道："由于政党活动需要大量的资金，对于劳动工会及企业在政治献金方面的限制还需要进行再议"。①

1963年4月，东京地方法院围绕着八幡制铁（现为新日铁）对自民党的政治献金事件做出了判决。该判决认为："企业向政党捐献政治献金违反了公司章程、故意损害公司利益及其他股东的利益，因此是非法且无效的。"② 该判决在日本法学界内部引起了很大的争议。赞成和反对双方围绕着公司的法人地位和社会作用展开激辩。但是，随后的二审判决推翻了一审的判决，承认企业、工会等社会团体在一定限度内的政治献金的合法性。

1966年以来，自民党内部发生了一系列政治资金腐败事件，这些腐败事件被统称为"黑雾事件"。这些事件涉及人物众多，影响广泛，激起了日本国民的愤怒，也加深了选民对政治的不信任。这一系列政治腐败事件的发生让净化日本政治、修改《政治资金规制法》，从根本上杜绝金权政治成为日本民众的共识。"黑雾事件"也成为改革政治资金管制体系的重要转折点，在第五次选举制度审议会的报告中写入了杜绝金权政治、严格管理政治捐款等内容。该报告的通过使对《政治资金规制法》的修改从强调公开透明向管制的方向转变。③

（三）20世纪70年代的修改

从1966年的"黑雾事件"到1975年的10年间，围绕着政治资金管

---

① 三枝一雄・吉田善明ほか『政治資金と法制度』、172頁。
② 日本財政法学会『財政法叢書7 政治資金』、学陽書房、1991年、22頁。
③ 高野恵亮『政治活動と倫理—政治資金規正法をめぐって—』、『世界と議会』第521巻、2008年2月。

制方面的改革一直在进行。在这期间，执政党和在野党围绕着各种提案展开辩论。在激辩最高潮期间，最高法院对八幡制铁的政治献金案做出终审判决，该判决支持二审的判决结果，并认为："由于政党是议会民主政治中一个不可或缺的团体，公司为了协助政党的发展，在一定限度内向政党及政治家提供政治资金的行为是允许的。"[①] 依据最高法院的判决，企业可以自由参与政治活动的共识在日本社会逐渐形成。企业参与政治活动被"平反"之后，国会上下面临的最主要问题已经不是全面禁止企业的政治献金，而是如何有效地对企业的政治献金进行监管。为此，在1975年，自民党发布了《政治资金规制法改革大纲》，该大纲的主要内容以个人献金为重点，而对于大家关注的企业献金问题则建议推迟到5年后再进行讨论。政府在《政治资金规制法改革大纲》的基础上明确提出了此次改革的三个原则：一是政治献金的公开性，二是政治献金的相适应性，三是政治献金的随意性。[②] 其中第一条强调政治资金收支报告书的公开，让国民能够自由查阅，第二条强调的是企业、工会等团体提供与自身实力相当的政治献金，第三条则强调个人政治献金必须源自个人的自愿。在改革三原则的基础上，政府正式提出了改革的议案。其中主要包括以下内容：一是对于企业的政治献金进行总量上的限制，二是强化政治资金报告书的公开，三是新制定对个人献金捐赠者的税收优惠政策，四是明确政党、政治团体等概念，五是政治团体报告提交制度的改革等。最终于1975年6月在众议院公职选举法修改调查特别委员会上获得通过，之后在参议院依靠参议院议长的裁决而获得顺利通过。[③]

最高法院对八幡制铁事件的判决标志着日本政府允许政党接受来自企业及社会团体的政治献金，此时日本社会关注的问题由是否禁止企业献金转变为如何规范企业献金，而要想有效规范企业献金只能从企业捐献政治献金的总量寻找突破口。表3-1是1975年的《政治资金规制法》改革中对于企业及团体献金总额进行限制的具体要求。

---

① 三枝一雄・吉田善明ほか『政治資金と法制度』、175頁。
② 三枝一雄・吉田善明ほか『政治資金と法制度』、176頁。
③ 由于在参议院的投票中，赞成和反对票各有117票，最终通过议长裁决这种戏剧性的方式得以通过。

战后日本选举与政治资金问题

表 3-1　1975 年政治献金限额标准

捐献者		接受者	政党、政治资金团体	政治家个人	其他政治团体
个人总额	限制		1 年 2000 万日元	1 年 2000 万日元	1 年 1000 万日元
	个人限制		没有限制	1 年 150 万日元	1 年 150 万日元
企业总额	限制		1 年 750 万~1 亿日元	1 年 750 万~1 亿日元	1 年 375 万~5000 万日元
	团体个别限制		没有限制	1 年 150 万日元	1 年 150 万日元
公开基准			超过 1 万日元	超过 100 万日元	超过 100 万日元

资料来源：政治議会調査室『政治資金規正関係年表』、国立国会図書館調査及び立法考査局、2010 年、2 頁。

（四）20 世纪八九十年代的修订

1975 年的《政治资金规制法》修订后没过多久，日本政坛再次发生政治资金腐败案件——洛克希德事件。在此次事件中，国民关注的焦点由 1975 年强调的政治团体的公开性向政治家个人的政治献金及政治伦理道德方面转变。于是在 1980 年的《政治资金规制法》改革中设立了指定团体制度及保证金制度，该指定团体有义务提交并公开政治家个人的政治资金收支报告书。除此之外，1985 年修改的《国会法》则将"政治道德规范"条款追加到第 15 章第二部分内容中。同时，众参两院还制定了《政治道德纲领》及《行为规范》，设置"政治道德审查会"，希望从政治道德方面解决政治资金腐败问题。然而讽刺的是，特意制定的《政治道德纲领》《行为规范》、设立"政治伦理审查会"没有发挥丝毫的作用，刚进入 20 世纪 90 年代就发生了利库路特事件。不仅如此，利库路特事件之后还发生了共和事件[①]、佐川快递事件[②]等涉及政、官、财各界的政治资金腐败案件。这些事件不仅涉及执政党，而且连在野党也卷入其中。对于大多数日本国民而言，已经放弃通过修订《政治资金规制法》来遏制政治资金腐败的希望。此时日本国内逐渐形成需要进行政治改革，改变选举制度的共识。并且为了遏制企业政治献金泛滥，有必要制定"政党援助法"等相关法律，从根本上清除政治腐败的土壤。

---

① 原北海道、冲绳开发厅长官阿部文男众议员收受共和公司巨额贿赂，帮助该公司开发修建北海道的旅游设施。
② 1992 年自民党经世会会长金丸信从佐川快递公司收受了 5 亿日元的非法政治捐款事件。

第三章 《政治资金规制法》的修订与政治资金问题

为了推动政治改革，1989年6月宇野内阁设立了第8次选举制度审议会，并在审议会上提出了有关选举制度改革及政治资金制度改革的相关报告。1990年4月，在这份报告的基础上，海部内阁提出了"政治改革关联三法案"，不过最终未通过审议而成为废案。接替海部俊树出任日本首相的宫泽喜一将《政治资金规制法》的修改作为政治改革的重要内容。然而，伴随着1993年6月第126次国会的解散，该改革法案也难以避免成为废案的命运。虽然改革法案未能在国会审议，但是在1992年由于受佐川快递事件的发生，在民众的反对声浪中对《政治资金规制法》进行了修改。修改后的法律强化了对政治家筹款宴会的监管，并限制政治资金的用途。

1993年的大选中，由七党一会派联合组阁的细川内阁诞生。该内阁提出将政治改革作为政府优先进行的工作，随后提出了四部法案，分别为《公选法改革案》《众议院议员选举区划确定审议会法案》《政治资金规制法案》《政党援助法案》。在四部法案提出之后，细川内阁将四个法案组合成新的政治改革法案，并于1993年9月提交国会审议。该法案顺利通过国会审议，于1994年2月正式生效。此次政治改革涉及政治资金方面的主要有以下内容：第一，限制公司、工会等团体的政治献金额度；第二，明确区分公职候选人的政治资金；第三，确保政治资金的透明；第四，更改组成政党的条件；第五，设立个人给予政党的政治献金享受税收扣除的制度；第六，更改个人及团体对政党及政治资金团体的政治献金额度；第七，加强对违法违规行为的处罚。[①]

表3-2 1994年改革对政治献金限额一览

捐献者		接受者 政党、政治资金团体	资金管理团体	其他政治团体
个人总额	限制	1年2000万日元	1年1000万日元	1年1000万日元
	个人限制	没有限制	1年150万日元	1年150万日元
企业总额	限制	1年750万~1亿日元	1年375万~5000万日元	禁止
	团体个别限制	没有限制	1年50万日元	禁止
公开基准		超过5万日元	超过5万日元	超过5万日元

资料来源：政治議会調查室『政治資金規正関係年表』、国立国会図書館調査及び立法考查局、2010年、3頁。

---

① 鈴木良一『実務と研修のためのわかりやすい政治資金規正法』、31-32頁。

战后日本选举与政治资金问题

此次改革还有一个最大的特点就是设立了资金管理团体，废除了指定团体制度及保证金制度。然而，对于国民关注的企业政治献金问题，在此次改革中依然没有得到有效解决。日本各党派继续将该问题留到5年后进行讨论。不过在1993年，受共和事件影响而招致国民强烈指责的日本经团联①决定放弃战后一直实行的在协会企业和政党之间关于捐献政治献金的斡旋行为。

1999年，日本国会开始讨论5年前政治改革时遗留下的关于企业及工会等团体的政治献金问题。12月8日，众议院关于确立政治道德及修改《公职选举法》的相关委员会委员长提出了全面禁止企业及工会向政治家的资金管理团体捐献政治献金的《政治资金规制法》修正案，最终该修正案先后在众参两院获得通过。至此，企业和政治团体向政治家个人捐赠政治献金的通道已经被堵上了。

（五）21世纪头十年的修改

进入2000年之后，随着日本地方自治的不断推进，与地方自治相关的法律法规也得到相应的修改。《政治资金规制法》作为日本政治资金管制体系中最重要的法律，其部分内容由于与地方自治相关也得到了修改。比如2000年废除了自治大臣对于都道府县选举管理委员会的指挥监督权，2001年《政治资金规制法》中的"自治大臣"与"自治省令"改为"总务大臣"和"总务省令"。此时，日本国内的政治资金管制体系运转良好，与地方自治有关的法律内容也不断得到修改。但是，好景不长，2004年发生的日本牙科医师会的迂回献金事件再次引发日本社会的关注。② 在该事件中，日本牙科医师会向桥本派的政治团体——平成研究会非法捐献1亿日元政治献金，平成研究会没有记录在政治资金收支报告书中。同时日本牙科医师会为了规避政治资金管制体系的监管，以迂回的方式向自民党内有威望的政治家输送政治献金。在1999年《政治资金规制法》改革中已经全面禁止企业、工会等团体向政治家个人捐献政治献金。但为了避开监管，日本牙科医

---

① 2003年经团联又高调恢复在政党和企业之间进行关于企业献金的斡旋行动，不过此次则面向所有政党，经团联每年给政党打分，依据分数的高低决定援助金额的多寡。
② 東京新聞取材班『自民党迂回献金システムの闇—日歯連事件の真相—』、角川学芸出版、2005年。

师会假装向自民党捐赠政治献金，而实际上这些政治献金最终流入自民党相关派阀手里。受此事件的影响，2005 年，日本国会开始对《政治资金规制法》中有关政治献金额度的内容进行修改。修改后的结果将政治团体的年捐赠额度修改为 5000 万日元，同时限定捐赠政治献金只能以银行汇款的方式进行。

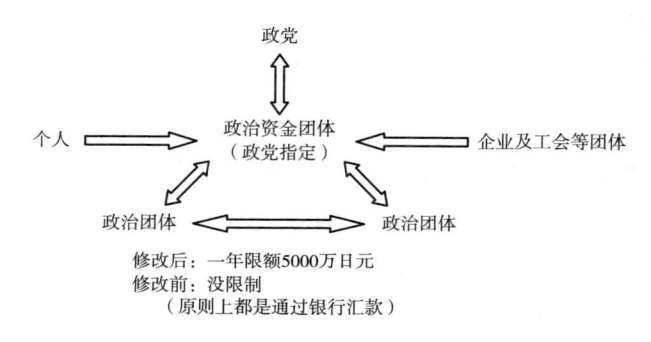

```
                          政党
                           ↕
       个人    →    政治资金团体    ←    企业及工会等团体
                    （政党指定）
                        ↙ ↘
                政治团体  ⇄  政治团体

            修改后：一年限额 5000 万日元
            修改前：没限制
               （原则上都是通过银行汇款）
```

图 3–1　政治团体间的捐赠

资料来源：依据 2005 年改革后的《政治资金规制法》绘制。

2006 年，民主党的小泽一郎用自己多余的政治资金购买房产被日本媒体曝光。小泽以秘书宿舍的名义购入该房产，并在收支报告书中试图以政治团体的资产为名进行申报。然而事实上，政治团体不具有法人资格，无法以政治团体的名义进行房产登记，于是小泽就以个人名义进行登记，结果小泽被指控利用政治资金购买个人资产，涉嫌逃税。同时，该年自民党的松冈利胜议员将不需要支付房租的议员会馆设成政治资金管理团体的事务所，但是在收支报告书中还列出了事务所的费用支出，涉嫌虚假登记。这一系列违反政治资金管制体系问题的发生，揭露出《政治资金规制法》对于事务所监管方面的空白。为此，围绕事务所费用支出问题，日本国会于 2007 年对《政治资金规制法》进行了修改，加强对资金管理团体购买房产的限制，并且规定 2007 年以后禁止新的政治团体持有不动产。

《政治资金规制法》自 1948 年开始实施以来，截至 2010 年总共进行了 39 次小的修改、9 次大的修改。尽管每次修改都较好地解决了《政治资金规制法》暴露出的问题，但是由于对规制体系存在的漏洞和问题缺乏微观的认识和宏观的分析，每次改革都是"头疼医头，脚疼医脚"，改革只是成为"打补丁、堵漏洞"的循环。各方对于《政治资金规制法》改革所要达到的目标缺乏清晰的认识,导致事实上形成了一次改革的结束反而拉开了下次改革序幕的尴尬局面。尽管日本社会对于政治资金问题成因的指责已经转向了中选举区制度,但是《政治资金规制法》本身所存在的漏洞和问题也引起日本社会的关注。毕竟作为日本政治资金管制体系的重要组成部分,缺乏约束力和强制力使该制度并不完整,也是导致日本政治资金问题发生的主要原因之一。

第三节 《政治资金规制法》与政治资金管制体系的缺陷

一 《政治资金规制法》修订的主要特点

《政治资金规制法》从1948年制定到2010年已经施行了60多年,其间经历了40多次的修改,在历次的修改过程中表现出了一些共同的特点。

第一,政治资金腐败事件的发生成为推动修改进程的最主要动力。日本政治资金管制体系的改革一直呈现这样的循环:腐败事件→国民批判→修改《政治资金规制法》→腐败事件→国民批判→修改《政治资金规制法》……当围绕政治资金产生的腐败事件被媒体披露,紧接着就会遭到日本社会各界的强烈批评,在国民的批评声中日本国会不得不对《政治资金规制法》进行相应的修改,以平息民怨。

表3-3 战后日本《政治资金规制法》主要改革

年份	事项	备注
1948	《政治资金规制法颁布》	
1961	举行第一次选举制度审议会	造船腐败事件
1967	限制献金数额	黑雾事件
1979	明确政治家个人的资金和开展政治活动的政治资金	洛克希德事件
1990	举行第八次选举制度审议会	利库路特事件

续表

年份	事项	备注
1992	强化惩罚机制 限制政治资金的使用等	共和事件 佐川快递事件
1994	设立资金管理团体 限制献金数额等	
2005	政治资金的捐献通过银行汇款等	日本牙科医师会迂回献金事件
2007	限制政治资金团体持有房产等	小泽一郎事务所费事件

资料来源：政治議会調查室『政治資金規正関係年表』、国立国会図書館調查及び立法考查局、2010 年、1 – 4 頁。

第二，修改内容"针对性"强，具有临时性和应急性。在 40 多次的修改中，修改都是针对引发具体政治资金腐败事件的内容，具有明显的填补漏洞的倾向。比如，在造船腐败事件中，企业向政治家捐赠政治献金而引发的政治资金腐败案件就在随后的修改中得到体现。1961 年举行的第一次选举制度审议会的报告中就有要废除企业献金的内容，只是未能实现。但是列出了禁止企业捐赠政治献金的具体事项，比如接受国家补贴及奖励的企业在选举及政治活动中禁止捐献政治献金等。洛克希德事件的发生又促使《政治资金规制法》明确规定政治家的个人现金与政治献金的区别等。由于《政治资金规制法》的修改是受政治资金腐败事件的驱动，修改内容"针对性"强的特点可以很好理解。但是，这种针对性的修改事实上并不能弥补该法律自身存在的缺陷，只是"头疼医头，脚疼医脚"。

第三，改革缺乏长远规划和目标。改革缺乏长远规划主要表现在以下两个方面。其一，改革目标不明确，历次重要的改革都是为了平息国民的愤怒，回应社会的指责，而对于如何修改及怎样改，日本国会及政治家并没有明确的目标，他们首先想到的是尽量避免被卷入政治资金腐败事件，其次则安抚国民，提出各种无法实现的改革议案。其二，缺乏对修改内容的后续评估和考察。任何一次修改都不可能做到尽善尽美，因此事后的评估非常重要，然而《政治资金规制法》的历次修改都未做过相应的评估，导致刚补上漏洞接着又有新的漏洞出来。比如，为了防止政治家对于企业及团体献金的依赖，在 2000 年之后《政治资金规制法》禁止企业及团体向政治家个人

战后日本选举与政治资金问题

捐献政治献金，应该说此次修改可以有力地遏制企业与政治家之间的利益交换，但是在具体实施过程中，企业及团体的政治献金往往通过政党或政党支部迂回到达政治家个人手里，形成了事实上的迂回献金或秘密献金，例如2004年日本牙科医师会秘密献金事件。企业与政治家之间迂回献金的流行增加了监管的难度和查处的复杂性。毕竟为了规避监管，大量的迂回献金并未记录在政治家收支报告书中而成为秘密献金。这严重违背了《政治资金规制法》强调的公正、公开的立法初衷。

1948年开始实行的《政治资金规制法》成为战后日本政治资金管制体系的重要组成部分，经过多次的修改，在预防政治资金问题方面已经有了长足的进步，但自身存在的制度缺陷使其难以对政治家形成震慑，政治资金问题依然成为日本政治的顽疾，难以根除。不可否认，在《政治资金规制法》的修改过程中，来自民间社会的声音得到了政府的尊重和支持，但是政府每次的改革具有"临时抱佛脚"和"救火队长"的性质，仅针对已发生问题的条款或者说已经被媒体曝光的案件，缺乏综合、长远的考量与规划。同时对于政治资金管制体系的改革，特别是对作为该体系核心的《政治资金规制法》的改革依然处于一种犹豫不决的状态。比如，涉及企业、工会及其他政治团体的政治献金问题方面没有长远的规划，尽管1975年该问题就已经十分严峻，但是直到1999年才全面禁止企业和团体等对政治家个人的政治献金。并且，《政治资金规定法》也仅禁止了企业及工会对政治家个人的政治献金，并没有禁止对政党的政治献金捐赠。这导致在实际的运作中，企业等各种团体通过政党进行迂回式捐赠。所以才有日本学者认为："日本的《政治资金规制法》的改革历程可以看作一部'打补丁'和'钻空子'不断重复进行的历史"。[①]

二 企业、团体献金问题

可以说在战后《政治资金规制法》的改革历程中，企业、团体献金是一个无法回避的焦点。战后日本发生的政治资金腐败事件中大部分是由企业

[①] 岩井奉信「政治資金をめぐる―果てしない『イタチごっこ』―」、『都市問題』、東京市政調査会特集1、2009年10月、4頁。

献金所引发，"企业献金是战后日本一连串政治腐败及'结构性腐败'的温床"。① 因此如何正确地认识企业献金对于理解战后日本政治资金管制体系的改革或者战后日本的选举政治具有重要的意义。当然，在日本国内围绕企业献金也有不少争论，其中最有名的则是"企业献金违宪论"。

（一）企业献金违宪论

1970 年，最高法院关于八幡制铁事件的判决，认定企业献金对于民主社会的建设具有积极的意义，认定企业献金并不违宪。最高法院"依据宪法第 3 章所规定的国民的权利与义务各条款，公司与自然人一样，可以自由地表达支持或反对国家和政党特定的政策的行为。因此，企业献金的捐赠也是这种自由行为的一部分，即使公司利用企业献金影响了政治动向，这也不能在宪法上认定其与普通国民的献金有差异"②。然而，最高法院的判决却遭到日本法学界的逐一反驳。第一，"行使政治自由"与表达的自由或参政权息息相关，这本来是宪法所保障的自然人的权利，为何现在又主张法人也与自然人具有相同的权利。③ 第二，企业活动必须遵守商法等法律要求，应该在法律规定的范围内行动。捐献政治献金并不列入公司章程，也并非公司必须做的行为。第三，企业与其他团体和法人也有区别，公民行使结社自由权利所组成的团体与企业具有本质上的区别。日本学者奥平康弘的观点则更具有代表性："宪法规定国民享有平等的政治参与的权利，而体现该原则的最好方式就是参加选举并进行投票。因此，如果依据该原则，那么对于政治影响力远远超过个人的企业献金一开始就应该被禁止。"④ 同时也有学者认为："由于捐献政治献金的权利由行使选举权的个人所决定，企业没有选举权理应没有捐献政治献金的权利。"⑤

日本社会之所以非常关注企业献金是否违宪的争论，最主要的原因在于

---

① 中島茂樹『憲法問題としての政治献金—熊谷組政治献金事件福井地裁判決を素材に—』、『立命館大学人文科学研究所紀要』No. 84、2004 年 3 月、21 頁。
② 加藤一彦「企業による政治資金の規制論拠」、『一橋法学』第 2 巻第 2 号、2003 年 6 月、436 頁。
③ 樋口陽一『憲法』、創文社、1992 年、175 頁。
④ 奥平康弘「憲法政治の復権はいかにあるべきか」、『法律時報』第 61 巻 12 号、1989 年、8 頁。
⑤ 吉田善明『変動期の憲法諸相』、敬文堂、2001 年、210 頁。

最高法院的判决认可企业向政党及政治家捐献政治献金的权利，这事实上确认了企业献金的合法地位。因此，无论《政治资金规制法》怎么修改都不可能解决日本政治的"金权政治"体制，也无法对企业献金进行有效的监管。既然不能废除企业献金，那就只能对企业献金进行限额。

（二）限额多少才合适

战后初期造船腐败事件的发生促使日本社会不得不认真思考企业献金和政治资金问题之间的关系。在1961年的第一次选举制度审议会报告中首次提出了应该全面禁止企业、工会等团体与选举或政治活动有关系的政治献金。但由于当时日本的政党及政治家的政治资金主要来自企业或工会，如果此时禁止企业及团体献金的话会给政治家的政治活动带来十分不利的影响。基于上述考虑，第一次选举制度审议会报告提出："①禁止从事公共事业、政府事业等其他产生特殊利益的企业捐赠政治献金；②禁止接受国家补贴、奖励的企业捐赠政治献金，同时禁止接受国家利息补贴的企业或者企业的出资人接受过利息补贴的企业捐赠政治献金。"[①] 因此在无法废除企业献金的前提下就只能通过《政治资金规制法》来对企业捐献政治献金的数额进行限定，在一定程度上降低政治资金问题的规模和影响。

1967年第五次选举制度审议会报告提出限额方案，个人献金每年的限额为1000万日元，企业献金每年的限额为2000万日元，尽管该方案在第55届、第58届及第61届国会都提请审议，但由于执政党和在野党之间分歧甚大，最终不了了之。对比表3-1和表3-2，可以发现该方案存在的一些问题：①数额过低，个人献金限制在每年1000万日元的话还可以理解，但是企业献金限制在每年2000万日元则有点匪夷所思，从当时政党对企业及工会献金严重依赖的情况来看就可以清楚地明了该方案是无法审议通过的；②未明确区别献金流向；③未明确设定公开的标准，没有公开的标准就无法确认政党及政治家的献金来源，也无法监督是否超额。

尽管自1994年至今政党援助制度已经实行了20多年，但是企业献金问题依然未得到有效解决，当初引入政党援助金制度的一个最为重要的前提就

[①] 政治議会調査室『政治資金規正関係年表』、国立国会図書館調査及び立法考査局、2010年、1頁。

是废除企业献金，但由于缺乏充分的讨论，最终也未能实现。因此，当前日本政治面临的问题已经不是对企业献金进行限额而是要废除企业献金，只有这样才可以斩断企业和政治家之间的利益交换链。

三 政治资金管制体系存在的问题

《政治资金规制法》作为战后日本规范政治与金钱关系的重要法律制度，理应在遏制政治资金腐败方面发挥重要的作用，然而事实上该法律自身存在的问题导致政治资金管制体系无法顺畅地运转，也使政治资金问题难以得到有效遏制。战后日本的政治资金管制体系存在的主要问题表现在如下三个方面。

（一）缺乏强制力

1948年《政治资金规制法》的内容刚公布之时就引起了日本国内的争议，因为该法律仅强调政治资金的公开透明而缺乏要求政治资金公开透明的强制措施。比如，当政党或政治家未提交政治资金收支报告书或者未按规定时间提交政治资金收支报告书时，该法律无法强制要求提交[1]。尽管后来经过多次修改，《政治资金规制法》在对政治资金监管方面的功能已经得到了修正，但是依然未能让国民满意。1992年发生了佐川快递事件，自民党副总裁金丸信从佐川快递公司收取了5亿日元的企业献金，这超过了《政治资金规制法》对企业献金的限额标准，违犯了该法第21条对于企业献金的限制条款，但最终仅被东京简易法院判处以20万日元的罚款，这个判决结果引起日本国民强烈的不满[2]。更让日本社会愤愤不平的是，该事件竟然在东京简易法院进行审判。东京简易法院主要负责日常生活中轻微的可以快速处理的简单刑事或民事案件，这从另一个侧面反映出《政治资金规制法》缺乏强有力的惩罚机制。

（二）资金管制体系混乱

在日本，对选举政治中金钱与政治关系进行监督和管理的法律主要有《政治资金规制法》《公职选举法》《政党援助法》三部，其中由于前两部

---

[1] 三枝一雄・吉田善明ほか『政治資金と法制度』、168頁。
[2] 上脇博之『政党助成法の憲法問題』、日本評論社、1999年、33頁。

战后日本选举与政治资金问题

法律制定时间比较早，对战后日本选举政治的影响也比较大，成为战后日本最主要的规范政治与金钱关系的法律，也成为战后日本资金管制体系的重要组成部分。而第三部由于制定时间比较晚，再加上主要针对的是政党援助金，其影响力相比前两部法律也小很多。《公职选举法》监管的对象主要为选举活动费用，而《政治资金规制法》监管的对象主要为政治团体和公职候选人为开展政治活动而使用的政治资金。因此，在日本形成了一个非常奇怪的二元资金管制体系，即使是同一位政治家，在选举期以外举行的政治活动和选举期间举行的政治活动也面临不一样的监管机制。这种扭曲的二元监管体系主要由日本选举的提名候选人制度和选举活动管制制度造成。提名的候选人在获得"公职候选人"的资格后举行选举活动的费用支出称为"选举活动经费"，由《公职选举法》监管。相反，由于在提名候选人之前法律禁止举行选举活动，在这期间举行政治活动的费用支出则成为政治资金，由《政治资金管制法》监管。[①] 为了规避最不利的监管，候选人可以将使用的政治资金分别填在不同的资金报告书中。由于《公职选举法》规定了选举活动经费的限额，候选人一般先按照最高限额填好选举活动费用收支表，同时将剩下的资金全部转移，填到政治资金收支报告书里，这样做可以避免违犯《公职选举法》对于选举活动经费支出的限额规定。因此，这种二元监管机制的存在将增加政治资金的监管成本，难以起到有效的监管作用，并导致监管体系的混乱，从而给候选人留下了钻制度漏洞的空间。

（三）无法实现真正的监管

尽管《政治资金规制法》的目的是"让国民监督和批评政治团体及候选人的政治资金使用情况"，然而下列因素的存在使国民无法发挥监管的职能。一是政治资金收支报告的公示制度存在问题。如今候选人或政党的政治活动如果在两个以上都道府县的区域进行，那么其政治资金收支报告书要提交给中央的总务省，而如果该候选人或政党的政治活动局限在某一都道府县时其政治资金收支报告书则提交给地方的选举管理委员会。这种两地提交的方式无疑增大了日本选民监管的成本，因此应该设立统一的接收政治资金收

---

① 成田憲彦「公職選挙法と政治資金規正法」、『都市問題』第 100 巻第 10 号、東京市政調査会、2009 年、23 - 24 頁。

支报告书的机构，这样才有利于提高政治资金的透明度。二是无法查看议员提交的收支发票。由于无法查看议员提交的发票，即使政治家在政治资金收支报告书中做了虚假记录也很难被发现，1998年发生的中岛洋次郎事件是由其秘书举报才发现其用假发票进行虚假登记的。[①] 如果没有内部人士举报，仅仅依靠查验政治资金收支报告书是很难发现问题的。三是报告书的内容不全面。政治资金收支报告书所记载的各种政治团体非常多，而这些政治团体与哪位政治家有关系，其负责人是谁，这些政治团体举行了什么活动一概没有进行介绍，这让选民无法有效行使监督的权利。

战后日本的政治资金管制体系尽管存在不少问题，但是经过多年的修改有些问题已经得到解决。比如，政党和政治家指定一家资金管理团体来接收企业及团体献金的规定，可以较好地限制政治资金的流动，从而有利于掌握政治家的政治资金流向。对于自民党的派阀政治也产生了制约作用，由于派阀不属于任何团体，无法接收企业的献金，这样原先存在的派阀的政治资金中转的职能就被弱化了，在一定程度上有利于遏制政治资金问题的发生。

本章小结

1889年，明治政府正式将选举制度引入日本，但是直到1925年才开始对选举活动中选举费用的支出进行监管。1925年，贿选等选举腐败事件的发生促使明治政府下定决心学习英国1883年制定的《防止腐败、违法行为法》，从那时起日本正式开始对选举活动费用支出进行监管。1945年，日本接受《波茨坦宣言》并接受以美国为首的联合国军的占领。在驻日盟军最高司令部的指导下日本开始了民主化改革。改革初期由于小党林立，且各政党间政治资金腐败事件的发生，驻日盟军最高司令部意识到有必要加强对选举政治的监管，规范各政党政治资金的使用，于是被寄予厚望的《政治资金规制法》正式出台。同时，于1950年制定了对选举活动及选举费用支出等进行监管的《公职选举法》。至此，日本的二元资金管制体系正式形成。

---

① 谷口将紀「政治と金」、『政治変化とガバナンスのあり方：日本の課題とアメリカの経験』、日本国際交流センター、2002年6月、79頁。

战后日本选举与政治资金问题

二元体制的存在使战后日本的资金监管面临极大的挑战，也促使了金权政治在日本的发展。然而对于金权政治影响最为明显的则要属《政治资金规制法》自身所存在的问题。

《政治资金规制法》的制定是向美国《防止腐败行为法》学习的结果，其对政治资金公开性的强调远远要胜过对政治资金使用的监管。因此，在具体实践中《政治资金规制法》面临着各种挑战。为了让《政治资金规制法》能更好地适应日本选举政治的发展及有力地遏制政治资金问题的发生，战后日本对该法律进行了40多次修订，可以说已经完成了从强调公开性到注重管制方面的转变。但是政治资金腐败事件的发生并没有减少，特别是围绕企业及团体献金而导致的政治资金腐败问题依然非常严重，这主要表现在两个方面。一方面，尽管引入政党援助制度之后，政党及政治家对于企业及团体献金的依赖已经得到一定程度的控制，但是企业献金却又以政治资金筹款宴会的方式重新流入政治家的腰包。由于此种宴会的收入主要是以发售入场券的方式进行，企业可以购买大量的入场券，分散了献金总额。另一方面，迂回献金盛行，尽管禁止企业及团体向政治家个人捐献政治献金，但是并不禁止企业及团体向政党支部及政党捐献政治献金。由于政党支部的数量未被限定，政治家为了规避监管而设立大量的政党支部。例如，2009年，仅仅自民党就有7000多个政党支部，其数量已经超过自民党国会议员和地方议员之和。[1] 政治家通过政党支部来接收企业及团体的献金，之后又将政党支部收集的政治资金向政治家个人的后援会转移，从而继续实行利益诱导政治。

企业及团体献金之所以依然问题丛生主要有两点原因。第一，日本各政党将《政治资金规制法》当作打击政治对手的工具。为了遏制政治资金问题的发生，1954年社会党左右两派联合提出修改《政治资金规制法》的议案，其主要内容为限制政党、协会团体接受来自企业的政治资金。该提案遭到自由党的强烈反对，自由党认为不能仅限制企业的献金，作为社会党财源的劳动工会的献金也应该限制。至此，战后日本国会围绕企业及团体献金的争论正式拉开序幕。由于自由党的政治资金主要来源于企业，而社会党的政

---

[1] 岩井奉信「政治資金をめぐる一果てしない『イタチごっこ』一」、『都市問題』、東京市政調査会特集1、2009年10月、6頁。

治资金则主要由工会提供，两大政党都只想通过修改《政治资金规制法》来打击政治对手筹集政治资金的能力，从而阻滞其发展。事实上，在 20 世纪 60 年代初期的第一、第二及第三次选举制度审议会都曾提出过全面废止企业及团体献金的报告，但是最终都未被采纳。在此之后各政党也都利用《政治资金规制法》修改的契机多次提出过企业及团体献金问题，但是直到 1999 年才确定从 2000 年开始废止企业及团体向政治家个人的献金，但企业及团体向政党的献金并未被禁止。因此在战后 40 多次的修改中，各政党并非真心想完善该法律，从第一次修改开始，借机打击政治对手就成为历次《政治资金规制法》改革的主要议题。

第二，议员立法及国会审议问题。由于《政治资金规制法》的修改多为腐败事件驱动，各政党及政治家将修改《政治资金规制法》看成安抚民众的重要表现，十分热衷于提出各种议案。但是事实上每次改革只是对该法律已出现问题的部分进行修改，并没有做出根本的改变。这主要是因为《政治资金规制法》所要监管的对象是各政党及政治家，而《政治资金规制法》的修改也是由国会内部各政党及政治家来完成，在修改过程中日本国会议员既当裁判员又当运动员。所以，在此种情况下国会议员不可能对该法律进行根本性的改革，只是回应民众的愤怒，做出象征性的修改。结果使得战后日本《政治资金规制法》的修改历程呈现"腐败事件→国民批判→修改《政治资金规制法》→腐败事件→国民批判→修改《政治资金规制法》"的循环。

尽管如此，《政治资金规制法》的制定对于民主理念在日本的传播及民主政治的发展仍然发挥了重要的作用。经过多次的修改，企业及团体献金已经得到一定程度的控制，自民党内部派阀对政治资金运作的能力已经得到遏制，像战前那样涉及政、官、财各界的严重的政治资金腐败问题也已经减少许多。

第四章
政党的国家援助与政治资金问题的发展

1994年3月,作为此次政治改革重要组成部分的《政党援助法》正式生效,该法的生效标志着日本正式建立了政党援助制度。日本社会期望政党援助制度的建立能够减少日本政治家及政党对于企业献金的依赖,从根本上杜绝政治资金腐败事件的发生,恢复国民对政治及政治家的信任。然而,引入政党援助制度就能遏制政治资金问题的发生吗?政党援助制度的引入对于政治资金腐败问题的发展又有何影响?为此,本章在对以上问题进行研究的同时,对于日本引入政党援助制度的原因及其围绕政党援助制度所产生的争论展开进一步的分析。

第一节 引入政党援助制度的原因

日本关于政党援助制度的争论可以上溯到大正时期,在1925年审议"普选法"之际,就有民政党的众议院议员提议为了保证候选人的机会平等国家应该对议会选举进行援助。① 在这之后的1928年举行日本第一次普选,在此次普选中发生了大规模的选举腐败事件,为了遏制选举活动中腐败现象的产生,众议院议员第一议员俱乐部的大竹贯一提议,为了防止腐败的发生,政府应该为选举提供演讲场地、文件及宣传海报的印刷等,同时禁止政府提供援助之外的任何选举活动。② 当然,这两次有关选举活动的国家援助提议引起了日本众议院非常热烈的讨论,但由于实施的条件及环境并不成熟,最终都未采用。

进入战后,由于政治家围绕政治献金多次发生大规模的政治资金腐败事

---

① 藤田博昭『日本の政治と金』、103頁。
② 藤田博昭『日本の政治と金』、104頁。

件，引入政党援助制度的争论又再度于 20 世纪 70 年代在日本社会兴起。虽说围绕政党援助制度还依然存在不少争议，但《政党援助法》最终还是于 1993 年获得通过并在 1994 年 3 月正式生效。《政党援助法》第一条对于设立该法的目的进行了说明："鉴于政党在议会政治中的重要性，国家将支援政党的政治活动，为此有必要对政党要件及交付援助金的手续等事项进行规定。同时通过采取要求政党公开援助金使用报告及其他措施，促进政党政治活动的健康发展及社会的公平正义，最终促进民主政治的健康发展。"[1] 因此，实现民主政治的健康发展成为引入政党援助制度最主要的目的，而不断发生的政治资金腐败问题则成为日本民主制度最主要的威胁。

一 个人政治献金的缺乏

在引入政党援助制度以前，日本政治家及政党的政治资金结构中，来自企业的政治献金始终占据压倒性的优势，特别是在自民党的政治资金结构中来自大企业及财团的政治献金始终占据着主导地位，而与此相比来自个人的政治献金则比较少[2]。在 1976 年、1977 年、1978 年，来自个人的政治献金占政党、政治资金管理团体及全国性政治团体的政治资金收入的 3.5%，同时个人献金占所有政治献金的比例为 7%。[3] 为了提高个人政治献金捐赠的比例，日本政治家及媒体对选民捐赠政治献金的意义进行了广泛的宣传，经团联甚至在 20 世纪 70 年代就开始要求会员企业的领导人带头捐献政治献金，并设置了最低捐献门槛。比如企业经理需要捐赠 30 万日元、部门负责人捐赠 20 万日元、董事捐赠 10 万日元，[4] 然而响应者寥寥无几。依据 2011 年的数据，日本各政党收入中来自个人政治献金的比例依然偏低，自民党获得的个人献金占政治资金总收入的 11.6%，民主党则为 5.7%，公明党为 18%，日本共产党为 16.3%。[5] 尽管日本国民也深知向支持的政党及政治家

---

[1] 『政党助成法』第一条、http://law.e-gov.go.jp/htmldata/H06/H06HO005.html。
[2] 日本共产党除外，日本共产党不接受来自企业及团体的政治献金。
[3] 藤田博昭『日本の政治と金』、72 頁。
[4] 古賀純一郎『政治献金：実態と理論』、23 頁。
[5] 総務省「平成 23 年分政治資金収支報告の概要（総務大臣分＋都道府県選管分）」、2013 年 1 月 22 日。

战后日本选举与政治资金问题

捐献政治献金不仅是民主主义的应有之义，也可以减少政党及政治家对企业献金的依赖，从而避免政治资金问题的发生，但是日本国民个人政治献金捐赠的比例并没有得到提高。

为什么日本国民不愿意捐赠政治献金呢？对此，一般日本人认为日本社会缺乏捐赠的文化，选民仅仅关注投票能给自己带来多少好处；而欧美国家由于受基督教文化的影响，民众比较热衷于个人捐赠。① 捐赠文化的缺失对于国民个人捐赠政治献金的行为有非常重要的影响。然而，与文化相比，税收制度的差异所导致的影响则更为直接。在美国，公民每年向政党、学校或者福利机构捐款，都可以享受到免除部分所得税的优惠政策。与此相比，在日本，即使向学校及政府指定的机构捐款，往往由于严苛的免税条件，捐款人无法享受到应有的免税政策。2003年日本索尼前会长大贺典雄欲将退休后获得的16亿日元退休金捐给长野县轻井泽町，然而由于税收制度的制约，仅仅捐了12亿日元，其余的4亿日元用于交纳所得税。② 因此，在日本，即使公益性的捐赠都难以享受到税收优惠政策，更何况个人的政治献金捐赠。当然，日本政府也意识到该问题，并在《租税特别处置法》第41条第18款里对于国民个人捐赠政治献金享受的税收政策进行了明确说明。但是，对捐赠对象及捐赠日期等诸多条件的严格限制严重打击了日本国民的积极性。最终无论日本政治家再怎么大声呼吁，由于激励机制的缺乏及严苛的条件，日本国民依然不为所动。被誉为"财界政治部长"的经团联原副会长花村仁八郎在接受记者采访时，从另一个角度解释了日本国民不热衷个人政治献金的原因。花村仁八郎说："尽管个人政治献金是最好的选择，但是如今政治家及政党对政治资金的使用方式无法获得国民的认可，我们觉得政治家对金钱的使用方面有很多奇怪的地方。比如，偶尔去料亭，可能就会在门口看到政治家给服务员递上1万日元的小费。这种花钱的方式一般的国民是无法理解的。"③

尽管选民捐赠政治献金是一种积极的政治参与，但是由于日本社会捐

---

① 古賀純一郎『政治献金：実態と理論』、23 – 24 頁。
② 「大賀氏、ソニー退職金 16 億円寄付で揺れる行政と税制」、日経、http://www.nikkeibp.co.jp/archives/256/256575.html。
③ 花村仁八郎『政財界パイプ役半生記—経団連外交—』、東京新聞出版局、1990 年。

赠文化的缺失，日本国民没有形成捐赠献金的习惯。缺乏可操作性的激励机制及日本政治家对政治资金的滥用也导致国民放弃捐赠政治献金的念头。最终在日本政党及政治家的政治资金总收入中，来自国民的个人献金的比例总是在低位徘徊。这在一定程度上促使日本政治家与财界不断走近，形成对企业献金的依赖，结果导致日本政治资金腐败呈现出结构性的特征。

二 对企业献金的依赖与政治资金问题的发生

对于政治家及政党来说，依靠个人献金及党费所构成的政治资金结构可能是最为理想的。然而，由于国民个人的政治献金无法支撑政治家及政党日常的政治活动。为了政治活动的正常开展，政党及政治家就不得不开辟新的政治资金来源。除此之外，自明治时期的殖产兴业政策以来所形成的国家权力强力干预经济发展的模式在战后经济复兴中依然持续发挥作用，政府通过制定相关的产业政策制造社会需求，企业则在政府的行政指导下扩大再生产，从而实现了扩大就业和战后日本经济的复兴。特别是在经济快速发展时期，自民党政权依靠掌握的国家权力，利用税收政策、财政补贴及政策融资等各种优惠措施向以大企业为核心的财界倾斜，财界为了回报自民党的照顾以政治献金的名义向自民党及其国会议员输送经济利益。财界通过向自民党及其国会议员输送经济利益以保持对政权及决策中枢的影响力，自民党及国会议员则利用财界的政治资金支撑自己的后援会及政治活动的运作。因此，自民党和财界之间形成的利益互动格局不仅加剧了自民党对企业献金的依赖，同时也为战后日本政治资金问题的发生埋下了根源。

从战后初期的昭和电工事件和造船腐败事件，到日本经济高速成长时期的洛克希德事件和利库路特事件，这一系列大规模政治资金腐败事件爆发的导火索无一不是政治家收受了来自企业的贿赂，尽管受牵连的政治家多以合理的企业献金为由进行辩解，但是接连不断发生的政治资金腐败事件还是引起了国民对政治的不信任。国民对政治的不信任促使其远离政治，减少个人献金的捐赠，最终又促使日本政治家不得不依赖企业献金，进而让日本政治进入政治腐败的循环怪圈。

日本政治家对于企业献金的依赖还源于日本财界特殊的企业献金筹集机

制。1955年在自民党成立之后，"经济再建恳谈会"也随之成立。该协会成立的目的是："通过利用国民干净的资金来支援保守体制的经济发展。"① 该协会在1961年改名为"国民协会"，随后又于1975年改名为"国民政治协会"。该协会的成立缘于经团联副会长植村甲五郎应对战后初期财界与政治家之间大规模的政治资金问题所导致的国民对政界和财界的批判。经团联一方面为了继续强化和自民党的关系，另一方面也希望回应国民的批判，设立"经济再建恳谈会"来统一向自民党捐赠企业献金的路径，从而杜绝部分企业的秘密献金及大额献金等政治资金腐败的发生。尽管该协会成立的初衷可能确实是减少政治资金腐败的发生，但其运行的结果反而加强了自民党和财界的关系，使战后初期形成的结构性的政治资金腐败得以强化。

虽然日本社会对企业献金的批判从未停息过，但是在引入政党援助制度之前日本各主要政党的政治资金收入中来自企业的政治献金依然占据主导地位。依据1989年政治资金收支报告书的统计数据，在自民党的政治资金收入中来自企业的政治献金占比达52.6%，而在民社党的政治资金收入中来自企业的政治献金的占比也达到42.9%。② 随着政党援助制度的引入，来自国库的政党援助金很快取代企业献金成为各主要政党政治资金的主要来源。在引入政党援助制度后举行的第一次大选中，自民党的政治资金结构中政党援助金占总收入的52.6%、社民党为48.4%、新进党为80.3%。③

因此，从这一角度来看政党援助制度的引入确实从根本上降低了日本政党对于企业献金的依赖，强有力地回击了一些反对引入政党援助制度人士的批判。然而，各政党政治资金结构的改变是否意味着战后日本政界和财界利益互动格局的解体，对此还存在不少质疑。

三 利库路特事件成为引入政党援助制度的直接原因

尽管日本关于是否引入政党援助制度的争论已经持续很长时间，但是直到1988年利库路特事件的爆发才真正促使日本社会认真思考引入政党援助

---

① 国民政治協会『国民政治協会40年史』、国民政治協会出版、2001年、18頁。
② 総務省「平成元年分政治資金収支報告の概要」。
③ 谷口将紀「政治とカネ」、『21世紀のガバナンスのあり方：日本の課題とアメリカの経験』、日本国際交流センタ、2002年6月。

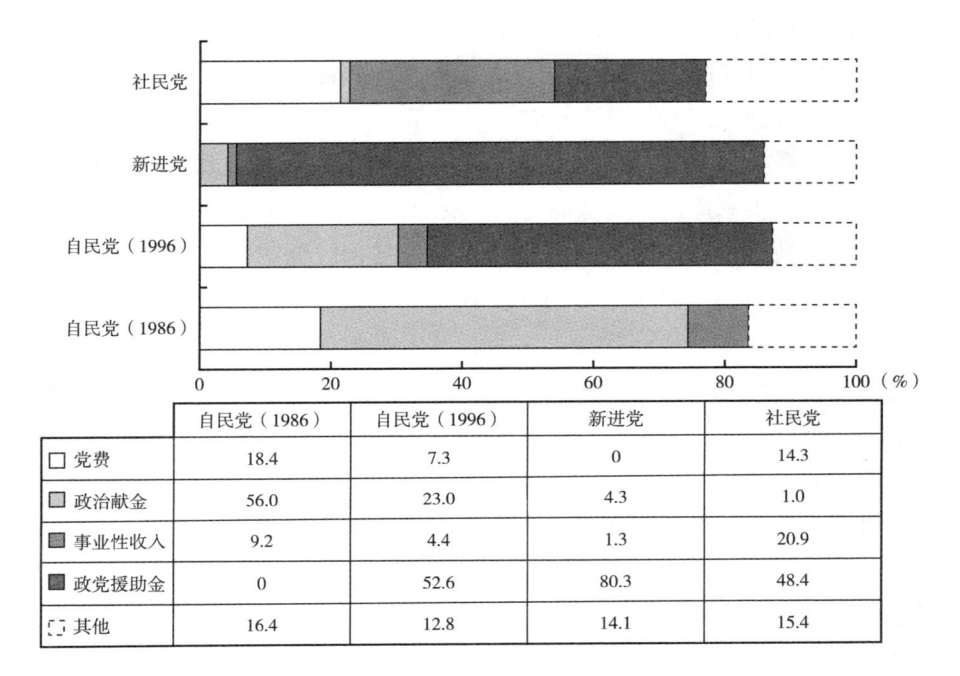

第四章　政党的国家援助与政治资金问题的发展

	自民党（1986）	自民党（1996）	新进党	社民党
□ 党费	18.4	7.3	0	14.3
▨ 政治献金	56.0	23.0	4.3	1.0
▤ 事业性收入	9.2	4.4	1.3	20.9
■ 政党援助金	0	52.6	80.3	48.4
⸬ 其他	16.4	12.8	14.1	15.4

图 4-1　1996 年众议院选举日本各主要政党政治资金收入结构

资料来源：谷口将紀「政治とカネ」、『21 世紀のガバナンスのあり方：日本の課題とアメリカの経験』、日本国際交流センタ、2002 年 6 月。

制度的必要性和紧迫性。利库路特事件的爆发之所以成为引入政党援助制度的直接原因主要在于该事件与以往的政治腐败事件有较大的差异。首先，受贿金额巨大。在战后日本的政治资金腐败事件中，洛克希德事件因涉案金额巨大而影响甚大，然而利库路特事件的涉案金额就已数倍[①]于洛克希德事件。特别是许多收受原始股的政治家在该公司股票上市之后以数倍于原始股的价格抛售该股票，从而进一步推高了涉案金额[②]。其次，涉案人员来源广泛。此次事件的涉案人员涵盖日本政界、官界及财界的精英领袖，同时在野党的政治家也被波及。前首相中曾根康弘，时任首相竹下登，大藏省负责人

---

① 利库路特事件中江副浩正大约向 144 人秘密转让了每股价格为 3000 日元的大约 201 万股原始股，参见『世界大百科事典』（第二版）、平凡社、2006 年。
② 股票上市后总共获利 66.7 亿万日元，是洛克希德事件涉案金额的 3 倍，参见『世界大百科事典』（第二版）、平凡社、2006 年。

宫泽喜一、小渊惠三官房长官等政府高官，以及安倍晋太郎干事长、渡边美智雄政调会长等自民党高级干部也纷纷涉及，来自日本社会党、公明党及民社党等在野党的国会议员也被波及。最后，行贿手段隐蔽不易发现。在以往的政治资金腐败事件中，企业多以企业献金的形式向政治家行贿，然而在此次事件中利库路特社长将子公司未上市的原始股以转让的方式向政官财各界领袖人物行贿。由于原始股一般价格比较低，企业可以规避《政治资金规制法》对于献金总额的相关规定。一旦股票上市后股价上涨，受贿者可以高价套现，从而获得丰厚的收益。正因如此，利库路特事件的爆发全面冲击着日本民主主义体制，日本政治及政治家在国民中的信任度急剧下降，民众的不满及愤怒使日本政府意识到实行政治改革的紧迫性。正是在此背景下，1989年4月，日本政府组织了有关政治改革方面的会议，提出将引入政党援助制度作为日本政府今后中长期的课题。随后，以利库路特事件的爆发为契机，日本社会围绕着政治改革的讨论越发热烈①。政党援助制度作为政治改革的重要一环引起了日本社会各界的重视，但是该制度的制定并非一帆风顺。

随着战后日本政治腐败事件的大量发生，日本社会围绕着政党援助制度的讨论也在20世纪70年代再次兴起，然而日本社会对于企业献金及政党援助金的争论分歧甚大，难以形成共识。尽管选民向支持的政治家捐献个人献金是政治资金的重要组成部分，但是由于政治文化及激励机制的欠缺，企业献金成为日本政党及政治家的重要资金来源。然而，对企业献金的依赖无疑强化了政界和财界的关系，也为战后日本最大的政治腐败事件——利库路特事件的发生埋下伏笔。因此，政党援助制度的引入又被提上政治日程，并且在"非自民党非共产党"的细川内阁时期得以正式建立。

第二节 政党援助制度的制定过程及内容

作为政治改革四法案之一的《政党援助法》在国会众参两院的通过标志着日本正式建立了政党援助制度，由于日本社会对政党援助制度存在很大

---

① 上脇博之『政党助成法の憲法問題』、29頁。

第四章　政党的国家援助与政治资金问题的发展

的争议，政党援助制度的成立过程也是一波三折。本节将围绕政党援助制度的形成过程及其内容展开分析，并将对该制度下日本各政党所获得的援助金额进行解析。

一　政党援助制度的制定过程

进入 20 世纪 80 年代，日本社会在讨论制定政党法的时候就已经围绕是否引入政党援助制度而展开激烈的讨论，不过此时讨论的内容与利库路特事件发生之后讨论的内容又有些许的不同。曾担任"社会经济国民会议政治问题特别委员会"委员长的龟井正夫在利库路特事件发生前提交了两份废除众议院中选举区制度的报告①。关于众议院选举制度改革，两份报告都提出"并不是要建立以小选举区制为中心的选举制度，而应采用比例代表制及改革政治资金制度，设立新的'政党基金制度'"。② 从这一建议可以看出，当时日本社会对于引入政党援助制度持否定的态度，同时对于众议院选举制度的改革也并不赞成引入小选举区制。在利库路特事件发生之前，日本社会各界不仅反对以小选举区制度为核心的众议院选举制度改革，同时对于引入政党援助制度的态度也比较消极。尽管如此，在 20 世纪 80 年代末期，日本社会围绕政治改革的全民讨论加快了政党援助制度引入的进程，而激发此次政治改革讨论的导火索则是 1988 年发生的利库路特事件。利库路特事件发生之后龟井正夫修改了之前两份报告里的观点，主张"众议院选举制度改革应采用小选举区比例代表并立制，同时政党援助方面应该像联邦德国一样实行选举经费的国家补贴制度"。③

日本社会上各种政治势力也纷纷发表关于政党援助制度方面的构想。民社党在 1989 年 5 月 3 日发表了《政党的公费补助法案》纲要，该纲要建议："废止企业及工会团体的政治献金，将个人献金限定在每年 12 万日元以内，全面禁止政治筹款集会的举行，同时废除现行的立法事务费（每

---

① 社会経済国民会議政治問題特別委員会報告書：『政治改革に関する提言』（1987 年）、『議会政治への提言』（1988 年）。
② 社会経済国民会議政治問題特別委員会報告書：『政治改革に関する提言』、1987 年、5 頁、36 頁、45 頁、58 頁；『議会政治への提言』、1988 年、38 頁、66 頁。
③ 亀井正夫「政治臨調のすすめ」、『経団連月報』、1988 年 10 月号、86 頁。

年 60 亿日元），引入 1200 亿日元的政党公费补助制度。"[1] 自民党则在 1989 年 5 月由竹下登提出《政治改革大纲》，该大纲建议："为了实现国民本位及政策本位的政党政治，有必要引入小选举区制度，进而从根本上改革日本的选举制度，为了照顾少数派的权利，也应该对比例代表制度进行讨论。同时，由于从根本上改革了选举制度，可以预见政党在政治生活中发挥的作用将会进一步加强，对此应该在政党法的讨论中加入政党援助制度方面的内容。"[2]

在全民纷纷参与政治改革讨论的大背景下，宇野宗佑内阁在利库路特事件爆发一年之后的 1989 年 6 月设立了"第八次选举制度审议会"[3]。该审议会在 1990 年 4 月和 7 月分别向海部首相提交了《关于选举制度和政治资金制度改革的报告》及《关于参议院议员选举制度的改革及政党援助政策的报告》。同时 1991 年 6 月该审议会又提出了《关于众议院议员选举区的划分报告》及《关于采取新的措施强化对选举腐败行为的惩罚报告》。海部内阁在上述报告的基础上于 1991 年 8 月 5 日召开的第 121 届临时国会上提出了包含《政党援助法案》的政治改革三法案，然而受到在野党的强烈批评及自民党内部反对派的阻挠，最终未能进入国会审议日程成为废案，海部首相也受该事件的影响而宣布辞职。

1992 年 8 月佐川快递案爆发，自民党副总裁金丸信收取了佐川快递公司 5 亿日元的政治献金。该事件的发生激起日本国民极大的愤慨，为了平息国民的愤怒，"民间政治临调"组织"政治改革推进协议会"召集 188 人国会议员发表了《废除中选举区制度宣言》。同时，自民党的政治改革本部也于 12 月 10 日向宫泽首相提交了引入小选举区制度和政党援助制度的《政治改革基本方针》。为了推动政治改革相关法案的立法，自民党于 1993 年 4 月 2 日以议员提案的形式向第 126 次国会提交了以引入小选举区制度为核心的包含政党援助制度的"政治改革关联四法案"。一星期以后社会党和公明党也向国会提交了包含政党援助制度的以小选举区比例代表并立制为核心的

---

[1] 上脇博之『政党助成法の憲法問題』、29 頁。
[2] 自由民主党『政治改革大綱』、1989 年 5 月 23 日、8 頁、6 頁。
[3] 该审议会的委员由 27 人构成，其中来自财界 2 人、工会 1 人、学界 4 人、官僚及选举问题专家 6 人、法律界 3 人、媒体评论家 11 人。

第四章 政党的国家援助与政治资金问题的发展

"政治改革关联五法案"。然而，自民党和在野党就小选举区制度和小选举区比例代表并立制之间争论激烈，无法达成妥协。特别是自民党内部围绕在野党的并立制提案展开激烈的争论并分成相互对立的两派。为了避免自民党内部的分裂，自民党决定放弃与在野党进行妥协。结果，6月17日社会党、公明党及民社党在众议院提出内阁不信任案，在自民党"造反议员"的配合下该决议获得通过，从而导致未能实现政治改革的宫泽内阁解散，而政治改革关联法案全都成了废案。

自民党为了维护党内的团结，放弃了与在野党的妥协，但是围绕政治改革所形成的对立最终还是导致了自民党的分裂。6月22日以武村正义为首的10名自民党年轻议员召开了脱离自民党的记者会，宣布脱离自民党成立新党先驱。受此影响，以羽田派为中心的44名年轻议员也决定离开自民党成立新生党。在自民党离党大潮的影响下，在1993年7月举行的众议院选举中，自民党未能获得过半数议席，失去了单独组阁的权利。最终，8月9日以日本新党党首细川护熙为首相的"非自民、非共产"的联合内阁成立了。细川护熙在阐释执政理念的时候提出本届内阁将会是"实行政治改革的内阁"。在内阁成立后的首次记者招待会上，细川首相又再次强调："本届内阁与国民约定将在本年内实行政治改革，如果政治改革关联法案在本年内未能通过的话，我们愿承担责任。"[1] 紧接着细川内阁在9月17日召开的第128届国会中提出了"政治改革关联四法案。"[2] 在野的自民党为了应对细川内阁的挑战于10月5日向国会提交了"政治改革关联五法案"。虽然日本政府的提案和自民党的提案有许多不同，但是两份方案都同意设立政党援助制度，只是在设立政党援助金的总额及公开政党援助金支出明细的标准方面存在差异。政府的提案要求设立414亿日元的政党援助金，平均每位国民负担335日元，自民党的提案则将金额压缩到309亿日元，平均每位国民负担250日元。在公开政党援助金的使用明细上，政府的提案更为严格，只要每项支出超过1万日元就必须公开，而自民党的提案只要求每项支出在5

---

[1] 岩井奉信「細川內閣」、佐々木毅『政治改革1800日の真実』、講談社、1999年、168頁。
[2] 四法案包括《公职选举法修正案》《众议院议员选举区划确定审议会设置法案》《政治资金规正法修正案》《政党助成法案》。

万日元以上才有必要公开。① 11 月 18 日举行的众议院大会否决了自民党提出的"政治改革关联五法案",而细川内阁提出的"政治改革关联四法案"在对政党援助金总额及支出明细标准等内容进行修改之后获得了通过。虽然"政治改革关联四法案"在众议院获得了通过,但是在野党对该法案的抵触情绪依然十分强烈。结果 1994 年 1 月 21 日举行的参议院大会否决了该法案,导致政治改革相关法案再次成为废案,政治改革再次停滞不前。

为了推动政治改革继续进行,众议院于 1994 年 1 月 26 日请求召开有关"政治改革关联四法案"的众参两院协议会,尽管众议院对于原先的提案进行了修改,但是此次协议会依然未能弥合双方的分歧。为了改变执政党和在野党围绕政治改革相互对立的局面,1 月 28 日,众议院议长呼吁各政党举行会谈。在此建议下,1 月 29 日,细川首相和当时在野的自民党党首河野洋平举行了"首脑会谈",关于政治改革双方达成了 10 项协议。内容主要包括:"确定小选举区及比例代表选区议员人数、全国划分为 11 个比例代表选区、政党的要件由得票率 3% 降为 2%、政党获得援助金的上限为前年政党收入的 40% 等。"② 在此协议的基础上,包含《政党援助法两院协议会案》的"政治改革关联四法案"在 29 日下午的众参两院以多数赞成获得通过,并于 2 月 4 日以平成 6 年（1994）第五号法律的形式公布于众。尽管此后执政党和在野党围绕政党获得援助金的政党要件及上限问题展开多次讨论和磋商,但是包含《政党援助法》的"政治改革关联四法案"在众参两院的通过标志着日本正式引入了政党援助制度。

二 政党援助制度的主要内容

《政党援助法》以 1994 年第五号法律的形式公布,后来经过执政党和在野党对政党要件等内容进行修改后于 1995 年 1 月 1 日正式施行。本部分将围绕制定过程中充满争议的政党要件入手,对日本政党援助制度的主要内容展开分析。

《政党援助法》有九章共 48 条,第一章总则的内容包括设立该法律的

---

① 三枝一雄・吉田善明ほか『政治資金と法制度』、237 頁。
② 『官報号外：第 128 回衆議院会議録』第 16 卷第 1 号、1994 年 1 月 29 日、112 頁。

目的及政党要件两部分。制定该法律的主要目的为："鉴于政党在议会政治中的重要性，国家将支援政党的政治活动，为此有必要对政党要件及交付援助金的手续等事项进行规定。同时通过采取要求政党公开援助金使用报告及其他措施，促进政党政治活动的健康发展及社会的公平正义，最终促进民主政治的健康发展。"① 该条内容的制定与第八次选举制度审议会提出的《关于选举制度和政治资金制度改革的报告》中有关政党援助方面的内容似乎有共通之处。该报告列出了需要引入政党援助制度的三个原因："第一，政党及政治家举行的各种政治活动对于国家意志的形成有利，因而这些活动具有公立性质；第二，为了保障政治活动的公正及政党间机会的平等，有必要强化政党的财政基础；第三，为了避免政治资金的流转所导致的国民对政治的不信任，国家有必要提供资金支持。"② 可以看出，不仅日本社会各界希望政党援助制度的引入可以减少政治资金问题的发生，从而促进日本民主政治的健康发展，日本政治家也希望通过政党援助制度的确立来重新获得国民对日本政治及政治家的信任。

为了规范政党援助金的发放对象，该法律对政党要件进行了详细的规定和说明。该法律规定："成为政党援助金的援助对象的政党首先必须符合《政治资金规制法》③对于政治团体的要求，其次须具备下述任一条件：第一，具有5人及以上的国会议员；第二，具有1人以上的国会议员且符合下列任一条件并在全国性的选举中获得2%以上的得票率：①上一届的众议院议员大选（小选举区或者比例代表选区），②上一届的参议院议员例行选举（比例代表选举或者选举区选举），③上上届的参议院议员例行选举（比例代表选举或者选举区选举）。"④ 除此而外，即使某政党符合上述要求，但是该政党没有获得法人资格也不能领取政党援助金。由于政党要件关系到领取

---

① 『政党援助法』第一章第一条、http：//law.e-gov.go.jp/htmldata/H06/H06HO005.html。
② 第八次選挙制度審議会『選挙制度及び政治資金制度の改革についての答申』、1990年4月26日、11頁。
③ 《政治资金规制法》认定的政治团体为组织且持续进行下列活动或者以下列活动为主要活动的团体：推行或者反对某种特定的政治主张；推荐、支持或者反对某位特定的公职候选人。
④ 総務省自治行政局選挙部政党助成室「政党助成制度のあらまし」、3頁、http：//www.soumu.go.jp/main_content/000161030.pdf。

援助金的资格，在《政党援助法》的制定过程中细川内阁与在野的自民党围绕政党要件的相关标准展开了多次争论。双方争论的焦点主要表现在三个方面：第一，政党的全国得票率问题；第二，政党援助金的上限问题；第三，政党的法人资格。关于政党在众参两院选举中的得票率问题原本各党间的分歧并不大，1990年自民党执政时期提出的《政治改革基本纲要（草案）》中就曾提出过2%的得票门槛，后来在1993年4月的"政治改革关联四法案"中将得票门槛提高到了3%以上，后来一直维持3%以上的得票门槛。1993年7月以细川护熙为首相的联合内阁成立之后向国会提交的"政治改革关联四法案"中也将政党的得票门槛限定在3%以上。但在被参议院否决之后向众参两院协议会提交的法案中则希望缓和阻碍条件将得票门槛降到2%[1]，不过参议院方面并未同意，直到通过"首脑会谈"达成的协议才得以确定2%的得票门槛。政党援助金上限及政党的法人资格问题则更为棘手，在《政党援助法》正式颁布之后联合内阁与自民党成立政治改革协议会对上述问题展开磋商。经过各方的努力，在第129届国会上通过了《政党援助法的修正案》，将政党援助金占政党政治资金收入的上限由原先"首脑会谈"确定的40%提升到2/3。然而讽刺的是1994年6月由自民党、社会党及新党先驱组成的联合内阁建立了"政治改革执政党协议会"，并在该协议会讨论的基础上达成了废除政党收入中援助金所占比例上限的协议。赋予政党法人资格问题则由于细川内阁与在野的自民党间存在较大分歧，磋商数次被中断，细川内阁认为"赋予政党法人资格有可能会招致行政权力的介入"[2]。因为政党领取援助金除了满足所需要件外，还要向中央选举管理委员会提出申请，申请通过之后向政党的主要事务所所在地的行政部门登记注册。在这个过程中执政党可以向行政部门施加压力，影响在野党领取政党援助金，因而遭到了由小党组成的细川内阁的强烈反对。直到1994年6月新成立的村山内阁才为该问题的解决带来契机，在11月举行的第131届国会上正式通过了《赋予政党法人资格法》。至此遗留的政党要件及政党援助金上限问题已经得到解决，《政党援助法》也将于1995年1月1日正式施行。

---

[1] 田中宗孝『政治改革六年の道程』、ぎょうせい、1997年、307-308頁。
[2] 『選挙時報』第45巻第10号、1996年、4頁。

日本的政党援助制度除了对政党要件及法人资格进行详细的规定之外，也对政党援助金的计算、申请及交付手续、援助金的使用报告和处罚措施等内容进行了说明。每年政党援助金的计算主要依据最新国情调查的人口数据，再乘以 250 日元。计算出每年的援助金总额之后，总务大臣依据各政党的申请材料，按照各政党的国会议员数及众参两院选举的得票数计算出相应的援助金。同时，并非一次性将全年的援助金交付给政党，而是分为 4 次，在每年的 4 月、7 月、10 月及 12 月交付给相应的政党。相比对政党要件的规定，《政党援助法》对于处罚行为的规定则要简单许多，处罚主要分为两类：一类为伪造及其他非法行为领取政党援助金的行为，"为此依据所犯行为的不同对于个人可以处以五年以下有期徒刑或者 250 万日元的罚款，情节严重的话可以同时处罚，对于政党则处以 250 万日元的罚款"；另一类为伪造及未按规定提交援助金使用报告的行为，"为此可依据所犯行为的不同处以 5 年以下有期徒刑或者 100 万日元的罚款，情节严重的话可以同时处罚"。[①]

虽然在国会内部通过执政党和在野党之间的相互合作和妥协，使日本在半年之内就通过立法建立了政党援助制度，但是日本社会围绕政党援助制度的争论并没有随着《政党援助法》的颁布而停息。由政党援助金的使用而引发的政治资金腐败事件才真正促使日本社会各界对政党援助制度展开新的思考。

第三节　政党援助制度存在的问题及对政治资金问题的影响

日本引入政党援助制度的主要目的在于保障政治活动的公平进行及促进民主政治的健康发展。然而，执政党和在野党在制定《政党援助法》的过程中忽视了对于政党援助制度负面影响的讨论，频繁地通过合作与妥协的方式来推动政党援助制度的立法，因此《政党援助法》颁布之后即面临着日

---

① 『政党援助法』第九章、第四十三条、第四十四条、http：//law. e-gov. go. jp/htmldata/H06/H06HO005. html。

本社会各界广泛的质疑，特别是伴随着政党援助制度引入后导致的政治资金腐败事件的发生更是遭到日本社会各界的批判。因此本节从《政党援助法》存在的问题入手来对政党援助制度建立之后对政治资金问题的影响展开分析。

一 政党援助金的计算依据问题

《政党援助法》第 7 条规定，每年政党援助金的总额以最新人口数乘以 250 日元所得的数额为基准进行计算，也就是说每位日本国民负担 250 日元的政党援助金，包括刚出生的婴儿。为此，在该法律制定过程中就有人质疑计算政党援助金的依据，特别是日本各政党提出的改革议案中关于政党援助金的总额各不相同，这更加引起日本社会对于政党援助金计算依据的质疑。1991 年 8 月 5 日，当时的自民党政府向第 121 届临时国会提交了"政治改革关联三法案"，其中关于政党援助金总额计算的依据是每人 250 日元，当时在野的社会党于当年 9 月提出的议案对于政党援助金的数额与自民党的一致，也是每人 250 日元。然而在细川联合内阁成立之后举行的执政党代表会议上提出的政治改革法案中，联合执政的各党一致同意将政党援助金的总额定为自民党提案的 1 倍，即每位国民负担 500 日元，按当时的人口计算大约为 600 亿日元。在当时企业献金还未废除的情况下，该方案的提出立即遭到了日本舆论的批判，面对日本社会的批评，执政的各党又立刻修改方案，将每位国民负担的数额降到 335 日元，总额大约为 414 亿日元。[①] 当审议细川内阁的政治改革法案时，细川内阁解释道："政府法案中 414 亿政党援助金的计算依据的是海部内阁政治改革法案中的计算标准，即选举制度或者政治资金制度改革之后政党的政治活动所需经费的 1/3。"[②] 这里的 1/3 指的是海部内阁时期计算政党援助金总额的方法。海部内阁时期的政党援助金总额的计算是以 1986 年、1987 年及 1988 年的相关规定为标准，将政治资金的构成分为三类：一是党费及个人献金，二是企业及团体献金，三是政党援助

---

① 田中宗孝「政治改革 6 年の道程（9）」、『選挙時報』第 45 巻第 4 号、1996 年、21 頁。
② 田中宗孝「政治改革 6 年の道程（12）」、『選挙時報』第 45 巻第 7 号、1996 年、9 - 10 頁。

第四章 政党的国家援助与政治资金问题的发展

金，并且将各类资金占政治资金总量设为 1/3。通过计算得出这三年的援助金总额为 900 亿日元，因此每一年的政党援助金平均为 300 亿日元，从而在海部内阁提交的政治改革法案中，将每年的政党援助金总额定为 300 亿日元。由于细川内阁依据该方法计算，并且以 1988 年、1989 年及 1990 年为标准大约算出 1243 亿日元的政党援助金总额，其 1/3 就是 414 亿日元，总量增加是由选取的年份不同造成的。尽管细川内阁认真回应日本社会对于计算政党援助金总额的质疑，但是依然未能平息民众的愤怒，甚至连自民党都批评细川内阁不懂节约，浪费纳税人的税金。

尽管细川内阁的提案受到日本朝野的一致批评，但自民党的提案也难以获得日本国民的认同，两份提案都面临着相同的质疑："为什么需要如此多的政党援助金"。由于战后日本政治饱受"金权政治"的困扰，日本国民对于每年由国家财政提供大量的政党援助金感到不可理解，特别是政党援助金占政治资金构成的"1/3"标准的提出更是让日本国民担心"金权政治"有愈演愈烈的趋势。毕竟这意味着如果政治活动经费增加的话，政党援助金的总额也应该按比例相应增长。然而，增加政党援助金的依据又是什么呢？尽管政党援助金总额的制定标准及依据受到日本社会各界的广泛质疑，但是在执政党和在野党的妥协与合作下，最终采用每人 250 日元的政党援助金总额的计算标准。

日本各政党在政党援助金计算标准方面的随意性为以后政党援助金腐败事件的发生埋下种子，也使战后日本政治资金问题的发展更趋复杂化。

二 政党援助金的使用问题

日本的政党援助制度出于对政党政治自由的考虑未对政党援助金的使用进行限制，《政党援助法》第 4 条第 1 款规定："出于对政党政治活动自由的尊重及政党援助金已经设立了严格的领取条件，因此国家对于政党援助金的使用并不进行限制。"同时在第 4 条第 2 款里建议："政党在组织及运营过程中应民主且公正地使用政治资金，为了不违背国民的信任必须适宜地使用政党援助金。"然而，由于缺乏具体的指导措施及使用标准，各政党在实际使用政党援助金的过程中产生了各种问题。

由于没有相应的使用标准，各政党依据自身实际的使用情况来设置支出

战后日本选举与政治资金问题

项目,使政党援助金的支出混乱无序,从日常的食宿费、礼品费再到政治活动中的印刷费、会议组织费等各类支出项目五花八门。并且由于政党规模及选举战略的不同,政党在政治资金支出领域存在很大的差异。尽管《政党援助法》要求政党需向总务省提交支出报告并且在当年的 9 月 30 日之前以《官报》的形式向社会公开,但是评判标准的缺乏使国民的监督变得比较困难。

为了规范和统一各政党的支出项目,总务省每年都会提供支出明细报告指南,并要求各政党按照该指南的要求填报上一年的政党援助金的支出情况。以最新的《2013 年政党援助金支出明细报告指南》① 为例,该指南将政党援助金支出项目的分类标准化,将政党援助金支出项目分为三类:第一类为政党支部的援助金;第二类为日常开支,包括人力成本费、水电费、日常办公用品费及事务所费;第三类为政治活动费,包括组织活动费、选举活动费、机关杂志的发行及相关费用②。尽管政党支出项目的标准化和统一化有利于国民对各政党的援助金使用情况进行比较和监督,规范了政党援助金的使用。但是,支出项目的规范化并未推动各政党援助金使用的合理化。

依据 2013 年《官报》③ 中有关政党援助金支出报告的数据来进行分析就可知道各政党基本上按照《指南》的要求对支出项目进行了详细的分类,但是在具体的支出内容方面则又差别巨大。表 4-1 统计了 2012 年日本主要政党的本部援助金支出情况,从该表可知公明党和社民党的日常开支远远高于政治活动费,特别是公明党的日常开支是政治活动费的 3 倍,换句话说公明党和社民党与选举活动直接相关的援助金支出比较少。国民新党、自民党、民主党及大家的党的政治活动支出要超过日常开支,但是在这些政治活动支出里面有许多让人费解的费用。以自民党为例,其政治活动费中的组织活动费由会议举办费、巡回演讲的食宿交通费、文本费、电话及快递费等构成,其中未满足记录条件④的援助金支出有 29456424 日元;选举活动费的

---

① 総務省自治行政局選挙部政党助成室『平成 25 年度分政党交付金使途報告のしおり』。
② 総務省自治行政局選挙部政党助成室『平成 25 年度分政党交付金使途報告のしおり』、18 頁。
③ 総務省『官報』(号外第 211 号)、2013 年 9 月 27 日。
④ 支出报告书记录单笔支出总额超过 5 万日元的支出项目。

支出内容与组织活动费一致,其中未满足记录条件的援助金支出有11642982日元。然而,"日本国会议员每月有100万日元的文案通信及交通费补贴,一年共计1200万日元"①,因此国会议员重复领取国家补贴的行为遭到日本社会各界的批判。除此而外,由于政党援助金支出报告书只记载单笔支出超过5万日元的支出项目,单笔支出未达到5万日元的项目则只能以总额的方式登载出来,这让各政党找到了一个很好的规避监管的漏洞。结合自民党的支出情况来看,仅2012年政治活动费中的组织活动费和选举活动费未满足记录条件的数额就达到4000多万日元②,这部分政党援助金用于何处无人知晓,国民的监督更无从谈起。

表 4-1　2012 年日本主要政党的政党援助金支出表

单位:日元

政党	支出总额	日常开支	政治活动费
公 明 党	2187018333	1690092468	496925865
国民新党	624064972	83952898	419112074
社 民 党	833853915	253528820	129490095
自 民 党	12186420969	2156822315	3066248634
民 主 党	14004302000	1108476849	2639127151
大家的党	1405566361	101764081	240102280

注:支出总额包括政党支部的援助金、日常开支、政治活动费,此表主要说明的是政党本部的援助金支出情况,省略了政党支部的援助金数据。
资料来源:総務省『官報』(号外第 211 号)、2013 年 9 月 27 日。

三　政党的"国家化"问题

战后日本在围绕是否制定政党援助制度的讨论中,关于政党的"国家化"一直是个争论的话题,大家担心引入政党援助制度之后会破坏政党财政的独立性,进而影响到政党的政治自由。"引入政党援助制度会加深政党

---

① 武村正義「なぜ国政にはそんなにカネがかかるのか」、『都市問題』第 100 巻第 10 号、東京市政調査会、2009 年、13 頁。
② 総務省『官報』(号外第 211 号)、2013 年 9 月 27 日。

战后日本选举与政治资金问题

与政府的关系,丧失了政党作为自由团体的本质,有可能会成为御用政党或者类似国家机关的某种团体。"① 同时,政党对援助金的过分依赖不仅影响其政治自由,还有可能降低政党的代表性,破坏国家的言论自由。因此为了消除此种担忧及减少引入政党援助制度的阻力,有必要对政党领取援助金的数额进行限制,依据政党在上一年的收入来分配相应比例的政党援助金,防止援助金在政党的政治资金收入中占比过大。

为此在 20 世纪 90 年代初期进行的政治改革中,有关设置政党援助金上限的内容被写入提案,但是各政党对于上限的标准也存在争议。虽然设置上限的目的是防止政党对于政党援助金的过分依赖,但是由于政党援助金的分配依据的是上一年的国会议员数量或者是得票率,这样的分配方式对于新成立的政党十分不利。为此,围绕着上限问题执政的七党一会派联合内阁与在野的自民党存在比较大的争议。后来经过细川护熙首相和自民党总裁河野洋平之间的"首脑会谈"所达成的协议才初步确定了 40% 的上限,即政党援助金占各党上一年政治资金收入的 40%。通过此次会谈成功地推动了政治改革的进行,但各方围绕援助金上限问题的争执并没有得到解决。在《政党援助法》颁布 1 个月之后的 1994 年 3 月 1 日,在众议院通过了《部分修改政党援助法的法案》,随后该法案在参议院也顺利获得通过。在政党援助金上限方面,主要将原先确定的援助金上限由政党上一年收入的 40% 提高到 2/3。然而,1994 年 6 月以自民党、社会党及新党先驱组成的联合内阁成立,在 8 月举行的"政治改革执政党协议会"上,三党决定重启政治改革的相关议题,并且三党达成协议决定废除政党援助金上限门槛。

规定政党援助金上限是为了防止政党对援助金的过分依赖,但是援助金上限从各政党上一年收入的 40% 提升到 2/3,之后又在自民党、社会党及新党先驱联合执政时期被废止。上限制度之所以被废止主要是基于以下两点原因:"第一,鉴于各政党的实际情况,由于各政党历史及收入来源等各不一致,政党的财政基础也存在差异,如果依照 2/3 条款则有可能会导致各政党在援助金收入上的不平等;第二,政党是否对援助金形成依赖应该通过选举

---

① 丸山健『政党法論』、学陽書房、1976 年、178 頁。

第四章 政党的国家援助与政治资金问题的发展

由国民自行判断。"① 然而，事实上引入政党援助制度本身就会加剧各政党财政实力的不平等，特别是政党援助金的计算是基于上一年各政党的国会议员数及全国性选举中的得票数，有利于大党而不利于小党及新成立的政党。因此，因加剧各政党间的不平等而否定援助金上限制度则显得缺乏解释力。

如果从各政党领取政党援助金的实际情况来看，就不难理解上限制度被废止的原因。在1995年各政党的实际收入中，政党援助金占到各政党实际收入的50%～70%，其中占自民党政治资金收入的56.7%，占新进党的68.1%、社民党的54.8%、新党先驱的56.2%。② 此后政党援助金在各政党实际收入中的比重持续升高。从表4-2可知，除了公明党外，各政党政治资金收入中援助金所占比重都过大，事实上形成了政党对政党援助金的依赖，特别是作为日本两大党的自民党和民主党的政治资金收入中政党援助金的比重长期保持在高位。

表4-2　2009～2012年日本主要政党收入中援助金所占比重

单位：%

政党	2009年	2010年	2011年	2012年
自民党	70.9	67.4	72.5	63.9
民主党	83.8	82.7	83.2	84.4
公明党	19.4	16.3	17.9	16.5
社民党	50	51.9	52.5	41.5
国民新党	34.9	40	89.4	72
大家的党	44.9	58.9	96.8	79.4

注：此处所统计的数据为政党本部。
资料来源：「平成21年分政治資金収支報告の概要（総務大臣分）について」、「平成22年分政治資金収支報告の概要（総務大臣分）について」、「平成23年分政治資金収支報告の概要（総務大臣分）について」、「平成24年分政治資金収支報告の概要（総務大臣分）について」。

自从引入政党援助制度以来，日本各政党对于政党援助金的依赖逐渐加深，政党财政越来越依靠国家的财政拨款，这不仅降低了政党的筹款能力，同时也影响了政党政治活动的独立性。当然，现在出现的这些问题在引入政

---

① 下仲宏卓「政党助成法の一部を改正する法律等について」、『選挙時報』第45巻第2号、1996年、10頁。
② 上脇博之『政党助成法の憲法問題』、56頁。

党援助制度之前就已经引起日本社会的担忧，担心政党财政对援助金的过分依赖会使政党日益脱离选民。但是在政党间的博弈中，为防止政党"国家化"而出现的上限制度被废弃，政党援助金不可避免地成为各政党的主要收入来源，如果这种状况长期保持的话政党的"国家化"或政党及国家"一体化"的趋势将不可避免。

四　诱发新的政治资金问题

日本当初引入政党援助制度的一个最主要原因在于减少政党对于企业献金的依赖，防止政治资金问题的发生。通过政治改革引入政党援助制度，以国家财政拨款的形式支持政党开展各种形式的政治活动。然而在引入政党援助制度，并且各政党的财政严重依赖政党援助金的情况下，围绕政治资金产生的腐败问题并没有得到根本的改变。不仅如此，各政党及国会议员通过虚假记录及伪造材料等方式骗取政党援助金的腐败事件却经常发生，其中1998年发生的中岛洋次郎事件[①]最为有名。

1998年9月，日本多家报纸报道自民党众议院议员中岛洋次郎涉嫌在1997年向自民党群马县第3选举区支部领取了1000万日元的政党援助金，其中有近850万日元的政党援助金是以虚假发票的形式冒领。同时中岛洋次郎还涉嫌在1997年"中岛政经恳谈会"的收支报告书中虚假登记自己利用政党援助金进行海外旅行及购买外国汽车的行为。在此之后，中岛洋次郎在1996年利用虚假登记的方式骗取政党援助金的新闻又被许多媒体公开报道。最终在1998年10月29日，日本检察机关以涉嫌违犯《政党援助法》的罪名逮捕了中岛洋次郎。然而事情并没有结束，在中岛担任防卫政务次官的时期涉嫌收受富士重工的贿赂。结果中岛洋次郎以违犯《政党援助法》及《政治资金规制法》等罪名遭到起诉，被判刑2年6个月并处以1000万日元的罚款。

虽然政党援助制度已经实行多年，但是日本社会围绕政党援助制度还存在不少争议，此次中岛洋次郎事件的爆发引起日本社会一片哗然。中岛洋次

---

① 关于该事件的具体内容可参考関根勉『政治とカネの判例集』、星雲社、2012年；上脇博之『政党助成法の憲法問題』、日本評論社、1999年。

郎作为日本引入政党援助制度后第一位以违犯《政党援助法》的罪名被逮捕的议员而受到日本各界的强烈关注。日本社会之所以如此关注，除了因为该事件是首次因违犯《政党援助法》而被判刑之外，还担心政党援助金会成为日本新的政治资金腐败的源头。毕竟《政党援助法》对于政党援助金的使用未做限制及缺乏惩罚力度。当然通过此次事件，日本国会本可以对《政党援助法》进行修改，明确政党援助金的政治用途及加大对违法行为的惩处力度。但小渊首相在众议院关于该事件的讲话里并未意识到该问题的重要性，仅将该事件的发生归咎于政治家的个人道德问题。"对于我党议员由于政党援助金的非法使用而被捕的事件我感到非常遗憾，今后为了避免该类事件再次发生，政治家个人必须严于律己"。[1]

中岛洋次郎事件发生的原因主要有以下三点。第一，政党援助制度存在漏洞。由于《政党援助法》出于对政党政治自由的尊重而未明确限制援助金的使用范围，各政党在援助金的使用及发放上存在很大的随意性。同时政府是按照政党的名义拨付援助金，但是事实上援助金主要还是由该党的所属议员使用，一旦《政党援助法》未限制使用范围，并且政党内部也未对议员的支出进行限制，议员可能为了获得更多的援助金而使用虚假发票或者在支出报告书中进行虚假登记，从而违犯《政党援助法》的相关规定。第二，缺乏监督机制。《政党援助法》第31条和第32条对于政党援助金使用报告的公开进行了详细的规定，但对于报告书内的支出项目仅进行标准化的统一和规定，缺乏对支出内容的核实及监督机制。从中岛洋次郎事件可看出，在缺乏对支出内容进行核实和监督机制的背景下，普通国民很难对政治家的政党援助金的支出进行监管。像该事件一样，直到案件曝光、检察机关介入之后才对中岛洋次郎历年的政党援助金支出报告进行核查，并从中发现各种问题。同时，由于政党援助金主要来源于国民的税收，政府应该鼓励民间成立相应的组织来监督政治家个人援助金的使用情况及支出报告书内容的申报。第三，政党内部对于政党援助金缺乏管理。政党援助金已经成为各政党财政的重要来源，而政党援助金主要来源于国民税收。对此，政党内部应该完善政党援助金的发放和支付机制，规定发放的标准和限定支付内容，并且及时

---

[1] 『官報号外：第144回国会衆議院会議録』第1号、1998年11月27日、2頁。

向社会公开援助金的流向及使用情况。

政党援助制度的引入非但未能遏制传统的政治资金问题的发生，反而围绕着政党援助金的使用和发放引发了新的政治资金问题。中岛洋次郎事件的发生理应促使日本政府完善援助金的使用及支出的监督机制，但是在政党财政严重依赖援助金的情况下，加强对援助金的监督必定会给政党利益带来损害。中岛洋次郎事件之后，各政党都自发加强对政党援助金的管理，但是政治家伪造材料骗取政党援助金及不正当使用政党援助金的报道依然层出不穷，牵涉的政治家迫于舆论的压力最终退还了政党援助金，从而避免被检察机关起诉。但这并未从根本上解决政党援助金在使用方面存在的问题，反而让政党援助金一直成为日本国民批判的焦点。如今，日本政治不仅面临着传统的政治资金问题的挑战，同时由政党援助金引发的新的政治资金问题也不断冲击着日本政府的公信力。

本章小结

在日本，围绕政党援助制度争论的历史可以追溯到大正及战前的昭和时期。然而直到20世纪90年代初伴随着政治改革的顺利进行才成功引入了政党援助制度。各个时期引入政党援助制度的目的各不相同，但是防止政治资金腐败问题的发生及减少政治资金的支出成为两大永恒的主题。20世纪90年代引入政党援助制度除了包含上述两大主题外，还包括废除企业及团体献金的代价、承担民主主义的成本、平衡各政党的财政实力等。然而从1995年政党援助制度正式实施到现在，寄希望于政党援助制度的问题并未得到解决。

引入政党援助制度的首要目的在于防止政治资金腐败问题的发生，"正当的政治活动和选举活动的支出都是民主主义的成本，因此基于上述认识，为了防止政治腐败，有必要引入政党援助制度"。[1] 还有学者认为"斩断政治与金钱之间的恶习的最终手段是引入政党援助制度"[2]。正因为日本国内

---

[1] 堀江湛『政治改革と選挙制度』、129頁。
[2] 山口二郎『政治改革』、岩波新書、1993年、182頁。

对政党援助金的过高期望，才使日本部分学者对于政党援助制度在防止政治资金腐败方面寄予了甚高的期望。然而从政党援助制度实际运行的效果来看，该制度不仅未能有效遏制政治资金问题的发生，而且政党援助制度自身存在的缺陷使围绕政党援助金的拨付和支出也存在不少问题，并诱发了新的政治资金问题。至于引入政党援助制度是废除企业及团体献金的代价和平衡各政党的财政实力的解释则显得毫无根据。一方面废除企业及团体向政治家捐献政治献金直到 2000 年才正式生效，而且并不禁止企业及团体向政党捐献政治献金，从而导致迂回献金横行；另一方面政党援助金的分配主要依据的是政党所拥有的国会议员数及在全国性选举中获得的选票数，即使引入政党援助金也不能平衡各政党的财政实力，反而会加剧政党财政的不平衡，导致出现强者恒强的局面。

同时，在政党援助制度的制定过程中，各政党对于政党援助制度的作用及负面影响的论证并不充分，各方将关注的焦点集中在政党援助金的计算和分配上，频繁地通过妥协与合作来推动政治改革的进程。缺乏充分的讨论导致政党援助制度在实际的运行过程中出现许多问题，其中最严重的则是缺乏有效的监督机制。日本政府出于对政党政治活动自由的尊重而放弃了对于政党援助金使用的限制，但并不意味着也要放弃对于政党援助金支出情况的监督，特别是对支出报告内容的监督和核实机制的缺失给后来政党援助金腐败事件的发生带来重要的影响。如今，各政党的财政来源主要依赖政党援助金，在政党"国家化"的趋势下对政党援助金的支出和使用情况进行监督显得尤为重要。

政党援助制度的引入非但未能有效遏制政治资金问题的发生，该制度的缺陷反而导致政党援助金的拨付和使用存在诸多问题，并有可能成为日本新的政治资金问题的源头。如今，政党援助制度在实行 20 多年之后面临的质疑和指责越来越多。一方面是因为冷战后日本经济持续不景气，面临着"失去的二十年"，而政党援助金的计算标准却依然未修改，每年的政党援助金基本维持在 300 亿日元左右；另一方面政党援助金在政党财政中的作用越来越大，如何防止日本政党"国家化"的发展趋势成为日本民主政治健康发展的一大课题。

第五章
不断发展的后援团体*

在战后日本的选举政治中,后援会作为候选人的"选举机器"在选举活动中发挥着非常重要的作用,成为"55年体制"下自民党政治最明显的特征。尽管1994年的政治改革引入资金管理团体制度,使后援会失去了接收企业及团体献金的权利,但是后援会在选举活动中的作用并没有因此而减弱,后援会在不断适应新制度的同时得到进一步的发展。为此,本章将以后援会为中心,对被称为政治家的"三个钱包"的资金管理团体、政党支部及后援会在1994年政治改革之后的发展进行分析。

第一节 后援会与选举政治

事实上后援会活动在战前日本就已经存在,以支持特定人物或集团为目的、实行类似会员制的联谊会在战前的各个领域已经得到一定的发展,其活动并不局限于政治活动。但是直到1958年的大选作为有组织且持续参与选举活动的后援会才正式大力发展起来。因此,为什么后援会在战后得到了迅速的发展,后援会活动对于日本政治又有何影响将是本节所要解决的问题。

一 为什么要成立后援会

(一)后援会产生的历史背景

1945年8月,日本接受《波茨坦公告》,宣布正式投降,并接受以美国

---

* 本章的部分内容曾发表在北京大学日本研究中心编《日本学》(第19辑),世界知识出版社,2015。

为首的盟军的占领。战败的日本国民不仅遭受精神上的打击，而且物质上的贫乏更是将日本国民带到绝望的边缘。许多日本国民认为正是由于战前的统治者实行错误的决策才将日本带到崩溃的边缘。战后初期的日本国民不仅对战前的价值观念存有疑问，同时也对战前的政治制度及社会体制展开强烈的批判。此时驻日盟军最高司令部已经制定了以非军事和民主化为核心的改造政策，在占领初期即解散了束缚人们思想及自由的宗教、警察等社会机构，实行民主化改革。与此同时，《选举法》的顺利改革实现了男女普选权，首次承认女性有参政议政的权利。

除此而外，驻日盟军最高司令部还对封建的农地制度进行了改革，这一方面削弱了自明治政府以来拥有强大政治影响力的地主阶层的势力，另一方面也打乱了原先存在的保守政治家的选举地盘。在此种情况下，公职候选人已经不可能像以往一样举行选举活动，再加上男女普选权的实现，选民数量的大量增加，原先仅依靠地主阶层的选举模式已经无法适应改革后的情况，为此以后援会的形式进行选举活动的组织开始陆续出现。不仅如此，战后日本地方财政对中央政府的严重依赖也促使了后援会的快速发展。由于战后日本地方财政对中央政府依存度高，地方的政治家为了获得中央政府拨付的补贴和援助频繁与国会议员联系及开展请愿活动，而国会议员也希望与地方政治家建立联系，从而通过地方政治家提供的选票确保自己在下次大选中当选。这样国会议员依靠地方政治家的选票确保下次当选，而地方政治家则依靠国会议员的利益诱导来维持自己政治地位的政治结构正式形成，在这种政治结构下所形成的利益诱导政治一直被后援会所采用。

因此，在战后选举权的扩大及农地改革带来的地主势力失势的历史背景下，新的候选人在选举过程中利用后援会不仅成功当选国会议员而且还稳固了选举地盘。

（二）成立后援会的目的

中选举区制度下自民党为了解决候选人之间的竞争问题而成立后援会，通过成立后援会实行利益诱导政治来维护选举地盘。然而，事实上后援会并不是自民党候选人的专属，日本其他政党的国会议员及候选人也都设立后援会。社会党设立后援会是由于"在以候选人为中心的选举区，从建设党组织的角度来看并非不好"及"在党组织弱的选举区不得不建立后

战后日本选举与政治资金问题

援会"。① 公明党和共产党以党的后援会的形式建立,"支持组织并不限于创价学会和党员,将更广泛的支持者组织起来是其后援会运动的最主要目的"。② 可见,成立后援会除了帮助各政党的候选人在党内竞争中胜出外应该还有其他的目的。美国学者柯蒂斯在分析战后初期日本国会议员让地方政治家加入后援会的目的时指出:"①在收集选票方面与仅拉拢地方有实力人物的方式相比,后援会在动员和组织普通民众方面显得更为民主,并且依然可以让地方有实力人物参加后援会;②让地方议员加入后援会,并给予其'某某联合会长'的职务,这样可以防止在下次竞选出现强有力的竞争对手;③在国会选举中,期待地方政治家能发挥应有的作用,比如要想整合当地农村的选票只能依靠地方政治家。"③

因此,政治家成立后援会的目的除了组织选票而外,还可以通过让地方议员及有实力人物加入后援会,再利用他们的影响力获得选票,同时也可以减少自己的竞争对手并削弱其实力,确保选举地盘的稳固和长久。

除此之外,规避《公职选举法》对选举活动的规定也成为政治家组织后援会的主要目的。1934 年为了遏制政治腐败的发生,减少选举活动中贿选行为的出现,日本政府决定对选举法进行修改,增添了"在候选人提名公布之前禁止进行选举活动"的内容,加强对选举活动的管理。尽管 1950 年的《公职选举法》放松了对候选人拜访选民的管理,但是将禁止候选人提名公布之前进行选举活动明确写入《公职选举法》第 129 条:"在获得公职候选人资格当天开始到选举结束日期前一天的时间内可以进行选举活动,除此而外一律禁止。"违反该条例者一律处以 1 年以下监禁及 30 万日元的罚款④。尽管如此,对于选举活动的内容却没有明确的规定,因此政治家为了回避第 129 条的规定,巧妙地利用后援会开展各种政治活动。只要政治家避免比较出格的政治活动,依然可以利用后援会招募会员及举办活动等方式来

---

① 升味準之輔『現代日本の政治体制』、岩波書店、1969 年、224－232 頁。
② 西島久『公明党』、雪華社、1967 年、284－285 頁;朝日新聞編『日本共産党』、朝日新聞社、1973 年、22－25 頁。
③ ジェラルド・カーティス『代議士の誕生』、山岡清二・大野一訳、日経 BP 出版センター、2009 年、200 頁。
④ 《公职选举法》第 239 条。

第五章　不断发展的后援团体

"巩固票田"。①

后援会作为政治家和普通选民的中介在战后日本的选举政治中发挥着非常重要的作用。政治家利用后援会举行政治活动不仅巧妙地规避了法律监管，同时还利用后援会整合选票资源的功能，最终达到顺利当选的目的。

二　后援会举行的各类活动

日本政治家的后援会一般分为两类，一类为在总务省登记注册的正式的政治团体，另一类为在选举区以文化团体或者社会团体的身份展开活动。政治家的后援会之所以分为两类，主要是因为作为政治家的后援团体必须符合《政治资金规制法》对政治团体要件的规定，同时每年都要向总务省或者地方选举管理委员会提交政治资金的收支报告书等各类文件。这促使政治家一般只注册一家正式的政治团体，但是要想在选举区内获得大量的支持者和选票需要开展各种类型的后援会活动。于是为了规避监管，各选举区内的后援会以兴趣小组、青年会、户外活动俱乐部等文化团体的形式出现。这一方面维持了政治家在选举区的影响力，另一方面选举区内的文化团体不用向总务省提交政治资金收支报告书，有利于后援活动的开展。对于此现象有日本学者评论道："后援会组织在选举来临之际支持某位候选人，并为此开展以后援为目的的活动，但是该组织表面上是以某位议员为会长的文化团体或思想交流团体的形式而存在，只有到选举时才又立马发挥作为某候选人选举组织的作用。"②

政治家的后援会以培养选举地盘、确保大选时的选票为主要目的。然而由于议会解散及举行大选的时间并不固定，这导致后援会的活动必须长期且有计划地举行。后援会日常开展的活动一般分为三大类③。第一类为当地选举区内的市町村获得其想要的道路等基础设施建设的预算及补贴，地方的政治家通过后援会事务所或者国会议员的秘书向国会议员请愿。国会议员则与相关的中央部门联系，同时也可以依靠派阀领袖并利用其影响将地方的要求纳入政府预算。这一类活动就是被广为诟病的利益诱导政治，比如前日本首

---

① ジェラルド・カーティス『代議士の誕生』、237頁。
② 吉村正『日本政治の診断』、東海大学出版会、1965年、223頁。
③ 川人貞史・新藤宗幸・阿部齐『日本の政治』、放送大学教育新興会、1986年、158－159頁。

相田中角荣在担任国会议员期间，每年夏天都要将自己的秘书派到新潟的选举区，了解地方政治家的要求，其中大部分要求可以在来年政府预算中得到体现。

第二类，后援会事务所帮助当地选民处理日常各种事务。这一类事务主要包括选民子女的上学问题、就业问题以及当地选举区的各种红白喜事。其中很多事情一般交由秘书去处理。尽管这些都是非常小的个人问题，但是可以获得不错的效果，有利于"巩固票田"。①

第三类，后援会举办各类娱乐及社交活动。由于后援会的主要目的是在选举区尽可能多地获得选票。为了扩大影响及提高知名度，后援会会招募大量的会员。为了加深与会员之间的联系，每年后援会都要举办各类娱乐活动，比如卡拉 OK 大赛、综艺晚会等。同时还有面向特定人群的活动，比如面向妇女的厨艺培训班，面向年轻人的棒球大会、马拉松等体育活动。除此之外，还有家庭旅行、海外旅行等各种集体活动。可以说后援会为了有效地巩固票田、拉拢当地选民，除了违法活动不能举行之外几乎什么事情都能干，成为当地选举区的"全职保姆"。

对于政治家来说，要想维持、运营或者扩大后援会的规模，每年都需要几千万甚至上亿日元的资金。同时，后援会表面上是由支持政治家的群体自发组织起来的，然而实际上后援会的所有支出都由政治家个人来承担，政治家从哪弄这么多钱呢？"最终还不是靠企业或业界团体买单"。② 所以后援会成为政治家和企业的纽带，也成为滋生战后日本"金权政治"的"温床"。

三 后援会对战后日本政治的影响

后援会在战后日本政治中发挥着重要的作用，特别是在自民党政治中，后援会制度与派阀及政务调查会一并成为自民党政治的特征，③ 因此对战后日本政治具有重要的影响。

后援会对于日本政治的影响主要表现在以下两个方面。第一，选举

---

① 殿冈昭郎「政治家における金の研究」、『文芸春秋』第 53 卷第 6 号、1975 年 6 月、186 頁。
② 石川真澄・広瀬道貞『自民党―長期支配の構造―』、167 頁。
③ 遠藤晶「後援会動員と日本の有権者―世論調査モード間比較―」、『早稲田政治公法研究』第 100 号、2012 年 8 月、1 頁。

政治中后援会的设立推动了战后日本金权政治的发展。一是以后援会为主要形式的选举动员组织容易引发利益诱导行为。政治家通过将后援会制度化之后，进行以候选人为中心的选举，培养个人的支持者。自民党政治家通过后援会向选民提供事无巨细的"服务"，从而培养选民的忠诚度，通过日常活动来换取大选时候的选票。同时，自民党允许本党的候选人干预政府预算的制作，支持本党候选人在地方选区为获得选票与地方政府进行各种"预算活动"。二是后援会日常的运营及活动的组织需要大量的政治资金，使选举活动中政治资金支出增加，容易诱发政治资金问题。后援会作为政治家的"选票机器"即便在选举期间以外也在一直运转，每年为了其日常的运营需要政治家投入大量的政治资金。在1996年大选中，自民党候选人后援会的支出平均为4952万日元，新进党议员后援会的平均支出为3317万日元，民主党议员后援会的平均支出为2481万日元。[①]

第二，不利于政治家的"新陈代谢"。其一，由于后援会的设立及运营需要大量的政治资金，再加上选举过程中利用后援会进行选举动员的形式已经成为日本选举政治中的主流。在这种选举模式下，年轻候选人的成长被限制，减少了年轻候选人当选的机会。其二，后援会费用支出增多，作为政治新人而登上政治舞台的年轻政治家大多数是继承了已经引退了的政治家的后援会。这就是最近日本二世议员及秘书出身的政治家增多的重要原因。其结果必然导致后援会与候选人之间不存在必然的联系，同时后援会的存在对于后援会的会员来说也变成了利害攸关的事情。[②]

表5-1 世袭议员数（构成比）

单位：人，%

年份	自民党	社会党	公明党	民社党	共产党	其他	无所属	合计
1980 （党内构成比）	118 (39.9)	10 (9.3)	6 (18.2)	1 (3.1)	0	0	5 (45.5)	140 (27.4)

---

① 川人貞史「総論 支出からみた日本政治」、佐々木毅ほか編著『代議士とカネ—政治資金全国調査報告—』、91－92頁。
② 川人貞史・新藤宗幸・阿部斉『日本の政治』、159－160頁。

战后日本选举与政治资金问题

续表

年份	自民党	社会党	公明党	民社党	共产党	其他	无所属	合计
1986 （党内构成比）	132 (43.1)	8 (9.4)	2 (3.6)	4 (15.4)	0	1 (25.0)	1 (11.1)	148 (28.9)
1990 （党内构成比）	122 (44.4)	12 (8.8)	3 (6.7)	2 (14.3)	0	1 (20.0)	5 (23.8)	145 (28.3)

资料来源：市川太一『世襲代議士の研究』、日本経済新聞社、1990 年、14 頁。

尽管日本社会关于后援会的评价都比较消极和负面，认为后援会不仅是产生战后日本"金权政治"的重要原因，同时也是维持自民党长期一党执政的重要组织。然而事实上，并非只有自民党的政治家才建立后援会，日本其他在野党在选举区也普遍组织过后援会。对此应该客观地看待后援会在日本选举政治中发挥的作用，除了消极片面的影响之外，后援会对日本政治的发展也具有积极的影响。

第一，后援会成为采纳民意的重要组织。在战后日本的选举政治中，后援会与其他政治团体最明显的区别在于，后援会深深扎根于地方选举区。由于战后日本民主化改革及农地制度的改革，战前保守政党主要依靠地方名望人士所形成的选举地盘在战后已经不复存在，后援会代替了战前由名望人士所形成的选举秩序，其成员主要由普通的选民构成。自民党的候选人所形成的"选举地盘"是建立在当地的社会秩序基础上的，并在该政治家的人际关系基础上形成。自民党通过后援会活动加强了与普通选民的关系，有利于了解选民的政策需求及期望，并且通过国会活动将选民的期望政策化。因此，后援会可以说是扎根基层组织而能够有效反映基层民众需求的民意机构。

第二，促进国民的政治参与。由于日本国民普遍比较抵触加入某个政党成为该党的成员，一般的政治参与主要通过参加投票来进行。在日本社会对政治不感兴趣的群体不断增加的背景下，后援会活动的举行为国民增加了另一种参与政治的方式，毕竟后援会是以候选人为中心，而并非作为党组织而存在。因此，通过后援会活动提高日本国民的政治参与度，从而有利于促进日本民主社会的健康发展。

战后日本的后援会组织发端于特殊的历史背景，并且在适应中选举区制度及《公职选举法》的过程中不断地发展壮大。尽管在很多以候选人为中心的选举区，日本很多政党的政治家也都组织了后援会组织，但是毋庸置疑自民党政治家的后援会组织在选举过程中发挥了非常重要的影响。因此，自民党的后援会制度也被认为是造成战后日本"金权政治"及自民党一党长期执政的制度保证。但是将所有问题归责于后援会则有失公平，后援会组织的发展还有利于日本政府吸收民意，促进国民的政治参与，所以应该客观看待后援会在战后日本选举政治中的作用。

第二节　1994年的政治改革对后援团体的影响

为了遏制政治资金腐败问题的发生，1994年日本进行了政治改革，此次除了对选举制度进行根本性的改革外，还引入了政党援助制度，并在此基础上对《公职选举法》和《政治资金规制法》进行修改。《政治资金规制法》的修改加强了对政治团体的政治资金管理和限制，为此本节将从被称为政治家"三个钱包"的资金管理团体、政党支部及后援会入手来分析此次改革对后援团体的影响。

一　引入资金管理团体制度

1994年对《政治资金规制法》的改革主要体现在三个方面：一是设立资金管理团体制度，废除原先实行的指定团体及保证金制度；二是企业及团体的政治献金只能捐献给政党的政治资金团体及资金管理团体；三是超过5万日元的献金捐赠及一场筹款聚会超过20万日元的支出需要公开等。

所谓资金管理团体指的是："由公职候选人指定的代表公职候选人负责接收政治资金的政治团体。"[①] 资金管理团体成为公职候选人负责接收政治献金的唯一团体，整合了政治资金的捐献路径，有利于防止政治献金在公职候选人不同政治团体之间的流转而带来监管难的问题。同时资金管理制度也对资金管理团体的运营做出了规定：第一，每名公职候选人只能指定唯一的

[①] 参考《政治资金规制法》第19条，同时公职候选人指定的政治团体也必须要符合《政治资金规制法》第3条第1项及第5条第1项的政治团体要件。不符合的不能被指定为资金管理团体。

资金管理团体；第二，资金管理团体不得拥有土地或建筑物的所有权或者以获得所有权为目的而取得土地的租借权等事项；第三，自 2008 年开始，资金管理团体日常运营所需要支出的水电费、办公用品及房租等各项费用超过 5 万日元也要记入收支报告书，并且附上发票。

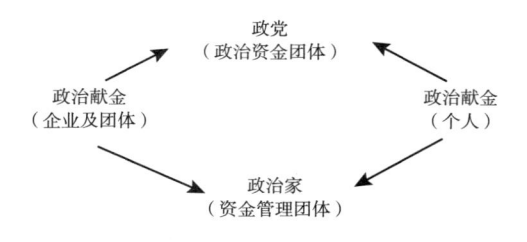

```
                        政党
                    （政治资金团体）
                   ↗              ↖
       政治献金                        政治献金
     （企业及团体）                      （个人）
                   ↘              ↙
                        政治家
                    （资金管理团体）
```

图 5-1　政治献金捐献

表 5-2　与政治家相关的政治资金团体

类型	性质	献金额度
资金管理团体	政治家指定	企业及团体每家 50 万日元/年 个人每人 150 万日元/年
政党支部	政党	企业及团体和个人献金均不受限
后援会	其他政治团体	禁止企业及团体的政治献金 个人每人 150 万日元/年

资料来源：吉田慎一ほか「議員を生み出すコスト」、佐々木毅ほか編著『代議士とカネ―政治資金全国調査会報告―』、朝日新聞社、1999 年、13 頁。

1994 年改革之后，与政治家相关的政治资金团体就被整合成资金管理团体、政党支部及后援会三类。其中，作为政治家政治资金收入主要来源的企业及团体献金被统一整合到资金管理团体。从引入资金管理团体制度之后的第一次大选中可以看到资金管理团体在政治家的政治资金构成中占有重要的比例。从表 5-3 可以看到，自民党和民主党议员的收入结构中来自资金管理团体的收入占比超过了 50%，而在政治改革之前发挥重要作用的后援会的收入则只占自民党议员收入的 10%、占新进党议员收入的 8%、占民主党议员收入的 20%。由此可见，资金管理团体已经开始发挥调控企业及团体献金的职能，然而日本国民对此却并不满足。

第五章 不断发展的后援团体

表5-3 各党国会议员的收入结构（平均，1996年大选）

单位：%

类型	自民党	新进党	民主党
资金管理团体	57	39	77
小选举区支部	33	53	3
后援会	10	8	20
金额合计（万日元）	13177	10851	3971

资料来源：谷口将紀「三つのサイフを使い分ける代議士」、『朝日総研リポート』、朝日新聞総合研究センター、1999年、10頁。

在1994年的政治改革中，引入政党援助制度的前提是全面废除企业及团体献金，而并不只是加强监管。为了解决企业及团体献金问题，1999年日本国会对《政治资金规制法》进行修改，规定从2000年起禁止企业及团体向政治家的资金管理团体捐赠政治献金。尽管此次修改并没有完全废除企业及团体献金，但是禁止了企业及团体直接向政治家捐赠政治献金，在一定程度上有利于防止政治家和企业之间的利益交换，减少政治资金问题的发生。

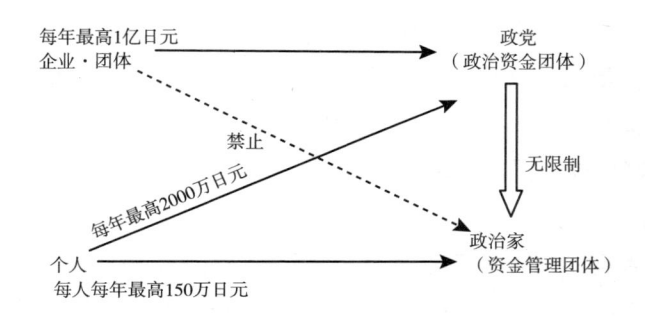

图5-2 政治献金限额

资料来源：依据1994年及1999年《政治资金规制法》的改革绘制。

1994年引入资金管理团体制度的主要目的不外乎二个：第一，规范企业及团体献金，在未引入资金管理团体制度之前政治家为了规避《政治资金规制法》对于限额的规定，设立多个政治团体，分散企业及团体的政治献金总量。这导致战后日本政治家和企业之间围绕政治资金发生了各种各样的腐败问题。第二，整合政治资金团体，便于对政治资金进行监管。由于将

141

企业及团体献金的接收资格统一整合到政治家个人的资金管理团队，这十分有利于对政治资金的数量进行监管。资金管理团体每年都需要向总务省或者都道府县选举管理委员会提交政治资金收支报告，同时也促进了政治资金使用的公开、透明。

二 后援会会不会衰落？

1995 年修改后的《政治资金规制法》正式实行，资金管理团体制度的引入整合了政治家接收企业及团体献金的渠道，有利于政治资金的公开、透明。不过，该制度的实行给后援会及其他政治团体带来了冲击。后援会作为政治家的"选票机器"，其日常运营需要大量的资金。后援会如果失去了企业及团体献金的支援，其实力和影响力也会不断降低。同时，以政党本位为目的的小选举区制度的引入，使政党的小选举区支部成为政治家在地方上的活动中心。但是事实上后援会的影响力并没有减弱，后援会作为政治家的"第三个钱包"在选举区依然非常活跃。

（一）吸收政治资金

尽管政治家的资金管理团体制度的建立导致后援会失去了重要的政治资金来源，但是依据《政治资金规制法》第八条的规定，后援会可以以事业性收入的名义举行"筹款宴会"。《政治资金规制法》对于"筹款宴会"的资金收入管制比较松，表现在三个方面：①举行一次"筹款宴会"必须将支付超过 20 万日元的人士姓名及住所登记在收支报告书中；②每次"筹款宴会"的总收入超过 1000 万日元的话，须在收支报告书中详细记录宴会的名字、收入金额等信息；③同一场宴会上，每个人或企业最高只能支付 150 万日元。这与超过 5 万日元就需要公开的政治献金的监管相比显得非常宽松，因此政治家都非常善于利用"筹款宴会"来获得资金，从而维持后援会的日常运营。

在引入资金管理团体制度之后的首次大选中，各政党的候选人都积极利用后援会举行"筹款宴会"，从"筹款宴会"收入占后援会收入的比例来看，新进党最高时期达到了 76%，自民党为 49%。[①] 因此，"筹款宴会"获

---

① 吉田慎一ほか「議員を生み出すコスト」、佐々木毅ほか編著『代議士とカネ—政治資金全国調査報告—』、28 - 29 頁。

得的资金收入占后援会收入的大部分。同时，由于每位政治家的后援会实力及影响力不同，获得的政治资金数额差别也比较大。

从表5-4可以看出，后援会组织的"筹款宴会"收入中，当时新进党党首小泽一郎的收入最高达到了15276万日元，是排名第10的2倍多。小泽仅利用"小泽一郎政经研究会"在东京都内举行了4次"筹款宴会"就获得如此多的收入，可见小泽一郎除了具有强大的影响力外，"筹款宴会"在获得资金方面的效率也非常高。因此，后援会组织的"筹款宴会"成为后援会收入的重要来源，不仅能维持后援会的日常运营，还可以成为政治家重要的政治资金来源，特别是在资金管理团体制度引入之后就显得更为重要。当然，并不仅仅只有自民党利用后援会筹集资金，民主党也积极利用后援会展开对个人献金的争夺，不过民主党的后援会收入结构与自民党有根本不同，民主党的后援会收入主要来自个人的政治献金。

表5-4 后援会组织的"筹款宴会"等事业性收入排名

单位：万日元

排名	议员	收入	排名	议员	收入
1	小泽一郎	15276	6	左藤惠	8057
2	前田武志	10836	7	中山正晖	6676
3	宫泽喜一	8696	8	塚原俊平	6625
4	山崎拓	8527	9	武部勤	6473
5	加藤卓二	8238	10	船田元	6278

资料来源：吉田慎一ほか「議員を生み出すコスト」、佐々木毅ほか編著『代議士とカネ——政治資金全国調査報告——』、朝日新聞社、1999年、29頁。

由此可见，尽管后援会被禁止接收企业及团体的政治献金，但是通过"筹款宴会"的形式后援会依然可以获得大量的资金。同时，这些资金的主要来源依然是企业，只是换了件"外衣"的政治献金而已。而且与政治献金相比，"筹款宴会"入场券的单位数额也比较小。因此在日本泡沫经济时期，作为企业和政治家之间的"交情费"，企业一次可以买100张、200张的"筹款宴会"入场券。[①]

---

① 古賀純一郎『政治献金：実態と論理』、135頁。

（二）筹集选票

在中选举区制度下，后援会由于拥有强大的动员及筹集选票的能力而被自民党的政治家所青睐，成为自民党政治家竞选的重要组织之一。然而，选举制度改革之后中选举区制度已经被废除，新引入的小选举区制度下后援会还能否发挥与在中选举区制度下一样的动员及筹集选票的能力呢？对此很多政治家及学者都持怀疑态度。

在中选举区制度下，大政党为了在议会赢得多数席位不得不在同一选举区派出多位候选人，导致政党组织的衰落及以候选人为中心的选举，并促使后援会组织的快速发展。然而，小选举区制度的引入，实行以政党为中心的选举，政党支部及政党执行部在选举过程中的影响力都不断提高，因此后援会的作用应该会下降。不过，在分析成立后援会的目的时，应对中选举区制度下的同室操戈只是政治家组织后援会的目的之一。除此之外，规避《公职选举法》对选举活动的规定，减少竞争对手、笼络地方实力人物也是政治家应对选举竞争而成立后援会的应有目的。因此，只要原先促使后援会产生的条件没有发生根本的变化，那么后援会就不可能消失，只是换种方式对选举过程施加影响而已。

同时从 1996 年的大选结果来看，小选举区下的后援会对于政治家的得票率具有重要的影响（见表 5-5）。

表 5-5　后援会的有无与选举成绩（1996 年）

单位：%

项目	本人的得票率	得票率第二的候选人	惜败率
无后援会	42.6	32	78
有后援会	47.6	31.2	69.7

注：此处的后援会仅指与政治资金有关联的后援会。
资料来源：川人貞史「総論　支出からみた日本政治」、佐々木毅ほか編著『代議士とカネ—政治資金全国調査報告—』、朝日新聞社、1999 年、94 頁。

尽管是否拥有后援会对于得票率第二的候选人的影响并不明显，但是对于当选的候选人来说有后援会和无后援会之间相差 5 个百分点，增加的 5 个百分点在小选举区平均有 325600 名选民并且投票率为 59.65% 的情况下，

第五章 不断发展的后援团体

计算可得出增加了 9771 张选票①，因此可以看出后援会在小选举区依然发挥着重要的作用。

尽管如此，对于后援会在新的选举制度下筹集选票的作用，各方的分歧也比较大。美国学者柯蒂斯认为："适应游戏规则的改变需要时间"②，即在新引入的选举制度下产生新的选举规则，各个政党需要适应并重新寻找新的平衡点，因此有必要从长周期的视角来观察政治和政党的行动。当然也有观点认为："后援会在小选举区下越来越没有存在的必要并不意味着后援会马上就会消失，作为组织其有继续存在的倾向，因此有可能会产生新的作用。但是由于选举制度的改变，选举区层次的政党组织也很有可能会发生改变。"③

当然，自 1994 年选举制度改革至 2012 年，在小选举区比例代表并立制下仅举行了 6 次大选，在新的选举制度下各政党也还在不断寻找最佳状态，同时在原有制度的"路径依赖"作用下，新的选举制度要发挥作用确实需要比较长的时间。但是，我们也应该清楚地看到，即使是在小选举区比例代表并立制下，还存在各种让后援会继续存在的理由。第一，尽管在小选举区政党执行部的权限越来越大，选举区内政党的影响力逐渐增强，但是由于政党本部的独断专行引来地方上有实力的政治家的反叛，并以无所属候选人资格参与竞选，④ 在这种情况下后援会就有可能发挥重要的作用。第二，由于小选举区制度的导入，选举区面积变小，为了获得当选所需要的选票，还是需要采用组织票依存战术。⑤ 所谓组织票主要指的是以企业团体及町内会等选民为主的投票群体，而在中选举区制度下这类组织是后援会积极拉拢的对象。

因此，尽管不能确定后援会在新的选举制度下会不会衰落，但至少可以

---

① 川人貞史「総論　支出からみた日本政治」、佐々木毅ほか編著『代議士とカネ—政治資金全国調査報告—』、94 頁。
② Gerald L. Curtis, *The Logic of Japanese Politics: Leaders, Institutions, and the Limits of Change*, p. 138.
③ Steven R. Reed and Michael F. Thies, "The Consequences of Electoral Reform in Japan", in Matthew Soberg Shugart and Martin P. Wattenberg, eds, *Mixed Member Electoral Systems: The Best of Both Worlds?*, p. 395.
④ 谷口将紀『現代日本の選挙政治：選挙制度改革を検証する』、東京大学出版会、2004 年、174 頁。
⑤ 谷口将紀『現代日本の選挙政治：選挙制度改革を検証する』、99 頁。

肯定，后援会在新的选举制度下依然会发挥新的影响力，并作为政治家的选举组织而继续存在。

三 政党支部快速崛起

1994年的选举制度改革引入小选举区的主要目的之一就是实现以政党为中心的选举。然而，在中选举区制度下后援会的快速发展，使政党的地方党组织难以有效发展。因此，在引入小选举区制度后，就需要在地方重建党的组织，重新整合地方的选举资源，真正实现以政策为中心、以政党为中心的选举。在上述背景下政党支部应运而生，并且在新的选举制度下强势崛起。

日本各政党纷纷成立政党支部主要基于以下三个期待。第一，将政党支部打造成维持政党在该选举区参与选举竞争的选举组织，真正实现以政党为中心和以政策为中心的选举。第二，将政党支部塑造成政党在选举区的宣传中心。由于引入小选举区制度之后，避免了党内的相互竞争，各政党的政策及政治理念在选举中的作用就显得异常突出，只有积极宣传差异化的政策理念，才有助于本党候选人在竞选中胜出。第三，积极利用政党支部在接收政治献金方面的优势，使政党支部成为政党候选人重要的资金来源入口。尽管《政治资金规制法》对于资金管理团体及后援会在政治献金的数额及来源方面进行了严格的规定，但是政党支部不受这方面的监管。政党支部作为政党在基层设立的分支机构，其性质属于政党，其所拥有的权利和义务与政党本部没有差异，因此在政治献金的接收方面，政党支部无疑更为自由和方便。

从日本各政党对政党支部的期待中就可看出"路径依赖"即使在新的选举制度下依然发挥着强大的影响力。在战后日本的中选举区制度下，日本政治家在选举中需要具备三大法宝——"地盘""招牌""钱袋"。"招牌"主要由候选人的社会地位、经历及政治资质等各方面形成，即作为一名公职候选人需要具备的条件及影响力；"钱袋"则主要指政治资金，政治资金作为候选人在选举区开展选举活动的"血液"，历来受到政治家的重视；"地盘"则指候选人拥有比其他候选人获得更多选票的地区或组织。在这里之所以有组织票，主要是由于战后日本的左翼政党的选票主要来源于工会，公

第五章　不断发展的后援团体

明党背后则有宗教组织创价学会的组织票给予支持。自民党则与这些政党不同，自民党政治家需要自己经营和培养选举地盘。于是后援会在中选举区制度下就被自民党的政治家广泛使用，成为自民党政治家巩固票田、培养选举地盘的重要组织。因此，如果将政党支部所承载的三大期许与日本政治家的"三大法宝"进行比较即可得知，政党支部将"三大法宝"的特点及作用进行了整合。政党支部的选举组织特性类似于政治家的地盘，政党支部的宣传中心功能则与政治家的招牌一样，而最重要的接收各类政治献金则使政党支部成为政治家的"钱袋子"。所以这也不难理解政党支部在选举制度改革之后的1996年大选快速崛起，成为政党及政治家重要的竞选组织。

　　在1996年的大选中，由于各政党对于新的选举制度及规则还不适应，除自民党和新进党以外，其他政党对于建立政党支部并不热情，这主要是因为其他政党比较依赖组织票而对于政党支部究竟在选举过程中能起多大作用还未有清晰的认识。从最后的选举结果来看，201名自民党议员中建立了201个政党支部，98名新进党议员建立了97个政党支部，42名民主党议员建立了5个政党支部，社民党和共产党未建立政党支部。[①] 在此次大选中政治家为了规避《政治资金规制法》对于后援会及资金管理团体的限制，灵活地利用政党支部接收了大量的企业及团体献金。以自民党为例，从自民党的小选举区政党支部的平均收入来看，收入中的一半来自政治献金，献金中的60%来自企业及团体献金。在这些企业及团体献金中有一半以上的献金数额超过了《政治资金规制法》对资金管理团体的限额[②]，因此这批企业及团体献金只能通过政党支部流入政治家的钱袋。因为政党支部具有同政党一样的属性，不受《政治资金规制法》关于献金数量的监管，这使政治家可以灵活使用政党支部接收数额巨大的企业及团体献金。

　　政党支部在接收政治献金方面的特点，在此后的大选中被其他政党纷纷利用，从而形成困扰日本政治的迂回献金问题。

[①] 吉田慎一ほか「議員を生み出すコスト」、佐々木毅ほか編著『代議士とカネ—政治資金全国調査報告—』、22頁。

[②] 吉田慎一ほか「議員を生み出すコスト」、佐々木毅ほか編著『代議士とカネ—政治資金全国調査報告—』、23頁。

第三节　迂回献金问题与政治资金的流转

随着政治资金管制体系的逐渐完善，日本关于企业及团体献金的监管也越来越严。在该背景下，政党支部逐渐成为日本政治家躲避资金管制体系监管的有效工具。然而日本政治家利用政党支部通过迂回的方式来接收企业献金，不仅扰乱了正常的政治资金监管体系，同时也为政治资金问题的发生埋下了隐患。

一　迂回献金的形成及原因

（一）什么是迂回献金

在日本的政治献金分类里，一般将政治献金分为企业及团体类的政治献金和个人献金，没有迂回献金。那么迂回献金是什么呢？光从字面进行解释就可以知道所谓"迂回献金"其实就是用迂回的方式来捐献政治献金。那么为何不采用直接的方式来捐献政治献金而必须用迂回的方式呢？

1994年的《政治资金规制法》改革设立了资金管理团体制度，资金管理团体制度规定政治家指定唯一的政治团体当作其接收政治资金的团体，其中捐献给政治家的企业及团体献金只能通过政治家的资金管理团体，并且每年对捐献数额进行限制，同时从2000年开始禁止政治家接收企业及团体献金。《政治资金规制法》通过一系列的改革严格限制了政治家接收企业献金，防止了政治家和企业之间建立日益紧密的利益关系。然而，对于政治家来说光靠个人献金或政党援助金根本无法支撑日常的政治活动，于是利用政党或政党支部来实行迂回献金就成为其选择。

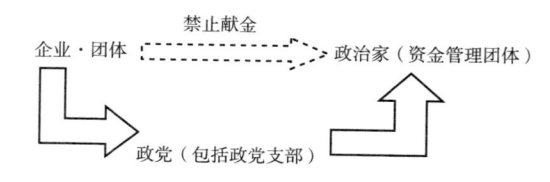

图 5-3　迂回献金

资料来源：笔者依据2000年《政治资金规制法》改革内容绘制。

(二) 迂回献金形成的原因

政党支部在 1996 年的大选中才正式诞生，自此以后关于政治家利用政党支部进行迂回献金的指责就一直不绝于耳。尽管如此，围绕政党支部的迂回献金并没有发生大规模的政治资金问题。直到 2005 年日本牙科医师会事件的发生才让日本社会真正意识到迂回献金的潜在危害。日本政治家之所以需要利用迂回献金来接收企业的政治献金，除了引入小选举区比例代表并立制并没有实现不花钱或少花钱的选举而外，关于政党支部及资金管理体系依然存在不少制度性的问题。

第一，政党支部游离于资金管理体系之外。由于政党支部作为政党在地方的基层组织，其本身属性即为政党。如果从法律上对政党支部的活动进行限制的话，会涉及宪法方面的问题，比如公民的结社自由等。因此对于政党支部的监管一直无从下手，为政党支部接收企业及团体献金的监管留下巨大的漏洞。

第二，政治团体之间的资金流转监管不力。政治家利用政党支部筹集的政治献金，最终还是要流向后援会或者其他政治团体。然而《政治资金规制法》对于这方面的资金流动没有进行相应的限制，直到 2005 年日本牙科医师会事件爆发之后才对政治团体之间资金的流动进行总量限制，即每年不得超过 5000 万日元。然而限制政治资金的总量并不能解决问题，因为日本政治家一般会设立多个政治团体和后援会，政治家可以利用分散的方式合理地避免资金管制体系的监管。

第三，派阀政治依然盛行。2005 年爆发的日本牙科医师会事件就是自民党内的派阀领袖利用自民党来接收日本牙科医师会的巨额献金。尽管引入了小选举区制度，但是事实上在小选举区比例代表并立制下提名自民党公认候选人的过程中派阀依然非常重要[①]。派阀政治的实际存在加大了政治家对于政治资金的需求，同时自民党内部依然存在大量的派阀领袖，这也就导致利用政党支部来接收企业献金的行为非常普遍。

(三) 迂回献金的特点

其实从"迂回献金"的名字上就可以看出迂回献金的最大特点就是迂回

---

① 浅野正彦『市民社会における制度改革—選挙制度と候補者リクルート—』、慶応義塾大学出版会、2006 年、232 頁。

而不是直接。迂回献金还有下列特点。第一,隐蔽性。迂回献金在日语里又叫作"闇献金"(黑金),之所以叫"黑金"是由于通过政党支部转移出去的资金不用详细地记录其明细,无人知道这笔资金到底用在哪些领域、用来干什么,也无法将资金来源和用途进行对应,给政治资金的监管带来困难。

第二,数额巨大。事实上在1996年的大选中,超过《政治资金规制法》对资金管理团体的限额的部分政治献金是通过政党支部流入政治家的口袋的。《政治资金规制法》对于资金管理团体的限额为每家企业及团体每年50万日元,但是对于政党支部则没有限制。

第三,潜在的危害性。尽管迂回献金问题利用了资金管制体系的漏洞,合法地避免了法律的监管,然而由于资金的"来路不当",政治家一般将迂回得来的献金进行"模糊化处理",或者不详细记录支出明细,或者干脆就不记录,从而违犯《政治资金规制法》的相关规定。

事实上迂回献金的最大问题在于对日本政治资金监管体系的挑战,当初设立资金管理团体的主要目的之一就是要整合政治家的资金链,便于实现政治资金的干净和透明。然而政治家使用政党支部,不仅未能有效明确政治资金的来源,也无法与政治资金的支出进行对应,从而给整个政治资金监管体系带来风险。

二 政党支部与迂回献金问题

围绕政党支部而产生的迂回献金问题除了由于资金监管体系存在漏洞外,日本也缺乏对于政党支部的管理。政党支部本身存在的许多问题加剧了迂回献金问题的发展。

第一,政党支部数量不受限制。《政治资金规制法》第二十一条第四项规定:"市町村以上的区域或者选举区都可以设立政党支部"。换句话说,政党支部的设立没有数量上的限制,因为日本有47个都道府县,这样就可以都道府县为单位设立47个政党支部;市町村有3236个,因此也可以设立3236个政党支部。除此之外,像东京有23个区也可以设立23个政党支部[①];300个小选举区也可以设立300个政党支部等。由于对于设立政党支

---

① 谷口将紀「浮かび上がった政治資金システムの問題点」、佐々木毅ほか編著『代議士とカネ—政治資金全国調査報告—』、66頁。

部的标准定得过低,政党支部的数量可以无限制地增加。事实上日本各政党也正是利用这点,特别是自民党在政党支部的设置上已经远远超过其他政党。从表5-6的日本各政党支部数据来看,日本自民党的政党支部数量数倍于其他四大政党之和。由于政党支部数量没有限制,这就有利于政治家分散企业献金,从而规避资金监管体系。

表5-6　日本主要政党的政党支部数量(2014年1月1日)

单位:个

政党	数量	政党	数量
自民党	7356	公明党	435
民主党	491	大家的党	362
日本维新会	173		

资料来源:総務省「政党助成法に基づく政党の届き出(平成26年1月1日)の概要」、2014年1月22日。

第二,一个机构两块牌子的问题。在自民党内部,选举区政党支部原则上是候选人本人,政党支部的日常组织及运营完全依靠候选人个人来进行,成为以候选人为中心的支部组织。这就带来一个非常严重的问题,即在选举区内部,候选人不仅要兼任政党支部的负责人,同时很多时候资金管理团体及后援会的负责人也都是由候选人兼任。这就有可能出现一个机构有两块或者三块牌子的问题,政党支部沦为候选人个人的资金组织。这对于政治资金管理体系是一个极大的挑战,由于政党支部不受管制,候选人利用政党支部接收企业及团体献金,之后又将企业献金流转到多个后援会或者资金管理团体。这加剧了迂回献金的发展,同时也给政治资金问题的发生埋下隐患。

第三,缺乏监管主体。政党支部作为政党本部在地方设立的基层党组织,其主要目的是为在小选举区参与竞选的本党候选人提供支持,从而实现以政党为中心的选举。然而事实上政党支部沦为了候选人的私人组织,非但不能实现以政党为中心的选举,反而延续着中选举区制度下依靠后援会的选举模式。尽管在1993年10月12日举行的与众议院政治改革相关的"调查特别委员会"对该问题也进行过讨论,但是最终仅仅建议各政党自行加强对支部的监管。为了解决政党支部缺乏监管的问题，日本经济同友会建议制定政党法[①]，通过政党法的制定解决政党支部在选举政治中带来的各种问题。

事实上，政党法的制定确实非常必要，虽然政党法的制定未必能实现以政党为中心的选举或者解决政党的政治资金监管问题，但是通过制定政党法可以对政党支部进行有效的监管，规范政党支部的设立及日常的运营，禁止候选人在政党支部、后援会及资金管理团体之间的兼任。只有这样才能减少迂回献金的发生，也有助于预防政治资金腐败事件的发生。

三 政治家的"三个钱包"与政治资金的流转

政治家的"三个钱包"主要指的是政党支部、资金管理团体及后援会，之所以称为"钱包"是因为政治家的政治资金主要来源于这三个政治团体。在选举制度改革之后的首次大选中，日本主要政党的国会议员的政治资金来自这"三个钱包"。在设立政治家资金管理团体制度之后，可以看出在中选举区制度下发挥重要作用的后援会在筹集政治资金方面远远落后于其他两个政治团体，自民党和新进党积极利用新设立的政党支部，民主党国会议员则主要依靠资金管理团体。虽然后援会在筹集政治资金方面的能力受到修改后的《政治资金规制法》的限制，但是后援会在动员选民及筹集选票方面的能力则未受到影响。在筹集政治资金方面，政治家积极利用后援会举办"筹款宴会"来进行筹集，虽说这部分资金对于很多政治家而言已经难以维持后援会在选举区的日常活动，但继续保留后援会"吸血"的功能依然非常重要，并且政治家也可以通过从其他钱包"借钱"的方式来维持日常运营。

图5-5显示的是1996年大选中平均每位自民党国会议员的政治资金在各政治团体之间的流转。政党支部在筹集企业献金的能力在该图上并没有得到体现，一方面是因为1996年资金管理团体还可以接收企业及团体的政治献金，尽管有最高总额的限制，但是企业一般将捐献的献金进行分散化处理以躲避监管；另一方面也因为政党支部刚建立不久，自民党对于政党支部的

[①] 経済同友会『政党法の設定を目指して―日本の政党のガバナンス・「政党力」向上のために―』、経済同友会2012年度政治・行政改革委員会、2013年。

第五章 不断发展的后援团体

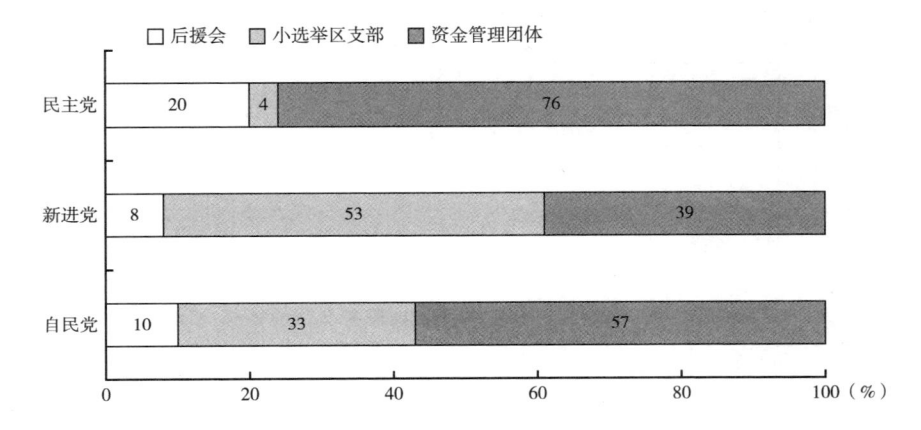

	后援会	小选举区支部	资金管理团体
民主党	20	4	76
新进党	8	53	39
自民党	10	33	57

图5-4　1996年大选日本主要政党的国会议员政治资金收入结构

资料来源：笔者整理绘制参见佐々木毅ほか編著『代議士とカネ—政治資金全国調査報告—』、朝日新聞社、1999年。

运用还处在适应的阶段。因此，1996年大选中，资金管理团体在国会议员的政治资金结构中占有很大的比重。

但是，自从2000年禁止企业及团体献金向政治家的资金管理团体捐赠献金之后，政党支部在筹集政治资金方面就显示出非常大的优势。在2011年的政党收入①中，政党的总收入大约为1500亿日元，其中政党的政治资金团体收入为19.6亿日元，政党支部的收入大约为740亿日元；而在2010年的政党收入中，政党总收入大约为1643亿日元，其中政党的政治资金团体收入为22.39亿日元，政党支部收入为830亿日元②。如果再对政党支部的收入结构进行分析，可以看到政党援助金占到政党支部收入的50%，政治献金的数额则占40%左右。由此可见，随着政治资金监管体系的不断完善，政党支部在筹集政治资金方面的能力越发显现出来。并且在选举区候选人兼任政党支部负责人的情况下，政党支部实际上已经成为政治家在筹集政治资金方面最为有力的工具。

---

① 此处的政党收入包括政党本部、政党支部、与国会议员相关的政治团体及政治资金团体收入。

② 総務省「平成23年分政治資金収支報告の概要（総務大臣分+都道府県選管分）」、2013年1月22日。

战后日本选举与政治资金问题

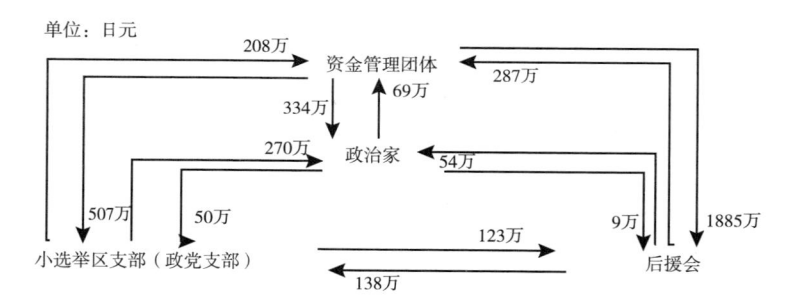

图 5-5　1996 年大选自民党国会议员各团体间资金流动

资料来源：吉田慎一ほか「議員を生み出すコスト」、佐々木毅ほか編著『代議士とカネ—政治資金全国調査報告—』、朝日新聞社、1999 年、17 頁。

因此，尽管引入了小选举区制，并且对政治资金的监管也日趋严格，但是事实上政治家通过调整政党支部、后援会及资金管理团体的职能，利用资金监管存在的漏洞来维持日常的政治活动。

本章小结

政治团体作为政治家参与政治活动最重要的组织历来受到政治家的重视。然而，各类团体在选举过程中所具备的职能各不相同，政治家也会依据各团体的特点赋予其新的任务。

在中选举区制度下，政党内部的竞争导致选举区的候选人无法依靠政党的组织，因此要想在选举区的竞争中击败对手成功晋级的话，需要政治家个人组织相应的选举活动团体。此时后援会作为破解政党内部竞争制度难题的工具而被日本的政治家大量组织起来，其中党内竞争最为激烈的自民党候选人成为组织和使用后援会的典型代表。自民党内部的选举部门和派阀每年都会向有志于竞选的年轻人传授如何组织后援会方面的知识。因此后援会对于自民党来说已不仅只是政治家用来竞选的工具，它还兼具破解中选举区制度下自民党内部激烈竞争的有效良方。后援会在地方选区的工作主要表现在三方面：一是帮助地方政治家争取国家预算或优惠政策，二是帮助选举区民众处理日常事务，三是为选民及会员提供交际、娱乐的场所。也正因如此，后援会被指责为战后日本利益诱导政治的主要原因之一。因此，为了实现以政党为中心的选举，日本在 1994 年实行选举制度改革，引入小选举区制度。但是小选举区制度引入后，政党在选举区候选人提名方面的优势并没有让后援会活动在小选举区内消失，政治家在选举区的活动依然主要依靠后援会来进行。为此，日本学者提出新的认识："后援会多被理解成属于候选人的支援组织，然而实质上后援会是为了掌握哪些选民可以支持本候选人的监督和动员的组织。"[1] 在临近投票日之前，后援会的工作人员会利用收集到的选民名册，向选民邮寄寻求支持的明信片，并且邀请选民来开会，还会给选民打电话，通过电话里应答声音的强弱来判断被访问者投票的意向。因此如果是业务比较熟练的工作人员在投票之前就已经估算好哪位选民会投谁一票，在那个地区能够获得多少选票。即使在小选举区制度下，后援会所发挥的监督和动员选票的作用暂时还没有能够替代的组织出现，后援会活动在小选举区制度下依然非常活跃。

1994 年的政治改革除了引入小选举区制度外，还对《政治资金规制法》进行了修改，设立了资金管理团体制度，将政治家接收企业及团体献金的资格全部整合到政治家的资金管理团体。事实上该制度的设立，确实有利于政治资金的公开和透明，然而以实现政党为中心的选举的政党支部的设立则给资金管理团体制度带来挑战。政党支部作为政党在地方的基层组织在小选举区制度下快速崛起，这一方面是因为政党支部作为政党的属性使其不受资金管制体系的监管，如果对政党支部的活动进行限制就有可能违犯宪法对于公民结社自由的保护；另一方面是因为政党支部的设立数量不受限制。因此，在 1996 年以后的大选特别是 2000 年以后禁止企业及团体向政治家个人捐献政治献金的规定实施之后，政党支部成为政治家接收企业及团体献金的重要入口。

尽管政党支部成为政治家接收政治资金的重要入口，但是在小选举区制度下，小选举区内的竞选依然是以候选人为中心，而不是以政党为中心。因此，在小选举区内开展动员及监督选票工作的后援会无疑扮演着非常重要的角色。然而后援会只能依靠个人献金和举办"筹款宴会"的方式来筹集政

---

[1] 斉藤淳『自民党長期政権の政治経済学：利益誘導政治の自己矛盾』、勁草書房、2010 年、42 頁。

战后日本选举与政治资金问题

治资金,而这部分资金对于大部分的政治家来说无法维持其日常的选举活动,因此政治家只能向政党支部和资金管理团体"借钱"。这就催生了政治团体之间政治资金的流转问题。在2005年之前,政党及政治资金团体或者其他政治团体间政治献金的流转是不受限制的,然而2004年日本牙科医师会事件爆发,巨额的迂回献金在政治家各个政治团体间不受限制地流转引起了日本社会的关注。于是在2005年对《政治资金规制法》进行修改,对政党及政治资金团体以外的政治团体间政治资金的流转进行总量限制,即每年不得超过5000万日元。不过该规定事实上没有任何作用,一方面政党支部的数量不受限制,另一方面政治家建立政治团体的数量也不受限制,政治家通过分散资金的方式就可以进行有效规避。所以2000年以后以政党支部为核心的政治资金流转体系的建立为日本的政治资金监管带来了极大的挑战。主要表现在两个方面:第一,迂回献金、秘密献金泛滥,给政治资金问题的产生埋下隐患;第二,难以掌握政治资金的实际使用情况,政治资金的多次流转使统计政治资金总量变得困难。因此,如何对政党支部进行有效监管成为今后日本社会面临的重要课题。

尽管1994年的选举制度改革引入了小选举区制度并加强了对政治资金的管理,但是政治家依然喜欢使用后援会开展动员和监督选票的活动,以政党为中心的选举并没有实现,政治资金问题反而由于政党支部的设立而变得更加复杂和难以发现。当然正如美国著名的日本研究者柯蒂斯所言:"要适应改变了的游戏规则是需要时间的"[①],在新的选举制度下,后援会及以候选人为中心的选举能否继续存在可能还需要时间来进行观察。

---

① 浅野正彦『市民社会における制度改革―選挙制度と候補者リクルート―』、235頁。

第六章
日本政党及政治家的政治资金状况

战后日本选举制度的改革及政治资金管制体系的不断完善，对于政党的政治资金结构产生了重要的影响，尤其是政党援助制度的引入使部分政党的政治资金结构发生了根本性的变化。政治资金是政党开展政治活动的重要支撑，政治资金的多寡及收支结构的变化都将对选举政治中政党的实力产生不同程度的影响。此外，政党的政治资金收入将会以各种名目和手段流转到政治家的手中，而政治家在政治资金的收入和支出的过程中，最容易违反政治资金规制。为此，本章将利用最新的数据对日本各政党的政治资金状况进行分析，并在此基础上探讨当前日本知名政治家的政治资金结构及其对日本政治资金问题的影响。

第一节 政党的政治资金结构

政党作为现代政治中的重要行为体在各国的政治生活中扮演着重要的角色，而政治资金则成为维持政党运营的"血液"。不同的政党不仅在建党理念、政策等方面存在差异，在政治资金的构成方面亦有明显的不同。在战后日本政治中，日本各政党的政治资金受到严格的规定和限制，包括政治资金的来源、支出以及公示方式等。本节将以日本总务省[①]公布的2017年、2016年及2015年的最新政治资金数据对日本政党的政治资金结构进行分析。

---

① 根据《政治资金规制法》的规定，日本的政治团体分为三类：政党、政治资金团体、其他的政治团体。政治团体的活动只局限于一个都道府县的情况下，可以向该都道府县选举管理委员会提交政治资金的收支报告书，政党以及政治团体的活动范围在两个及以上都道府县的，要向总务大臣提交政治资金的收支报告书。

战后日本选举与政治资金问题

一　政党的收入构成

一般而言，政党的收入主要来自政党募集的献金，也有来自其支持者及群体的献金。但在日本政治中，自从引入政党援助制度之后，政党的收入结构就已经从献金为主型转变为"政党援助金依附"型。依据2017年政治资金收支报告[①]的数据，政党的政治资金收入主要来自党费、献金、事业性收入、借款、本部支部交付金以及政党援助金，其中献金又分为个人、政治团体、法人及法人团体三种类型。2016年日本各政治团体的政治资金收入为2227亿日元，2017年达到了2254亿日元，与2016年相比有了1.2%的微幅增长。然而纵观近10多年的数据，日本政党及政治团体的政治资金收入实际上呈现出非常明显的下降趋势。通过图6-1的政治资金收入趋势可知，1983～2017年，日本政治团体的政治资金总收入在1998年曾达到过最高的3626亿日元，之后整体呈现下降趋势。虽然其间实现了小幅的增长[②]，但总体而言政党及政治团体每年政治资金的收入都在减少。

从各项目的收入来看，排名前三位的为献金、事业性收入以及本部支部补助金。具体而言，2017年政党及政治团体收入中，献金达638亿日元，比2016年增长5.98%；事业性收入达到了517亿日元，比2016年下降了8.0%；本部支部补助金达431亿日元，比2016年增加了6.4%。

从2015～2017年的政治资金项目收入明细中可知：第一，政治献金的收入在各政党及政治团体收入中的比重依然很高。政治献金依据来源可以分为三类，分别为个人献金、政治团体献金及法人团体献金。其中来自个人的献金数额要远多于政治团体及法人团体的献金量。可见献金在政党和支持者及群体之间依然扮演着重要的角色，向支持的政党捐献政治献金依然是许多日本选民政治参与的最基本形式。第二，党费和会费以及政党援助金的数额

[①]　総務省「平成29年分政治資金収支報告の概要（総務大臣届出分＋都道府県届出分）」、2018年12月26日。

[②]　政党及政治团体的收入之所以在总体下降的趋势下实现某些年份的增长，主要是因为该年举行了全国众议院及参议院的选举。

第六章　日本政党及政治家的政治资金状况

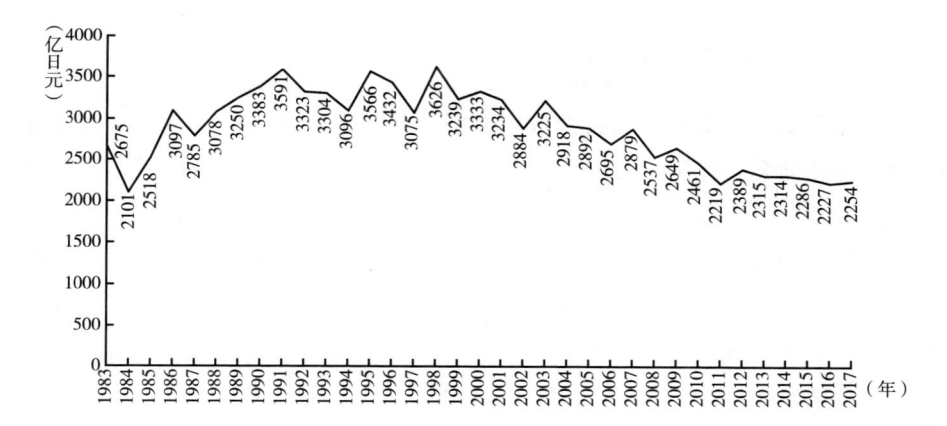

图 6－1　政治资金收入趋势（1983～2017 年）

资料来源：総務省「平成 29 年分政治資金収支報告の概要（総務大臣届出分＋都道府県届出分）」、2018 年 12 月 26 日。

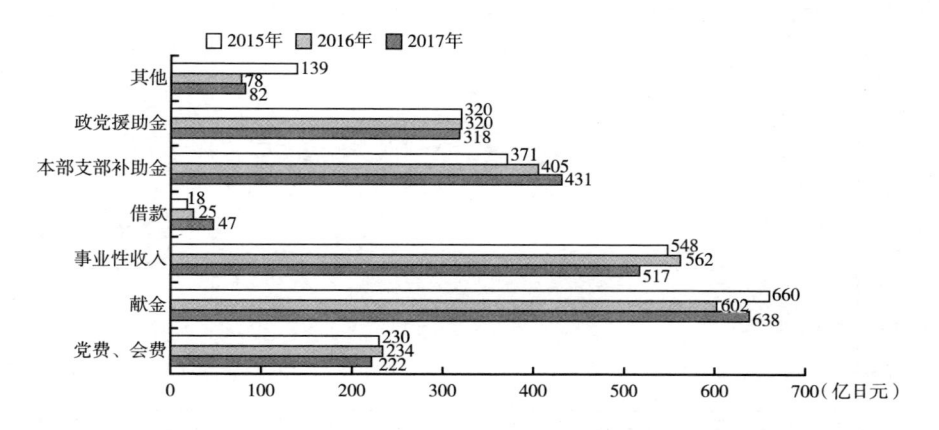

图 6－2　2015 年、2016 年、2017 年政治资金各项目收入

资料来源：图中的数据为四舍五入计算得出，作者依据相关报告整理而成，参见総務省「平成 29 年分政治資金収支報告の概要（総務大臣届出分＋都道府県届出分）」、2018 年 12 月 26 日；「平成 28 年分政治資金収支報告の概要（総務大臣届出分＋都道府県届出分）」、2017 年 12 月 26 日；「平成 27 年分政治資金収支報告の概要（総務大臣届出分＋都道府県届出分）」、2016 年 12 月 27 日。

总体上保持了稳定，变化相对较小。第三，政党借款在政治资金收入中占比较小，可看出引入政党援助制度后，各政党的资金收入保持一个比较健康的发展模式，总体负债率较低。

159

战后日本选举与政治资金问题

二 政党的支出构成

政党的支出主要由三大类构成，分别为日常项目支出、政治活动支出及本部支部补助金。日常项目支出又分为人力资源费、水电气费、日常用品费及事务所费。政治活动支出名目下又分为组织活动费、选举关系费、调查研究费、献金和援助金及机关杂志发行等事业性项目费用和等其他费用。政党的支出和收入一样呈现出下降的趋势，但减少的量和下降的幅度并不一致。通过分析1983~2017年的政治资金支出数据可知，不同时期政治资金的支出数额及发展趋势存在较大的区别。首先，1983~1991年政治资金的支出保持着稳步上升的势头，1991年的支出达到顶点的3554亿日元，此后政治资金的支出就呈现缓慢下降的趋势。其次，尽管政治资金支出从1991年之后开始缓慢下降，但并非急转直下，而是在某个区间来回摆动。最后，2009年之后政治资金支出数额快速下跌，直到2011年才止跌，并从2012年之后保持相对比较平稳的走势。

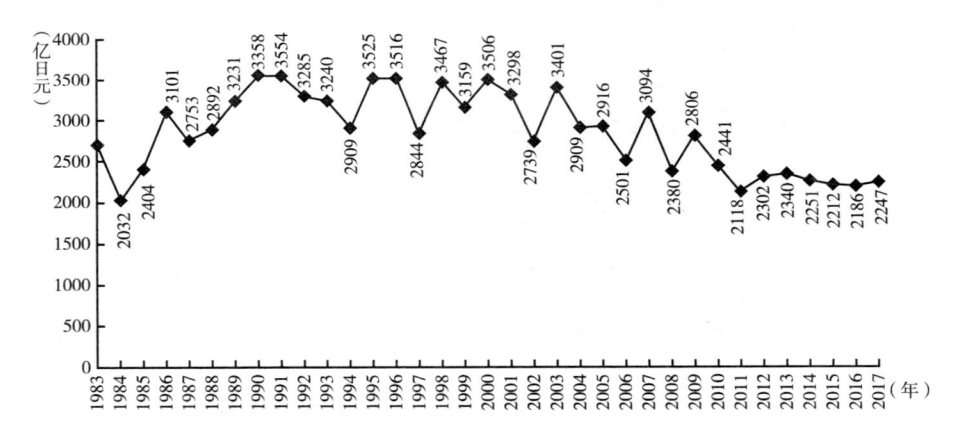

图6-3 政治资金支出趋势（1983~2017年）

资料来源：総務省「平成29年分政治資金収支報告の概要（総務大臣届出分+都道府県届出分」、2018年12月26日。

事实上，政治资金支出的发展趋势与日本当时的社会、经济及政治形势紧密相关。一方面政治资金的支出面临着大小年的问题，有众参两院选举的年份，政治资金的支出就会比正常年份要多；另一方面随着日本人口的减少以及泡沫经济的崩溃，日本政党的政治献金收入也相应减少，收入的减少直接导致政治活动经费支出降低。当然,我们也不能忽视日益完善的政治资金管制体系对政党政治资金支出的约束。政治资金管制体系的完善和强化将进一步推动政治资金支出的规范化,也将较好地约束政党及政治家在选举活动中的竞选行为。从2012年开始,政治资金的支出总体上保持着平稳的趋势,与政治资金收入的发展趋势一致。这从侧面反映出,在2012年之后日本国内政党权力结构保持了总体平稳。自民党的强势,将日本政治重新带回自民党一党独大的局面,无论在野党怎么分裂和重组都无法对自民党独大和"安倍一强"的政治格局形成有效冲击。

此外,在具体的政治资金支出名目方面也存在很大的差异。以2017年的支出项目为例,政治资金支出项目最多的是献金·援助金①,达到了646亿日元,比往年增长3.3%。机关杂志发行等事业费用398亿日元,同比减少13.6%,人力资源费372亿日元,同比微增0.3%。结合2016年及2015年各项目的支出数据(见图6-4、图6-5),对于2015~2017年日本政党及政治团体的政治资金情况可以形成一个大致的判断。首先,在日常项目支出部分,各政党每年的变化浮动都不大,保持了总体上的稳定,这与安倍执政以来日本政局总体稳定的大气候紧密相关。但总体平稳掩盖不了各政党及政治团体在人力成本方面支出过大的现实,过高的人力成本支出会挤占各政党进行政治活动的经费,从而成为政党及政治团体运营的负担。其次,在政治活动经费项目中,各项支出每年的变化及波动都比较大,除政治献金和援助金项目外,支出最多的是机关杂志等事业的支出。对于许多政党及政治团体而言,向社会公开发售体现该团体意志的报纸、杂志等文化产品,不仅可以起到宣传及扩大社会影响力的效果,同时还可以增加该团体的收入。最后,尽管日本政党及政治团体的资金收入呈现逐年减少的倾向,但不可否认的是如果有众参两院的选举,特别是有众议院选举的年份,政治资金的支出和收入都会有所增加。例如,2017年的组织活动费和选举关系费的支出都要远远多于没有国政选举的2015年,也多于有参议院选举的2016年。

---

① 不断强化的政治资金管制体系要求政党及政治团体将所有支出的资金登记和公开,政党或政治团体将接收的献金和援助金转给其他政治团体用作政治活动经费时都应按照《政治资金规制法》的要求进行登记和公开。

战后日本选举与政治资金问题

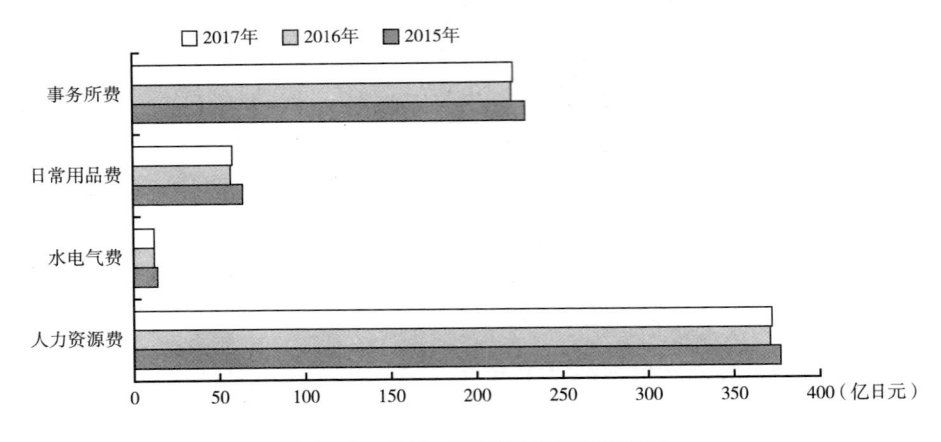

图 6-4　2015~2017 年日常项目支出

资料来源：作者依据相关报告整理，参见総務省「平成29年分政治資金収支報告の概要（総務大臣届出分＋都道府県届出分）」、2018年12月26日；「平成28年分政治資金収支報告の概要（総務大臣届出分＋都道府県届出分）」、2017年12月26日；「平成27年分政治資金収支報告の概要（総務大臣届出分＋都道府県届出分）」、2016年12月27日。

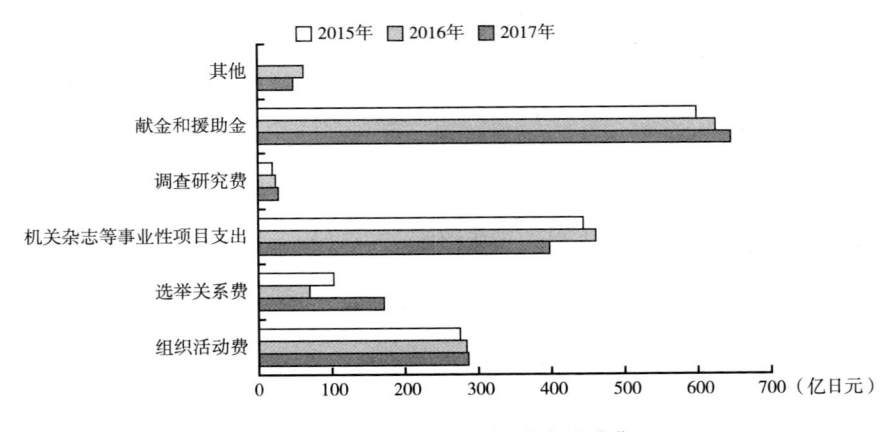

图 6-5　2015~2017 年政治活动费

注：在制作支出的图表时没有将本部支部的补助金这一项纳入。

资料来源：作者依据相关报告整理，参见総務省「平成29年分政治資金収支報告の概要（総務大臣届出分＋都道府県届出分）」、2018年12月26日；「平成28年分政治資金収支報告の概要（総務大臣届出分＋都道府県届出分）」、2017年12月26日；「平成27年分政治資金収支報告の概要（総務大臣届出分＋都道府県届出分）」、2016年12月27日。

第二节　日本各政党的政治资金结构

在战后日本政治中，自民党长期执掌权力中枢，其长期执政所形成的"55年体制"成为分析和研究战后日本政治的重要内容。尽管1993年"55年体制"破产，自民党失去执政权力，沦为在野党，但自民党总能经过短暂的调整之后再次成为执政党，并能够再次建立以自民党一党独大为特征的政党格局。2012年，安倍晋三率领自民党击败民主党赢得第46届众议院选举，日本政治重回"自民党时代"，安倍也凭借其高超的政治手腕和运作、过硬的政治定力成为自民党内的最有权势者。

为了对抗自民党，日本各大在野党的合纵连横不断上演。2016年2月，日本民主党与日本维新党宣布合并成立日本民进党。2017年10月，日本民进党分裂，原党首枝野幸男宣布建立"立宪民主党"。2018年4月，日本民进党与日本希望之党合并成立国民民主党。日本政党频繁的重组洗牌现象引发了学界的关注。部分学者以1993年自民党的分裂为案例，指出日本政党的分裂主要源于派阀之间的权力斗争以及党内各种势力之间的钩心斗角。[①]也有学者从联合政府理论的视角出发，将政党的分裂与重组微观化为议员在各政党间的流动，通过对议员在不同政党之间的流动来探讨政党分裂和重组的原因。[②]尽管在野党之间频繁地进行势力重组，并不断涌现出欲挑战安倍首相的领袖人物，但往往都是昙花一现，难以有效获得日本选民的大力支持。实际上，近期在野党势力的重组其实只是2012年民主党分裂的延续，大选失利以及党内各派势力间的争斗使民主党不仅失去民意的支持，同时也难以维护党内团结和形成共识，最终只能通过寻求与其他在野党合作来保持影响力。但与其他政党的合作必定又会激起党内部分势力的反对，进而导致民主党的分裂。

---

① 参见伊藤光利「自民下野の政治過程：多元的イモビリズムによる合理的選択」、『年報政治学 1996：55年体制の崩壊』、岩波書店、1996年；建林正彦「自民党分裂の研究：93年の自民党分裂と90年代の政党間対立」、『社会科学研究』第53巻第2・3号、2002年3月。
② 参考山本健太郎『政党間移動と政党システム』、木鐸社、2010年。联合政府理论在解释议员流动的原因时设立了两个模型：一是为追求政权模型，该模型假设成为议会中多数派获得执政地位是议员们的唯一目的；二是为追求政策模型，该模型假设执政并非政治家在政党间进行流动的唯一目的，实现政治理念及政策主张也会促使政治家在政党间进行流动。

战后日本选举与政治资金问题

政党之间频繁地重组，不断有新政党产生、旧政党消失，使每年提交政治资金收支报告书的政党名目千差万别。观察 2015~2017 年提交收支报告书的政党，可以发现在野党的数量在不断减少。特别是随着 2017 年及 2018 年掀起的政党重组潮流，2018 年提交政治资金收支报告书的政党数量将会进一步减少。此外，自民党、日本共产党、公明党以及社民党等传统老牌政党保持了相对稳定，特别是"自公执政联盟"的团结和稳定，有效稳固了自民党一党独大的执政格局。

表 6-1　2017 年、2016 年、2015 年提交政治资金收支报告书的政党

年份	政党
2017 年	自民党、日本共产党、公明党、民进党、日本维新会、希望之党、社民党、立宪民主党、自由党
2016 年	自民党、日本共产党、公明党、民进党、日本维新会、社民党、日本之心、自由党、维新党
2015 年	自民党、日本共产党、公明党、民主党、维新党、社民党、日本之心、生活党和山本太郎及伙伴、太阳党、日本振作起来、新党改革、大阪维新会、集结改革之会

资料来源：作者依据相关报告整理，参见総務省「平成 29 年分政治资金收支报告の概要（総務大臣届出分+都道府県届出分）」、2018 年 12 月 26 日；「平成 28 年分政治资金收支报告の概要（総務大臣届出分+都道府県届出分）」、2017 年 12 月 26 日；「平成 27 年分政治资金收支报告の概要（総務大臣届出分+都道府県届出分）」、2016 年 12 月 27 日。

在野党势力的重组以及政党数量的减少表明，一方面在野党想通过联合各党派资源，在国政选举以及政治运营中对自民党政权形成制衡；另一方面也显示在野党之间的联合与合作并未能够对自民党政权形成有效挑战，反而由于频繁的重组，部分在野党人心涣散，缺乏凝聚力和领导力，甚至部分在野党的重组引起日本选民的反感，从而导致在野党势力日益衰退。毕竟从小泉纯一郎的下台到 2012 年民主党倒台的几年间，日本政局动荡，首相如走马灯似的一年一换，促使日本选民特别期望能有稳定的政权和强有力的领导人来统领日本。在野党势力的频繁重组反而会强化日本选民对于政局稳定的诉求，从而坚定日本选民对自民党政权的支持。

为此，本节将从政治资金结构的视角来对自民党、公明党等政党展开研判，通过对各政党政治资金结构的分析，来探讨日本政治资金问题的发展趋向。

一　自民党的政治资金结构

1955 年 11 月，原日本自由党与民主党合并成立自由民主党，此后开启

第六章　日本政党及政治家的政治资金状况

了长达38年单独执政的序幕。尽管1993年及2009年自民党两次下野，但经过短暂的休整之后，自民党又以力挽狂澜之势，再次重回日本权力中枢。尤其是在2012年的众议院选举中，自民党大获全胜，重新执掌日本政权。此次选举中，自民党在小选举区获得237个议席，在比例代表选举区获得57个议席，总计获得了294个议席，已经远远超过选举前的118个议席。自民党的政治盟友公明党获得31个议席，也超过大选前的议席数，而执政的民主党只获得了57个议席，远少于选举前的230个议席。[①] 自民党赢得此次大选，不仅宣布了其将重新执掌日本政权，同时也开启了安倍统领日本的新时代。

不过自民党长期执政期间也是日本政治资金问题最为严重的时期，政治资金管制体系的缺陷以及自民党特有的政治资金运作方式，使自民党内各派阀领袖与工商企业界保持着紧密的联系。一些重大、带有团体性质的违反政治资金管制体系的贪腐事件层出不穷。日本的政治资金管制体系不断完善，加上引入了政党援助制度，有效规范了各政党在政治资金收支方面的问题。另外，小选举区制度的引入，在避免政党内部候选人相互竞争的同时也在一定程度上减少了自民党政治家对政治资金的需求，但日本选民对于自民党在政治资金收支方面存在的问题依然十分警惕。

（一）自民党的政治资金收入构成

1994年的政治改革对日本政党的政治资金结构形成了强烈的冲击，政党援助制度的引入以及政治资金管制体系的强化使来自企业团体的政治献金受到越来越多的限制。原先容易滋生大规模腐败行为的企业献金在一定程度上得到遏制，来自企业团体的献金在各政党政治资金结构中的比重不断降低。但与其他政党相比，自民党依然深受企业团体的青睐，其每年获得的来自企业团体的献金依然是最多的。

结合2015~2017年自民党本部[②]和支部的收入情况来看，来自政治捐

---

① 「各党の獲得議席」、『朝日新聞』、http://www.asahi.com/senkyo/sousenkyo46/［2019-2-10］。
② 自民党本部位于东京都千代田区永田町，类似于自民党中央，其地方组织分为支部联合会和在市町村设立的二级支部。

战后日本选举与政治资金问题

款的收入都未占到当年政治资金收入的1/3。其中，2017年自民党政治资金收入中来自企业的献金占全部政治资金收入的10.7%，而全部政治献金的收入也只占全部政治资金收入的27.4%；2016年来自企业的献金只占全部政治资金收入的9.8%，将来自个人、企业法人及政治团体的献金加起来，也只占全部政治资金收入的26.4%；2015年，政治献金收入依然占到整体政治资金收入的30%，来自企业的献金也只占总额的10.8%。[①] 如果仅仅只看自民党政党本部和支部的政治资金收入中，政治献金的数额及其所占的比例，可能得出政治献金在自民党的政治资金收入中的占比依然很大的结论。但如果将分析的目光转向自民党政党本部的政治资金收入构成，可能得出的结论就会不一致（见图6-6、图6-7）。

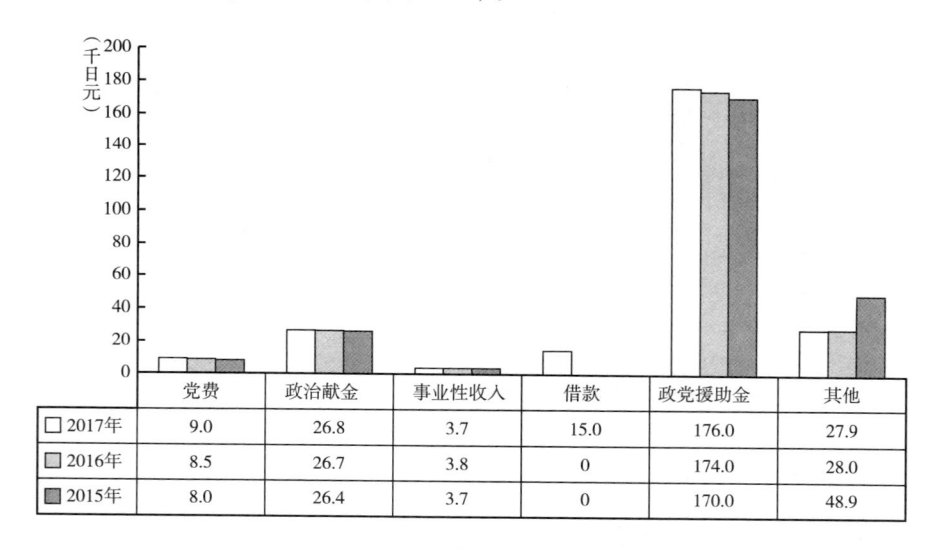

（千日元）	党费	政治献金	事业性收入	借款	政党援助金	其他
2017年	9.0	26.8	3.7	15.0	176.0	27.9
2016年	8.5	26.7	3.8	0	174.0	28.0
2015年	8.0	26.4	3.7	0	170.0	48.9

图6-6 2015年、2016年、2017年自民党本部政治资金收入情况

资料来源：笔者依据日本总务省公布的数据整理而成，参见総務省「平成27年分政治資金収支報告の概要（総務大臣届き出分）」、2016年12月27日；「平成28年分政治資金収支報告の概要（総務大臣届き出分）」、2017年12月26日；「平成29年分政治資金収支報告の概要（総務大臣届き出分）」、2018年12月26日。

---

① 作者依据相关报告计算，参见総務省「平成29年分政治資金収支報告の概要（総務大臣届出分＋都道府県届出分）」、2018年12月26日；「平成28年分政治資金収支報告の概要（総務大臣届出分＋都道府県届出分）」、2017年12月26日；「平成27年分政治資金収支報告の概要（総務大臣届出分＋都道府県届出分）」、2016年12月27日。

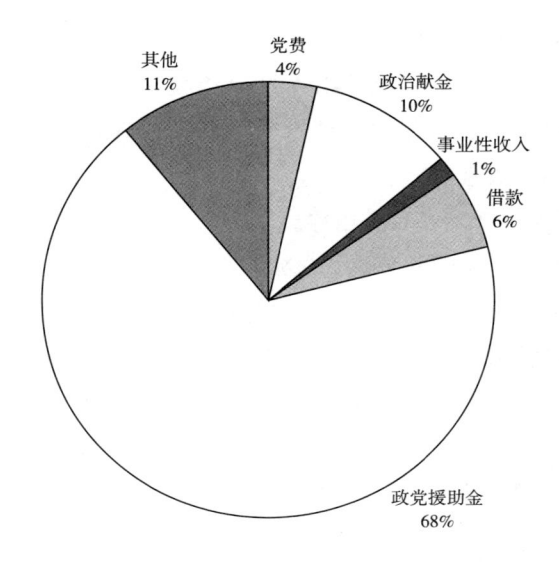

第六章　日本政党及政治家的政治资金状况

图 6-7　2017 年自民党本部政治资金收入构成

资料来源：笔者依据日本总务省公布的数据整理而成，参见総務省「平成 29 年分政治資金収支報告の概要（総務大臣届き出分）」、2018 年 11 月 30 日。

通过对 2015～2017 年自民党本部政治资金收支报告书的分析可知，在自民党本部的政治资金收入构成中，来自国家补助的政党援助金数额要远远多于其他项目的收入，而原先成为自民党重要财源的来自个人、企业等团体的政治献金，在整体的收入构成中占比偏低且保持相对稳定。以 2017 年自民党本部政治资金收入构成为例，政党援助金占总收入的 68%，而来自个人、企业等团体的政治献金收入则只占到 10%。这一方面显示了随着政治资金管制体系的不断强化，原先滋生自民党与财界大规模政治腐败的企业献金已经得到了较好的治理，一直困扰日本政治的政财关系得到了良性发展；另一方面我们也应清醒地看到，献金类收入在自民党本部与自民党本部和支部的政治资金收入构成中的比重存在明显的差别。在本部和支部的收入统计中，政治献金的收入几乎占到自民党总收入的 1/3，而在本部的收入中献金只占到 1/10。之所以会出现如此巨大的差别，主要原因是政治资金管制体系存在较大的漏洞，即政党支部接收献金的数量缺乏监管。政党支部作为政党在地方设立的分支组织，其所拥有的权利与政党本

167

部毫无差别，对政党支部进行监管将有可能违犯日本宪法对于公民政治自由的保护。结果导致政党支部可以大量地接收来自个人以及企业等团体的献金，再加上设立政党支部的数量不受限制，使日本政治家可以灵活地使用政党支部来筹集大量的政治资金。

（二）自民党的政治资金支出构成

政治资金的支出体现的是政党日常运营中最为重要的内容，即如何将支出的政治资金转换为选票及在选民中的影响力。不同的政党在大选及日常运营中会选择不同的选举战略，而这恰恰直接影响了政党的政治资金支出结构。自民党作为长期执掌日本权力中枢的强势政党，其在选举中的强势地位在政治资金支出结构中应有所体现。

通过对2015年、2016年及2017年自民党本部的支出构成情况进行分析，可以看出自民党本部在自民党政治资金流转过程中发挥着重要的作用。首先，献金和援助金数额要远远超过其他支出项，在部分年份几乎相当于其他各项支出的总和。这显示出自民党本部在资金的调配和使用方面扮演着绝对主导的角色。其次，事务所费用的支出居高不下，仅次于献金和援助金的数额。以2017年支出数额为例，事务所费用的支出占到了2017年全年政党本部支出的14.9%。再次，组织活动费和人力资源费用的支出也比较高。在这三年中人力成本的支出每年变化不大，但组织活动费的支出却呈现出逐年递增的趋势。如果结合这三年的政党支部的支出数据①，可以发现政党本部与政党支部在选举中具有非常明显的分工。以2017年为例，在组织活动费支出方面，政党支部支出的费用几乎是政党本部的2倍，在人力资源费用方面政党支部的支出是政党本部的3倍多。正如日本学者所言，2009年大选失败后的自民党能够在3年的时间内再次夺回政权的主要原因是自民党拥有强大的地方组织，此类地方组织以地方议员为核心，没有受到2009年自民党大选失利的影响，并在2012年的大选中成为反攻的据点。② 正因为自民党有如此强大的地方组织，才使自民党在选举动员、宣传等方面拥有强大

---

① 政党支部的数据是笔者本人依据2015年、2016年及2017年总务大臣与都道府县版的政治资金收支报告书的数据减去2015年、2016年及2017年总务大臣版本的政治资金收支报告书的数据得出这三年自民党政党支部的支出数据。

② 中北浩爾『自民党—「一強」の実像—』、中公新書、2017年、229頁。

第六章　日本政党及政治家的政治资金状况

的影响力，而政党本部所扮演的政治资金调度的角色，则源源不断地为政党支部提供大力支持。

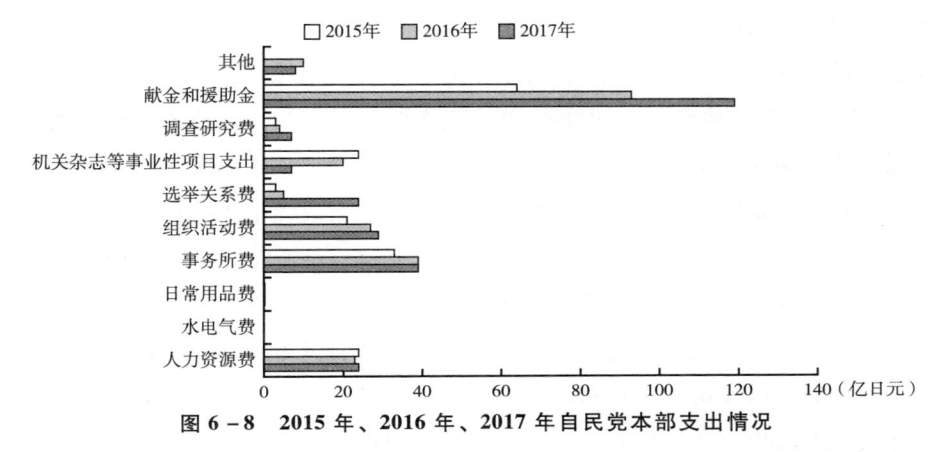

图 6-8　2015 年、2016 年、2017 年自民党本部支出情况

注：由于日常用品费的支出过于少，未能在图中显示出来。依据公布的数据，自民党在日常用品方面的支出 2015 年为 18849000 日元，2016 年为 23963000 日元，2017 年为 26259000 日元，水电气费方面的支出都为 0。

资料来源：作者依据相关报告整理，参见総務省「平成 29 年分政治資金収支報告の概要（総務大臣届出分 + 都道府県届出分）」、2018 年 12 月 26 日；「平成 28 年分政治資金収支報告の概要（総務大臣届出分 + 都道府県届出分）」、2017 年 12 月 26 日；「平成 27 年分政治資金収支報告の概要（総務大臣届出分 + 都道府県届出分）」、2016 年 12 月 27 日。

二　公明党的政治资金结构

公明党是在信奉佛教的宗教团体创价学会的基础上发展起来的政党，坚持中道路线，践行深入民间社会的民主主义。1999 年，公明党加入自民党的联合政权成为执政党，2009 年大选失败后两党之间依然保持紧密的合作，2012 年公明党再次与自民党合作组建联合政府。公明党作为具有特定支持群体的政党，其在选举动员方面所付出的成本要远低于一般的政党。公明党依靠稳定的会员体系建立比较稳固的票仓，使其候选人能够比较容易在国政选举中获得议席。在 2017 年众议院选举中，公明党获得 29 席，有力地保障了自公联盟在众议院的 2/3 多数。在 2014 年众议院选举中，公明党获得 35 席，在 2012 年众议院选举中获得 31 席。[1] 尽管在最近的三次众议院选举中

---

[1] 「NHK 選挙 WEB」、https：//www.nhk.or.jp/senkyo/database/history/#。

169

公明党获得的议席数相对比较稳定，但从获得选票的数量来看，公明党在大选中面临的形势比较严峻。公明党在2017年众议院大选中的比例代表选举区获得697万张选票，得票率为12.51%；而在2014年众议院选举中的比例代表选举区获得731万张选票，得票率为13.71%。[1] 如果再结合2012年以及2009年的得票情况，公明党在众议院选举中的比例代表选举区的得票数呈现出非常明显的下降趋势。为了应对当前日益严峻的选举形势，公明党会不会调整选举策略，进而在政治资金结构方面做出改变值得关注。

（一）公明党的政治资金收入构成

公明党作为在创价学会基础上成立的政党，庞大的会员网络将十分有利于其在大选中将会员的支持转变为一张张的选票，这不仅十分有利于公明党减少政治资金的支出、优化政治资金结构、避免违反政治资金管制体系的事件发生，同时也有利于培养公明党廉洁、亲民的政党形象。从近几年公明党本部的政治资金收入结构来看，公明党的政治资金收入具有以下特点。第一，事业性收入在公明党的政治资金收入中占据半壁江山。以最近几年的数据来看，事业性收入在政治资金收入中的占比几乎达到60%以上[2]，这与引入政党援助制度后，日本各政党将成为"国营政党"的印象完全不同。而政党援助金在公明党本部的政治资金收入中占20%左右。第二，政治献金在政治资金收入中占比过低，几乎可以忽略不计。公明党作为以创价学会为支撑的政党，在日本全国建立了大量的会员机构与组织，这些组织辐射人群广泛，在民间社会具有一定的知名度，但在公明党本部的政治资金收入中难以体现，个中原因值得研究。2017年，公明党本部只收到了300多万日元的献金，主要来自个人捐款。第三，党费收入在公明党政治资金收入中的占比远高于其他政党。尽管公明党大量的会员力量在献金捐献方面未能有效动员起来，但在党费缴纳方面则显示出其强大的实力。2015年和2016年党费收入占公明党本部政治资金收入的10%左右，占比不算太高，但从金额来

---

[1] 「衆院選比例区得票数得票率が確定」、公明党、2017年10月25日、https://www.komei.or.jp/news/detail/20171025_26109；2014年的数据参见「第47回衆議院議員総選挙発表資料」、http://www.soumu.go.jp/senkyo/47sansokuhou/index.html。

[2] 2017年事业性收入占公明党本部政治资金收入的65.2%，2016年占到62.3%，2015年占到62%。

看则远远多于自民党、社民党等其他政党。2015年公明党党费收入13亿日元，自民党收入8.5亿日元，社民党本部党费收入占其政治资金收入的14.5%，金额也只是1.38亿日元。①

此外，如果将公明党支部的数据也纳入分析，其各项收入占整体政治资金收入的比重将发生明显的变化。比如，在本部政治资金收入中，献金收入金额几乎可以忽略不计；但在本部和支部的政治资金收入总额中，献金收入的金额会大幅攀升，在总收入中所占的比重也上升了。以2017年为例，献金捐款占总收入的比例为13.3%，金额达到了24.98亿日元，其中个人献金就达到了23.35亿日元，在总收入中的占比也达到了12.5%。如果除去公明党本部的献金收入，公明党支部的献金收入达到了24.95亿日元。本部和支部在献金收入方面如此巨大的反差凸显公明党在选举方面的战略安排。一方面，公明党以创价学会为依托，其会员组织主要分散在地方，个人比较容易和方便向支部捐献献金；另一方面，凸显政党支部在收集政治资金方面的优势。通过利用政党支部在接收政治献金方面的便利，以及发挥政党支部在政治家政治资金流转方面的特点来尽可能减少《政治资金规制法》对于政治资金收入和支出方面的限制，为公明党候选人在地方进行政治宣传与动员提供了有力保障。

（二）公明党的政治资金支出构成

政治资金的支出与各个政党的选举战略以及日常运营息息相关，公明党独具特色的政治资金收入结构也在一定程度上影响其政治资金的支出构成。第一，机关杂志等事业性经费支出在整个公明党本部政治资金支出构成中占比过高，几乎达到50%。在2016年的公明党政治资金支出构成中，机关杂志等事业性项目经费支出占整体支出的50.9%，而机关杂志发行的费用就占了整体支出的47.4%。② 公明党将大量的政治资金投入机关杂志发行方

---

① 総務省「平成27年分政治資金収支報告の概要（総務大臣届出分）」、2016年11月25日；「平成28年分政治資金収支報告の概要（総務大臣届出分）」、2017年11月30日；「平成29年分政治資金収支報告の概要（総務大臣届出分）」、2018年11月25日。

② 2017年的机关杂志等事业性项目支出在该年的政治资金支出构成中占比47.8%，其中机关杂志发行费用占比44.3%；在2015年的政治资金支出中占比50.1%，其中机关杂志发行费用占比48.5%。『政治資金関連』、総務省、http：//www.soumu.go.jp/senkyo/seiji_s/data_seiji/index.html。

面，一方面体现了其具备庞大的会员体系，通过会员的预定和购买来获得稳定的政治资金收入；另一方面也显示其在选举活动中对其他非会员的选民群体重视和投入不够。这种政治资金的收支结构与日本共产党非常相似。日本共产党的政治资金收入也主要通过支持者订阅与购买其发行的刊物和宣传品，2017 年日本共产党本部的政治资金收入中，事业性收入占到了惊人的 84.6%，而在支出方面，机关杂志发行费用就占该年支出的 59.4%。① 第二，日常消费支出过多，大量的政治资金用于支付人力资源成本、事务所费等与选举活动并不直接相关的项目。在 2015 年、2016 年及 2017 年的公明党本部政治资金支出构成中，日常消费支出的数额分别占到整体支出的 31.1%、25% 和 28.4%，② 如此高的支出比例几乎与长期执政的自民党一样。但是自民党作为议会第一大党，其在选举中推选候选人的数量及当选议员的候选人数都要数倍于公明党。因此，以公明党的规模及当选候选人数量来看，其在日常消费方面的支出过多。此外，政治资金总量固定，一旦某项目的支出过多必定会影响到其他项目的经费分配。公明党在日常消费以及机关杂志发行等项目中的支出太多必定会减少与选举活动紧密相关的组织活动费和选举关系费的支出。

事实上，公明党本部的政治资金支出结构在其支部的政治资金支出构成中也有所体现。当对公明党本部和支部的支出数据进行统合分析时，就会发现政党支部各项目的支出在其支出构成中的比例并未发生很大的变化。这反映了即使在地方公明党也倾向于利用创价学会所建立的会员体系和网络来进行政治宣传和选举动员。这样的政治资金支配体系虽然可以让公明党坚守票仓，稳定选票，但不可忽视的是在近期的大选中公明党获得的选票数量大幅度减少，其推荐的候选人当选的人数也在减少。在这种背景下，公明党是不是应该在继续巩固原有票仓的基础上，扩大政治活动经费的支出，寻找新的支持群体。

---

① 総務省「平成 28 年分政治資金収支報告の概要（総務大臣届出分）」、2017 年 11 月 30 日。
② 総務省「平成 27 年分政治資金収支報告の概要（総務大臣届出分）」、2016 年 11 月 25 日；「平成 28 年分政治資金収支報告の概要（総務大臣届出分）」、2017 年 11 月 30 日；「平成 29 年分政治資金収支報告の概要（総務大臣届出分）」、2018 年 11 月 25 日。

第六章 日本政党及政治家的政治资金状况

三 日本民主党的政治资金结构

1998年4月，原日本民主党联合其他三个在野党联合成立日本民主党，菅直人任党代表，羽田孜任干事长。经过多年的经营，民主党牢牢坐稳了第一大在野党的位置，并时刻准备挑战自民党的执政地位。民主党在2009年第45届大选中赢得选举胜利，成功取代自民党成为执政党。民主党的上台使日本国内外各界人士对其充满期待，日本社会希望民主党能够摒弃自民党的痼疾，克服金钱政治对日本民主政治的伤害，重塑日本选民的信心，也希望民主党能够适应不断变化的国际局势，平衡各方力量，为日本经济社会的发展创造和平友好的外交环境。然而，执政经验的缺乏以及党内分裂使民主党执政根基不稳。原本日本选民寄希望通过实现政权更替来改变自民党长期执政所带来的金权政治，重新净化日本政治生态，但民主党内以鸠山由纪夫、小泽一郎等为首的自民党出身的政治家，未能按照政治资金管制体系的相关要求来使用政治资金，在民主党执政期间多次被揭露违反政治资金管制体系的行为。这些违法行为的披露引发日本舆论和在野党的猛烈批判，严重损害民主党在日本国民中的形象。这对于那些寄希望于通过民主党的上台来实现"廉洁政治"的民主党支持者而言无异于当头一棒，结果民主党执政仅三年就被日本选民赶下台。民主党沦为在野党后政党实力受到较大的削弱，作为维持政党及政治家开展政治活动的政治资金收入也大幅度减少。为此，本部分将对沦为在野党后的民主党的政治资金收支情况展开分析，并在此基础上与执政时期的民主党政治资金收支情况展开比较分析。

（一）民主党的政治资金收入构成

在2011年民主党权势如日中天时期，其政党本部的政治资金收入达到了202.3亿日元[1]，而在2015年，民主党本部的政治资金收入只有94亿日元[2]，仅仅只是2011年的1/2。执政党地位的丧失直接影响到民主党筹集政治资金的能力。在民主党沦为在野党之后，其政治资金的收入构成发生了明

---

[1] 総務省『官報』（号外第260号）、2012年11月30日、16頁。
[2] 総務省「平成27年分政治資金収支報告の概要（総務大臣届き分）」、2016年11月25日。

显的变化。首先，民主党本部的政治资金收入大幅度减少。在民主党执政的 2009～2012 年，其政治资金收入都保持较高的水平。2009 年收入 163 亿日元，2010 年收入 206.9 亿日元，2011 年收入 202.3 亿日元，2012 年收入 195.6 亿日元，2013 年沦为在野党的第一年只收到了 94.3 亿日元的政治资金。[①] 直到 2016 年民主党与日本维新党合并成立民进党之前，民主党本部的政治资金收入一直都未超过 100 亿日元。其次，民主党是名副其实的"政党援助金依赖型"的"国营"政党，政党援助金在民主党本部的政治资金收入构成中占有非常高的比重。2015 年，民主党本部收到 76.68 亿日元的政党援助金，占该年政治资金收入的 81.4%。[②] 2014 年，民主党本部收到 66.93 亿日元的政党援助金，占该年政治资金收入的 85.9%。[③] 即使在民主党执政期间，政党援助金在每年政治资金收入中也保持着比较高的占比。2009 年民主党共获得 136.61 亿日元的政党援助金，占该年政治资金收入的 84%[④]；2010 年民主党共获得 171.1 亿日元的政党援助金，占该年政治资金收入的 83%。[⑤] 对民主党而言，不论是执政期间还是沦为在野党，政党援助金成为其重要的政治资金来源。最后，民主党的政治资金构成相对比较单一。由于政党援助金成为民主党政治资金收入的主要来源，其他各项政治资金在民主党本部的政治资金收入构成中占比很低，甚至很多项目都未有资金进账。除了政党援助金外，在民主党政治资金收入构成中党费、个人献金以及事业性收入等都占有一定的比例，但占比都比较低。其中，每年的党费收入总体比较稳定，占比为 2%～3%。当然，在政党收支报告书中未明确来源的政治资金被列为其他部分的收入。这部分收入每年的数额都不少，2014 年占到民主党该年收入的 10.7%，金额近 8.4 亿日元，而 2015 年达到了

---

① 笔者依据日本总务省 2009～2013 年《官报》发布的数据计算得出，其中政治资金收入表示该年的新增资金，不包含上一年的结余资金，具体参见総務省「政治資金収支報告書の要旨」、http://www.soumu.go.jp/senkyo/seiji_s/data_seiji/index.html。
② 総務省「平成 27 年分政治資金収支報告の概要（総務大臣届き分）」、2016 年 11 月 25 日。
③ 総務省「平成 26 年分政治資金収支報告の概要（総務大臣届き分）」、2015 年 11 月 27 日。
④ 総務省『官報』（号外第 251 号）、平成 22 年 11 月 30 日、17 頁。
⑤ 総務省『官報』（号外第 257 号）、平成 23 年 11 月 30 日、17 頁。

15.8%，金额接近 14.9 亿日元。[①]

自政党援助制度实行以来，除日本共产党外，其他政党的政治资金收入严重依赖每年来自国库拨付的政党援助金。民主党对于政党援助金的依赖使其成为名副其实的"国营"政党。正因如此，沦为在野党后的民主党由于国会议员数的减少，分配到的政党援助金大量减少，使民主党的政治资金收入出现断崖式下降。民主党较为单一的政治资金收入构成确实可以有效减少其与企业及社会团体之间金钱的来往，降低违反政治资金管制体系的风险，但民主党对政党援助金的过分依赖也让人对其自身的代表性产生担忧。在民主党和日本维新党合并为民进党以及民进党分裂的过程中，民主党对于政党援助金的使用就曾遭到日本舆论的指责。

（二）民主党的政治资金支出构成

民主党政治资金收入的减少直接影响了民主党政治资金的支出。一方面随着政治资金收入大幅度减少，直接减少了民主党可支配的政治资金数额；另一方面国会议员数量的减少也在一定程度上影响了民主党政治资金的支出。从近几年民主党失去执政党地位后的政治资金支出构成来看，民主党的政治资金支出具有如下特点。首先，献金和援助金的支出数额过多，几乎占到民主党政治资金支出数额的一半。以 2015 年民主党政治资金支出为例[②]，2015 年民主党支出的献金和援助金的数额占到全部支出的 48.6%。这意味着民主党本部扮演着政治资金周转站的角色，通过将政治资金以献金或者政党援助金的方式流转到民主党支部及相关政治团体。这一方面能够让资源得到较好的配置，另一方面也可以增强民主党相关政治团体以及民主党支部在地方选举中的竞争力。其次，选举关系费的支出数额和比例远高于其他政党。2015 年民主党的选举关系费支出 19.75 亿日元，占比 22.7%；自民党仅支出 2.89 亿日元，占其总支出的 1.5%。选举关系费指的是用于选举活动中的经费，包括选举对策费、提名候选人的推荐费等所有在选举活动中的支出。民主党将大量的政治资金投入选举活

[①] 笔者对总务省公布的数据进行四舍五入得出，数据来源于 2014 年及 2015 年政治资金收支报告书（总务大臣版）概要。
[②] 2014 年民主党的献金和援助金支出占总支出的 47.9%，而在选举关系费用支出方面 2014 年民主党的支出也是超过当年其他政党，达到 28.79 亿日元，占总支出的 24.2%。

动中，可以看出其对于选举的重视。最后，民主党较好地控制了日常经费的支出，特别是较好地控制了人力资源费以及事务所费等"耗费大户"在政治资金总支出中的占比。通过限制与选举活动并不直接相关的间接费用的支出，进而将更多的政治资金投入选举活动中，尽可能获得更多选民支持。

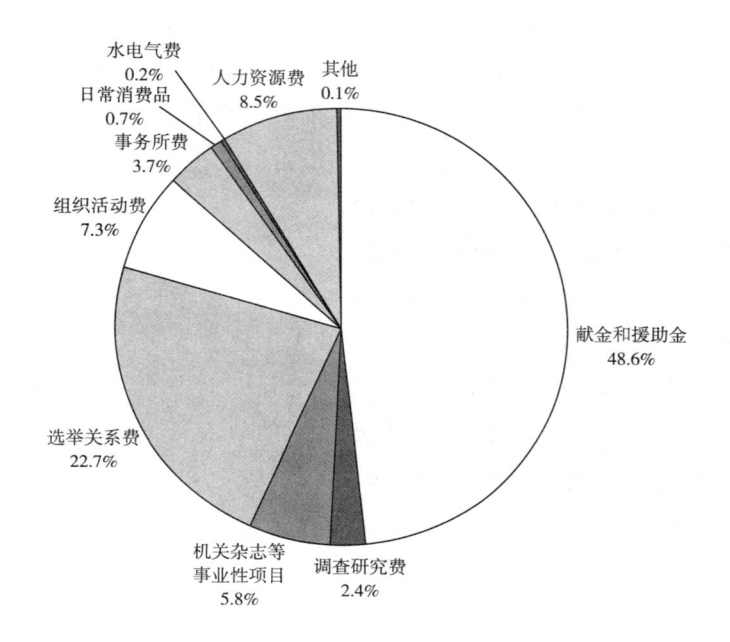

图 6-9　2015 年民主党本部政治资金支出构成

资料来源：『官报』（号外第 260 号）、2016 年 11 月 25 日、18 頁。

事实上，即使民主党沦为在野党后，依然延续着其执政期间的政治资金收支结构，政治资金的收入严重依赖政党援助金。但也正因此，随着当选议员人数的不断减少，其政治资金收入受到很大的影响，政党的整体实力明显削弱。为此，民主党走上了联合其他在野党，进行政界重组、联合的老路。2016 年民主党与日本维新党合并成立民进党，2017 年民进党代理党首枝野幸男离开民进党组建立宪民主党，之后民进党与日本希望之党合并成立日本国民民主党。至此，日本民主党直接从日本政坛消失。

第六章　日本政党及政治家的政治资金状况

第三节　日本政治家的政治资金结构

一　政治家的政治资金收入来源

为了规范政治家的政治资金来源，防止政治资金问题的发生，日本《政治资金规制法》规定日本的国会议员、地方议员等政治家以及选举候选人在参与政治活动的过程中需要指定唯一一个可以接收政治资金的团体，该团体被称为资金管理团体。资金管理团体作为日本政治家专属的政治资金管理团体，其收入的多少成为观察日本政治家政治实力的一个重要指标。实际上为了规范政治家与企业之间的政经关系，政治家个人的资金管理团体只能接收来自个人的政治献金，不能接收来自企业及团体的献金，并且规定个人一年最多只能捐赠150万日元的政治献金。在日本比较知名的资金管理团体有日本首相安倍晋三的晋和会、麻生太郎的素准会以及小泽一郎的陆上会等。

（一）日本首相安倍晋三的政治资金收入构成

当前安倍晋三作为自民党内最有权势者，不仅让自民党修改党章助其实现两次连任，而且还整合党内外各种资源意图推动战后和平宪法的修改。安倍强大的影响力不仅表现在政治运作中，在政治资金的筹集方面也有体现。

正如安倍的资金管理团体公布的数据所显示的一样，安倍在各个领域保持着强大的"吸金"能力，不论是筹集政治资金的总量还是筹款的效率，安倍都一直排在前列。

从日本首相安倍晋三的资金管理团体晋和会提交的政治资金收支报告书可以了解安倍的政治资金收入主要来源于个人献金、政治团体献金和筹款宴会，其中来源于筹款宴会的政治资金收入数额远超过其他。这一方面显示安倍在筹集政治资金方面具有强大的影响力，另一方面也可看出安倍的政治资金十分富余，仅上一年余下的政治资金就几乎与该年新增的政治资金相当。如果进一步深入挖掘晋和会提交的政治资金收支报告书的话，就会加深这一印象。首先，安倍在筹集政治资金方面具备超强的影响力，在2014年、2015年及2016年安倍各举行了3次筹款宴会，占当年新增政治资金的绝大部分。以2016年为例，安倍共举行了3次后援会早餐会，每次早餐会筹集

战后日本选举与政治资金问题

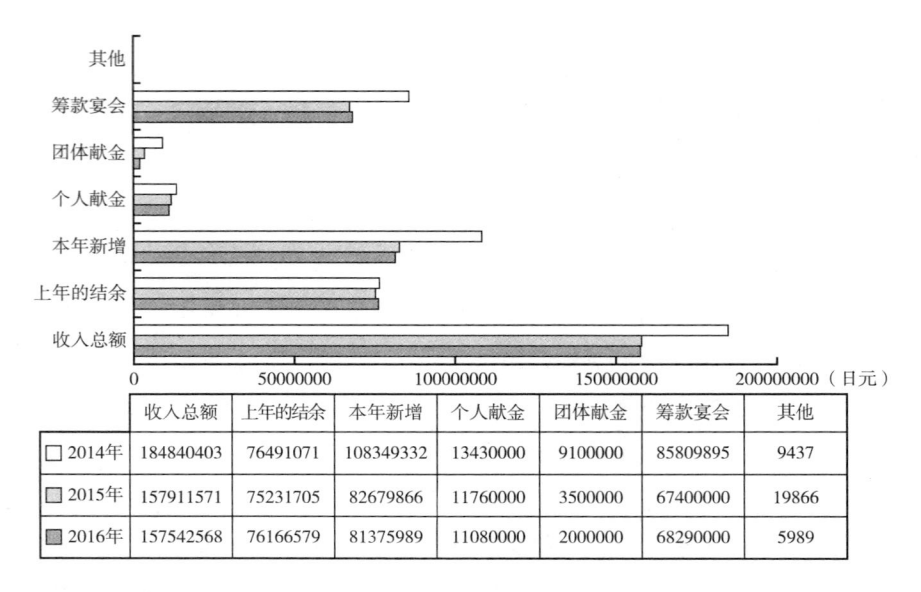

	收入总额	上年的结余	本年新增	个人献金	团体献金	筹款宴会	其他
2014年	184840403	76491071	108349332	13430000	9100000	85809895	9437
2015年	157911571	75231705	82679866	11760000	3500000	67400000	19866
2016年	157542568	76166579	81375989	11080000	2000000	68290000	5989

图 6-10 晋和会的政治资金收入（2014~2016 年）

资料来源：笔者根据总务省《官报》整理，参见総務省『官报』（号外第 259 号）、2017 年 11 月 30 日、132-133 页；『官报』（号外第 260 号）、2016 年 11 月 25 日、129-130 页；『官报』（号外第 268 号）、2015 年 11 月 27 日、133 页。

的资金都在 2000 万日元以上，3 次共筹集了 6800 多万日元，[1] 而 2017 年的数据显示，安倍仅举办 3 次筹款宴会就筹集了 7300 多万日元的政治资金。[2] 其次，安倍与日本医药界的关系非同寻常。在安倍近几年政治资金收支报告书中都可以发现来自"日本药业政治联盟"和"日本医师联盟"捐赠的献金，同时在筹款宴会的捐款人名单上也发现有"日本医师联盟"以及"制药产业政治联盟"等与医药界密切相关的团体。事实上 2004 年自民党桥本派的平成研究会曾收到过日本牙科医师会的 1 亿日元献金，却没记录在政治资金收支报告书中，最终导致桥本龙太郎辞去当时自民党最大派系桥本派会长一职。最后，在晋和会 2015 年提交的政治资金收支报告书中记录了自民党山口县第四选举区支部捐献的团体献金 100 万日元。而该支部的支部长是安倍晋三，这虽符合政治资金管制体系的规定，但安倍通过这种方式来分流

---

[1] 『官报』（号外第 259 号）、2017 年 11 月 30 日、132 页。
[2] 『官报』（号外第 264 号）、2018 年 11 月 30 日、139 页。

政党支部的献金，无疑会让日本国民质疑其政治操守，也让原本就饱受质疑的政党支部陷入舆论的风暴口。

（二）后安倍时代的代表——岸田文雄的政治资金收入构成

岸田文雄作为日本自民党政务调查会长，也是自民党内重要派系宏池会的会长，在历届内阁中多次出任重要职务，被认为是后安倍时代首相宝座有力的竞争者之一。岸田文雄的资金管理团体名叫"新政治经济研究会"①，其个人的政治资金收支都由该团体管理，通过分析岸田文雄的资金实力，在一定程度上可以对其政治实力进行预判。

从岸田文雄的资金管理团体公布的政治资金收支情况来看，作为后安倍时代首相宝座最有实力的竞争者，其在政治资金方面也展现了强大的实力。2017年新政治经济研究会的政治资金总收入超过了2.2亿日元，该年新增收入1亿多日元，比晋和会的收入还要多。

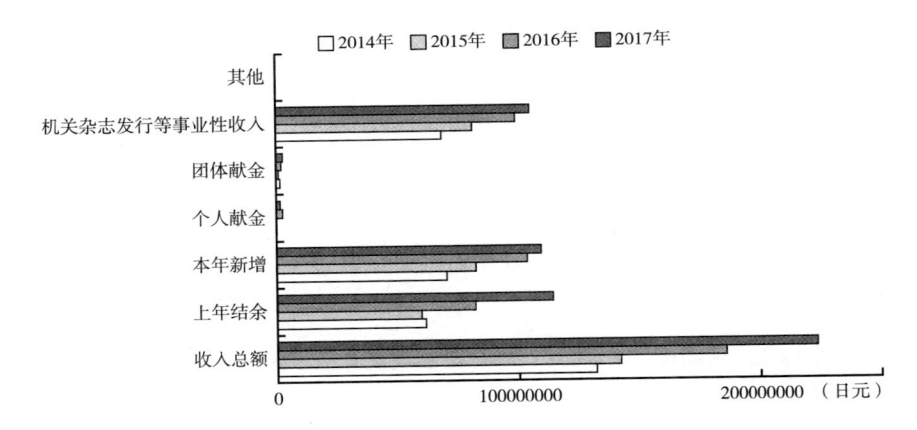

图 6-11　2014~2017 年新政治经济研究会政治资金收入

资料来源：笔者依据 2014~2017 年《官报》中有关新政治经济研究会的政治资金数据整理而成。参见総務省『官报』（号外第 264 号）、2018 年 11 月 30 日、134-135 頁；『官报』（号外第 259 号）、2017 年 11 月 30 日、128 頁；『官报』（号外第 260 号）、2016 年 11 月 25 日、124-125 頁；『官报』（号外第 268 号）、2015 年 11 月 27 日、127-128 頁。

以 2017 年新政治经济研究会为例，并结合前几年的收入情况，岸田文雄的政治资金收入构成具有以下鲜明的特点。首先，个人及团体献金在政治

---

① 日本前首相海部俊树的资金管理团体名称也叫新政治经济研究会。

战后日本选举与政治资金问题

资金的收入构成中偏少，几乎可以忽略不计。作为政治家，其政治资金收入应该主要来自其支持者的捐款，选民通过献金的方式支持能够替其发声或能代表其意志的政治家，而政治家依靠选民的支持参与各种政治活动，推动整个社会的良性运转。个人献金在政治家政治资金收入中的比例偏低一直是制约日本民主政治运转的不利因素。其次，机关杂志发行等事业性收入过高，几乎占到历年政治资金收入总额的一半以上。所谓的机关杂志发行等事业性收入既包含政治家举行的筹款宴会的收入，也包含政治家举办的各种学习会、讲演会等的收入。不过，最为引人注目的则是政治筹款宴会的收入。2017年岸田文雄举行了4次政治筹款宴会，收入达到8000多万日元，平均每场收入2000多万日元，此外还举办了3次"新政治经济塾"，共获得2300多万日元。① 政治家过分依赖政治筹款宴会来吸收政治资金，这不仅不利于健康的政财关系的构建，同时对于民主政治的健康发展也是非常不好的。最后，年结余资金较多，大量的政治资金被闲置。岸田上一年的政治资金结余几乎与该年新增资金数额一样多，这一方面显示岸田具备强大的筹款能力，还预示着大量的政治资金被闲置，无法得到有效的利用。这对于岸田这样的实力派政治家而言可能不会对政治活动产生什么不利影响，但对于年轻的国会议员而言这可能是一笔巨款。闲置的政治资金对于日本的政治资金管制体系提出了新的挑战，即如何在确保公平的前提下规范政治家对闲置政治资金的使用。

（三）自民党内的"在野党"——石破茂的政治资金收入构成

经常以自民党内"反对派"形象存在的石破茂被称为自民党内的"在野党"。作为实力派政治家，石破茂深受自民党基层党员的支持。2012年石破茂与安倍在自民党总裁选举的首次对决中，石破茂在第一轮投票中获得了165票地方票，远超过安倍的87票，② 只是在国会议员投票中的得票数少于安倍而被逆转。在2018年的总裁选举中，石破茂再次站在与安倍对决的舞台上，尽管在地方票和议员得票方面都远少于安倍，但石破茂能够作为候选

---

① 「収支報告書」（新政治経済研究会）、総務省、2018年11月30日、http://www.soumu.go.jp/senkyo/seiji_s/seijishikin/contents/SS20181130/1025800072.pdf。

② 「自民党総裁選：都道府県」、https://www.jimin.jp/sousai12/schedule/mochi.html。

人站在竞选的舞台上挑战"自民党一强"的现任首相安倍晋三就可看出其在党内的实力和社会影响力。

对于日本政治家而言，政治资金收入的多寡成为衡量其实力的一个重要指标。石破茂的资金管理团体为石破茂政经恳谈会，通过分析政经恳谈会的政治资金收入情况，可以进一步了解其政治实力。依据2017年石破茂政经恳谈会的政治资金数据，其在2017年的政治资金总收入大约为1.05亿日元，其中上一年结余近6500万日元，而在2017年新增的收入只有不到4700万日元。在这并不算多的新增收入中，来自政治筹款宴会的收入就达到了近3600万日元。[①] 结合石破茂政经恳谈会多年的政治资金收入情况来看（见图6-12），其政治资金收入表现出以下三个特点。一为上一年结余的政治资金较多，其数额都比当年新增的政治资金多，几乎占历年政治资金总收入的一半以上。特别是在2017年，2016年结余的政治资金数额远超过该年新增的政治资金。二为与安倍和岸田的资金管理团体的政治资金收入相比，石破茂的资金管理团体的政治资金收入就少很多。2017年，安倍和岸田的资金管理团体的总收入都接近或超过2亿日元，而石破茂政经恳谈会的政治资金收入还未达到1.2亿日元。三为从最近几年政治献金的收入明细来看，存在献金总数少但单一个人和团体捐献的献金数量偏多。在石破政经恳谈会公布的收支报告书中，每年参与献金捐赠的个人和团体都比较少，个人方面一般每年都维持在两三个人，但捐赠的数额每人有数十万日元。

本书只是对自民党内的部分派阀领袖的资金管理团体的政治资金收入情况展开分析，尽管这并不能完全掌握其政治资金的整体实力，也不能推断出其他党派的政治家的政治资金状况。但仅从安倍晋三、岸田文雄以及石破茂的资金管理团体的政治资金收入来看，还是可以寻找到日本政治家在政治资金收入方面存在一些共性。比如，上述三位政治家都存在过分依赖利用筹款宴会筹集政治资金的问题，这种情况在日本政治家群体里应该是相对普遍的现象，毕竟政治资金管制体系对于筹款宴会的监管是相对比较松的。当然，日本政治家除了资金管理团体而外，还有后援会、政党支部等隶属于国会议

[①] 『収支報告書』（石破茂懇話会）、総務省、2018年11月30日、http://www.soumu.go.jp/senkyo/seiji_s/seijishikin/contents/SS20181130/1004000035.pdf。

战后日本选举与政治资金问题

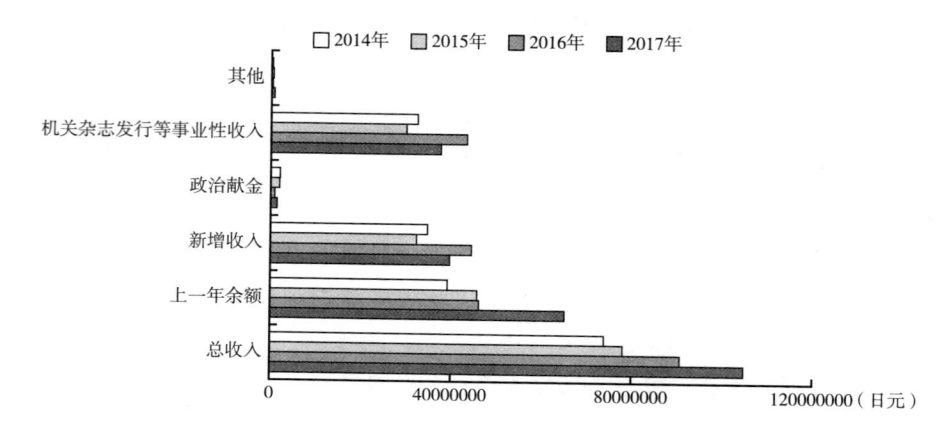

图 6-12　2014~2017 年石破茂政经恳谈会政治资金收入

资料来源：笔者根据总务省《官报》整理，参见総務省『官报』（号外第 264 号）、2018 年 11 月 30 日、80 頁；『官报』（号外第 259 号）、2017 年 11 月 30 日、76 頁；『官报』（号外第 260 号）、2016 年 11 月 25 日、72 頁；『官报』（号外第 268 号）、2015 年 11 月 27 日、74 頁。

员的政治团体。在现行政治资金管制体系的规范下，各个团体在政治资金的收支方面都面临着一定的限制，但日本的政治家们总能找到监管的空白，让政治资金在政治家的各政治团体之间进行流转。为此，我们能在安倍的政治资金收支报告里找到政党支部给其资金管理团体的团体献金，也能在石破茂政经恳谈会的团体献金明细里看到来自石破茂广岛政经恳谈会的政治献金。政治家让政治资金在隶属于自己的政治团体之间进行流转，虽然可以有效提高政治资金的利用效率，但同时也为政治资金问题的发生埋下隐患。

二　政治家的政治资金支出情况

日本政治家的政治资金支出内容与政党的一样，主要包括日常项目经费、政治活动费、调查研究费等项目。日本政治家不同的选举战略会直接反映在政治资金的支出项目中，通过分析政治家各项目的支出明细以及支出数额，可以从总体上了解其政治活动的基本状况。

（一）安倍晋三的政治资金支出情况

安倍晋三作为日本首相，其任何一笔政治资金的支出都受到日本社会及舆论的关注。正如其政治资金的收入比较高一样，其在 2017 年的政治资金支出达到了近 8800 万日元,其中支出最高的为日常项目经费里的人力资源费用,支出 5600 多万日元,政治活动费支出了 2000 多万日元,此外还有 1000 多万日元的献金及援助金支出。① 通过比较 2014 年到 2016 年晋和会的政治资金支出,并结合 2017 年的支出情况,我们可以掌握日本首相安倍晋三的政治资金支出脉络。

如图 6-13 所示,晋和会的政治资金支出有一个非常明显的特点,即人力资源费用的支出非常高。2014~2017 年几乎每年的支出都超过 5000 万日元,2017 年和 2015 年的支出甚至接近 1000 万日元。这一方面凸显了日本人力成本较高,另一方面显示出为了迎战选举,安倍雇用了大量的工作人员。这些工作人员持续不断地开展政治活动,为安倍赢取选票的同时,也像抽水机一样源源不断地消耗安倍的政治资金。此外,晋和会较好地配合了安倍的选举活动,在 2017 年和 2014 年的政治资金支出中各有一笔献金、援助金的支出。而日本在 2017 年和 2014 年举行了众议院选举,安倍通过将资金管理团体的多余资金流转到选举一线,有力地支援了选举前线的政治活动。

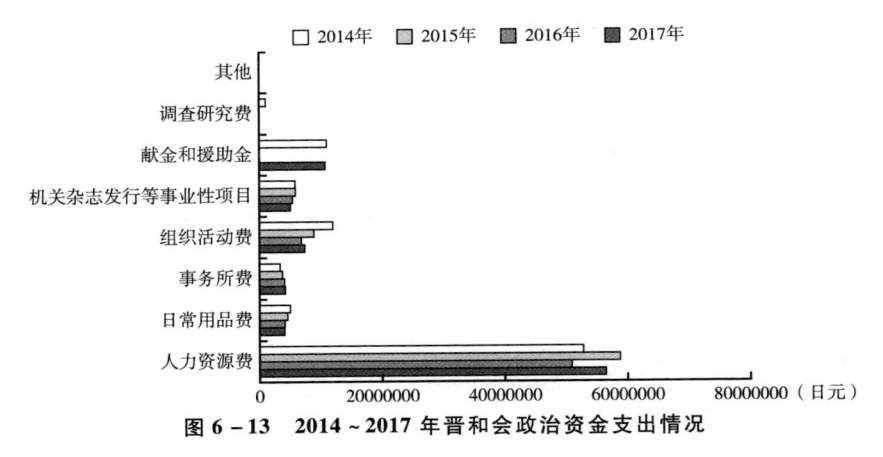

图 6-13　2014~2017 年晋和会政治资金支出情况

资料来源:2014~2017 年日本总务省出版的《官报》。

(二)岸田文雄的政治资金支出情况

如图 6-14 所示,岸田文雄的资金管理团体的政治资金支出与其收入一

---

① 『官报』(号外第 264 号)、2018 年 11 月 30 日、139 頁。

战后日本选举与政治资金问题

样具有鲜明的特点。一是历年献金与援助金的支出过多，至少占该年资金管理团体政治资金支出的一半，与其他支出项目形成鲜明的对比。2017年，新政治经济研究会支出9600多万日元的政治资金，其中用于献金和援助金项目的就达到6100万日元，占该年支出总额的63%以上。大量的政治资金以献金与援助金的方式流转，有可能进入隶属于岸田文雄的其他政治团体，也有可能被岸田文雄用来强化派阀的运营。二是新政治经济研究会的支出项目中人力资源费用的支出为0。人力成本的支出为0有两层含义：一方面，该资金管理团体的运营由其支持者或志愿者来承担，不用向这些工作人员支付酬金；另一方面该团体雇用工作人员，但其酬金由其他政治团体来支付，或者其他团体的工作人员同时管理着该团体的日常运营。三是岸田的资金管理团体的政治资金支出与日本众议院选举紧密相关。日本在2014年和2017年举行了众议院选举，国政选举的举行必定会加大各政治家的政治资金支出。新政治经济研究会作为岸田的资金管理团体，在岸田的政治活动中发挥着"选举钱包"的作用，通过以献金和拨付援助金的方式将政治资金流转到"拉票团体"，这与晋和会的政治资金支出方式相似，所不同的是新政治经济研究会作为岸田文雄的"金库"，源源不断地向外输送政治资金。

岸田的政治资金支出特点显示，不同的政治家会依据自身的选举战略、竞选情况、组织形态等来灵活安排政治资金的支出，通过将任务繁重的政治

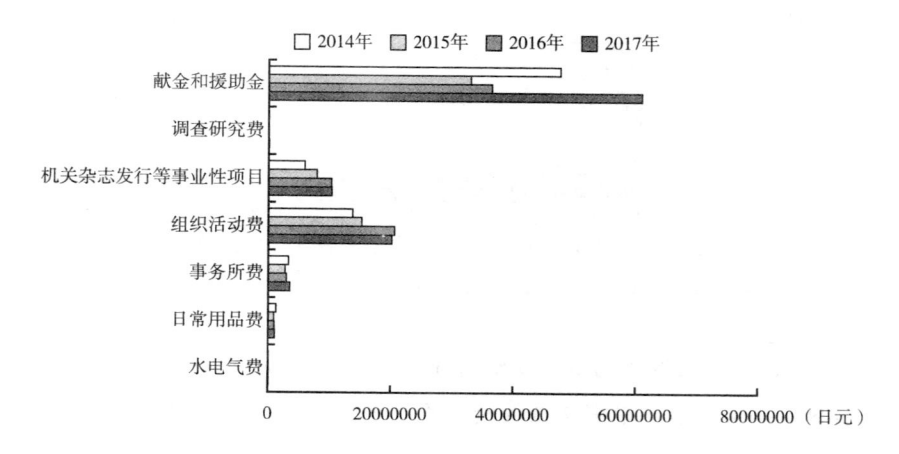

图6-14 2014~2017年新政治经济研究会政治资金支出情况

资料来源：笔者依据总务省公布的历年《官报》数据整理而成。

活动分散到不同的政治团体，进而实现政治团体运营的便利化和选票数的最大化。

(三) 石破茂的政治资金支出情况

石破茂作为自民党内的"非主流"政治家，其资金管理团体的政治资金支出也具有非主流的特色。首先，政治资金的支出数额偏少，且主要集中在机关杂志发行等事业性项目领域，其中用于举办筹款宴会的支出数额又占据了机关杂志发行等事业性项目支出的主要部分。在 2017 年支出的 2600 多万日元中，用于支付筹款宴会的金额就达到了 1600 多万日元。如果从收益的角度而言，其资金管理团体的盈利能力偏低，创造的利润较少。其次，人力资源费用的支出较少，而组织活动费用支出较多，仅次于筹款宴会的支出。当然，在总务省的支出项目分类中，组织活动费、选举关系费及机关杂志发行等事业性支出都属于政治活动费。将上述各项支出相加，石破茂政经恳谈会的政治资金支出主要用于政治活动费。再次，过少的政治资金支出也意味着石破茂政经恳谈会将有大量的结余，这部分结余将成为下一年政治资金收入的重要构成。此外，石破茂政经恳谈会也承担着"金库"的角色，在 2014 年和 2015 年各有一笔献金及援助金的支出，金额虽然比安倍晋三和岸田文雄的要少，但作为替补型的"金库"也足以帮助石破茂推进各项政治活动。

安倍晋三、岸田文雄和石破茂作为日本自民党内的实力派政治家，其政治资金的收支结构既存在相似的情况，同时也有很多不一样的地方。首先，上述各位政治家都比较擅长于利用筹款宴会来筹集政治资金。每年举办数次筹款宴会就会收到大量的政治资金，购买参会入场券的既有企业，也有个人，但主要还是以日本国内各大企业及团体为主。这种筹款方式可以较好地避开政治资金管制体系对于企业、团体献金的监管，增加政治家的创收。其次，日本政治家赋予资金管理团体在其政治活动体系中不同的使命，在符合监管要求的前提下，政治家会依据当年的选情、自身的经济实力等因素，增减政治资金的支出项目和数额。比如，对于安倍和岸田而言，资金管理团体主要承担"金库"的职能，通过在平时或大选年将政治资金团体的资金流转到其他政治团体，充分发挥不同政治团体的特点进而实现规避政治资金管制体系的监管。最后，国政选举与政治活动费用支出之间并不存在必然的联

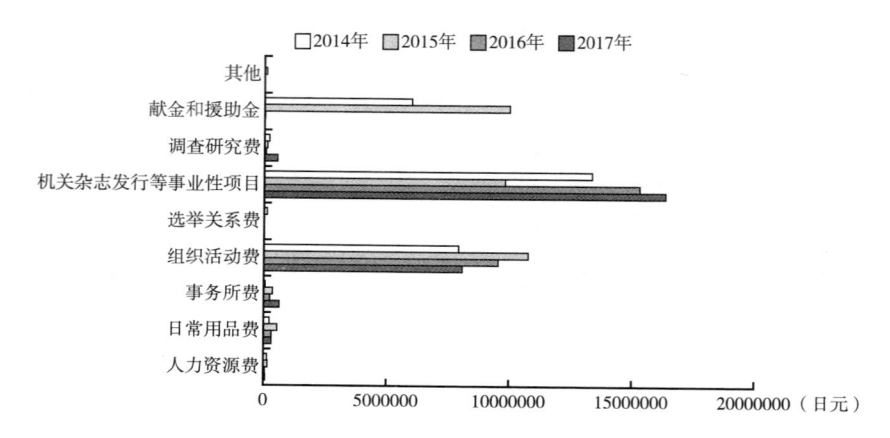

图 6-15　2014~2017 年石破茂恳谈会政治资金支出情况

资料来源：笔者依据日本总务省历年公布的《官报》数据整理而成。

系。一般而言，有众议院和参议院选举的年份，政治活动经费的支出会比较多。但从安倍晋三、岸田文雄以及石破茂的政治资金支出情况来看，其并不存在正相关的关系。

第四节　政治资金结构与政治资金问题

日本政治家的政治资金收支结构与政治资金问题之间到底存在什么样的联系一直受到日本社会及政治学者的关注。在欧美国家，受宗教文化的影响，普通选民有捐赠政治献金的习惯，也有很多选民即使无法提供资金上的支持，也会以志愿者的身份协助支持者参加竞选。但日本社会缺乏捐赠个人献金的文化，不论是在政党的政治资金结构中还是政治家个人的政治资金结构中，总能看到大企业、财团等团体献金的身影，导致在 20 世纪八九十年代日本政坛总是有政治家卷入由非法政经关系所引发的政治资金问题。为此，政治资金的来源受到日本社会的广泛关注，并成为引入政党援助制度的原因之一。然而，解决政治资金的来源问题并不能有效铲除滋生政治资金问题的土壤，政治家随意支配政治献金所引发的政治资金的浪费、低效等问题依然引起日本社会的愤慨。那么，什么样的政治资金结构容易产生政治资金问题？

第六章　日本政党及政治家的政治资金状况

　　政治资金结构主要包括收入和支出两部分，政治资金的收入包括政治献金、党费、政党援助金、机关杂志发行等事业性收入，在这众多的政治资金收入项目中，来自政治献金的收入比较容易引发政治资金问题，也比较容易引起日本社会的关注。

　　2016年日本朝日新闻利用总务省公布的2014年政治资金收支报告书，将当时安倍内阁成员及各党党首的资金管理团体、政党支部以及后援会等所有政治团体的收入进行合并计算，制作了政治家收入排行榜，并依据各项目收入的比例将政治家划分成三种收入类型，分别是个人献金型、筹款宴会型和援助金型。

　　从收入总额来看，2014年麻生太郎的收入最高，大约为2.36亿日元；日本首相安倍晋三排第2位，收入为1.85亿日元；当时的国家公安委员长松本纯排第3位，收入大约为1.75亿日元。菅义伟、岸田文雄、石原伸晃、小泽一郎、金田胜年、盐崎恭久及加藤胜信排第4~10位。即使是排名第10位的加藤胜信在2014年的收入也超过1.3亿日元。从收入类型来看，筹款宴会收入占政治家政治资金收入比重较高的有石原伸晃、岸田文雄、麻生太郎、石井启一、片山虎之助及丸川珠代，都占比50%以上。其中石原伸晃的筹款宴会收入占比最高，达到了64%，共收入7800多万日元。如果抛开比例只看金额的话，麻生太郎筹款宴会的收入最高，大约为1.26亿日元。与筹款宴会型相比，援助金型和个人献金型的政治家则比较"少"。这里的"少"包含两层含义：一为依靠个人献金及政党援助金的政治家总数少，二为收入的政治资金也少。比如，在莲舫的政治资金收入中，来自政党援助金的收入占其总收入的92%，尽管比例非常高，但金额只有983万日元；公明党代表山口那津南的收入中来自政党援助金的有720万日元，占比75%。在个人献金方面，个人献金收入占总收入比重最高的为当时的日本维新会代表松井一郎，达到了86%，不过金额只有1100多万日元。反而是当时经济产业相世耕弘成收到了6000多万日元的个人献金，但只占其个人总收入的68%。[①]

---

① 本段的数据来源于朝日新闻的统计，参见「政治家の集金、あの人は何タイプ?」、https：//www.asahi.com/special/seijishikin/income/。

朝日新闻统计调查的对象只限于当时安倍内阁的成员和除自民党外其他政党的党首，没有将所有的国会议员纳入统计对象。但其统计出的结果与本文对安倍晋三、岸田文雄和石破茂的分析相一致，即日本政治家的政治资金收入主要来源于筹款宴会，真正体现民主政治内涵的个人献金在政治家的政治资金收入中占比还比较低。政治家之所以喜欢利用筹款宴会来筹集政治资金，主要缘于政治资金管制体系对筹款宴会监管的弱化甚至空白。事实上《政治资金规制法》对于筹款宴会的金额有限定，即个人向同一场筹款宴会支付的限额为150万日元；筹款宴会的主办者原则上要求是政治团体，如果是政治团体以外的组织举办筹款宴会，则应按照政治资金管制体系的要求公开相关账簿。但特定筹款宴会则为大额政治献金的流入打开了大门。2016年，岸田文雄共举办了4次特定筹款宴会，第一次收到78万日元，参会人数30人；第二次收到2400多万日元，参会人数850人；第三次收到2100多万日元，参会人数800人；第四次收到2900多万日元，参会人数950人。[①]后三次的特定筹款宴会参会人数快达到千人，通过人数的增加不仅可以规避150万日元的限额，同时也达不到超过20万日元需公开付款者信息的规定。这无疑为政治家吸收政治资金打开了一个缺口，让与政治家关系密切的企业及团体找到了规避政治资金管制体系的方法。

此外，在政治资金的支出方面也存在违反政治资金管制体系的规定，但与政治资金收入领域相比，支出部分的问题更多表现为政治资金使用的不规范，涉及的数额及政治家都比较少。

本章小结

本章利用日本总务省公布的数据对日本政党、政治家的政治资金收支结构进行分析，虽然在案列分析的时候仅针对部分政党及政治家，但通过对部分主要的政党及政治家的分析，已经可以让我们管窥日本政党及政治家的政治资金结构以及存在的问题。

[①] 『官報』（号外第259号）、2017年11月30日、128頁。

政治资金结构与政治资金问题的发生存在紧密关系，在当前日本政治资金管制体系不断完善，对于团体性、涉及政经财等各领域的政治资金问题的监管也在不断加强。但在民主政治的背景下，如何进一步规范政党、政治家、企业等在涉及政治资金时的行为显得尤为重要。在日本政治家主要以筹款宴会的形式筹集政治资金的情况下，理应强化对于筹款宴会的监管。

第七章
小泉纯一郎与安倍晋三的政治改革
—— 兼论改革过程中的政治资金问题

进入21世纪，日本社会先后受到"小泉神话"、"民主党执政"以及强势首相安倍晋三的冲击，在这一系列政治事件背后无不闪烁着政治改革的"光芒"。具体而言，小泉纯一郎当选日本首相之后掀起了一股变革的潮流，其核心内容为"砸烂自民党"，改造官僚，其反主流、反官僚的政治改革让日本社会为之一振；2009年日本民主党击败长期执政的自民党成为日本的执政党，上任之后的民主党提出"战后行政大扫除"的口号，欲全面打压官僚及纠正自民党执政时期的政策，使日本社会感受到一股"革新"的风潮；2012年安倍晋三再次当选日本首相，其强化首相主导改变战后实行的安保体制，并欲修改宪法最终突破战后国际秩序对日本的限制。因此，自1994年政治改革之后，日本国内社会对于僵化的官僚体制、美国单方面安排下的战后日本体制存在诸多不满，此种不满进一步发展为对当前国际政治经济中的传统政治、秩序的失望。为此，从小泉纯一郎到民主党执政，再到安倍晋三时期，日本国内一直在对各种政治体制进行变革，通过改变原有的政治安排，推进实现政治主导的替代方案，进而实现国家体制上政治规制的更新。

第一节 "小泉神话"：改变自民党，改变日本

2001年4月小泉纯一郎在自民党总裁改选中获胜，成功出任日本首相。小泉不同的执政风格，使他受到日本国民广泛的支持，创造了"小泉神话"。在参加自民党总裁选举时，小泉利用日本国民对于改革的期望，高举

第七章　小泉纯一郎与安倍晋三的政治改革

改革的大旗,提出了"改变自民党,改变日本"的口号,并且在竞选纲领中提出"改革无禁区",希望打破传统的派系政治,改造官僚。这些极具改革主义特色的政治主张不仅为小泉赢得了首相宝座,同时也使变革的理念深入日本国民心中,为其执政后推行的政治改革奠定了坚实的群众基础。

一　小泉崛起的背景因素

自从20世纪90年代初泡沫经济破灭以来,日本经济长期萧条,进入21世纪之后经济依然低迷,难以看到复苏的迹象。与此相比,以中国为首的东亚国家经济持续增长,对外经贸合作与交流不断增加,这种明显的反差给以"亚洲优等生"自居的日本强烈的冲击。日本国民逐渐意识到曾经创造战后日本经济辉煌的经济体制已经无法推动日本走出"经济衰败的泥潭",而小泉此时提出的"改革无禁区"的口号无异于满足了人们对于走出经济萧条的期望。

与经济低迷相伴随的是日本政治动荡不安,首相更迭频繁,政治腐败层出不穷。从1990年到2000年的10年间,共有8位首相执掌日本政坛,平均每位任期不足一年半,其中来自日本新生党的羽田孜则只担任了64天的日本首相。[①]首相的频繁更迭不仅使政策的持续性难以保证,而且围绕首相人选而产生的政治斗争进一步加剧了日本政治的动荡。2000年4月小渊惠三首相去世之后,自民党内的5位派阀领袖通过召开内部会议的形式决定由当时的干事长森喜朗出任日本首相。自民党这种"密室政治"的做法引发日本社会对自民党政治的强烈批判,这导致日本国民对于日本政治家受控于现有政治体制而畏缩不前感到十分不满,越来越多的人希望出现一位强势领导人,带领日本实行政治改革。于是小泉提出的"砸烂自民党"的竞选口号顺应了日本国民对于自民党政治的厌恶。

此时的小泉以一位体制反对者的面目出现,不仅利用了日本民众寻求变革的心理,同时也顺应了日本社会对于自民党政治的厌恶情绪。小泉提出的改革主张中,关于政治改革的方案最为激进,其提出:"①通过解散自民党

[①] 羽田孜当任日本首相期间为1994年4月28日至1994年6月30日,总共64天。

的方式改造自民党，②消除派阀政治，③实行首相公选制"。① 这三点内容成为小泉政治改革方案的核心，在竞选演讲中小泉多次重申其政治主张并大肆批判自民党政治，加上其强势而不容置疑的性格和特有的发型使其受到日本国民狂热的追捧。小泉刚担任首相时的支持率达到了78%，执政满1个月之后其支持率不降反升，达到84%，创下战后日本内阁支持率的最高纪录，其中36%的受访者对其政策给予高度评价。② 小泉提出的反自民党、反派阀、反官僚的政治改革主张不仅给日本政治改革提出了"可替代的方案"，同时也满足了日本国民对于革除自民党长期执政所带来的体制僵化、政治腐败的期望，加上小泉特立独行和坚持说了就做的硬汉风格一改以往日本政治家"协调型"的形象，为小泉未来的长期执政打下良好的群众基础。

二 小泉政治改革的主要内容

小泉深知在自民党内根基尚浅，面对自民党内外的反对力量，小泉迫切需要巩固权力基础，而最为有效的方式则是践行选举期间提出的政策主张，获得日本国民的支持。为此小泉担任首相后即开始推行政治改革，一方面推动自民党改革，消除派阀政治的影响；另一方面强化官邸主导，削弱官僚在政府决策过程中的影响力。为了更好地压制各种反对力量，推动政治改革顺利进行，小泉绕过自民党和官僚，利用大众媒体直接向选民传播政治主张，获取民众对政治改革的支持，进而牵制各种反对力量。

（一）改变自民党，消除派阀政治

派阀政治盛行是日本政治的主要特点之一，自民党建党初期有池田派、佐藤派等八大派阀，之后各派阀间争斗不息，势力也此消彼长，20世纪70年代形成"三角大福中"（三木派、田中派、大平派、福田派、中曾根派）五大派阀。派阀之间各种斗争持续不断不仅消耗大量的政治资源，影响决策效率，同时也产生了各种政治腐败。为此，日本国民强烈呼吁革除派阀政治，健全日本民主体制，不过历次的政治改革都未能有效去除派阀生存的土

---

① 大嶽秀夫『日本型ポピュリズム：政治への期待と幻滅』、中央公論社、2003年、第90頁。
② 朝日新聞社世論調査「内閣支持率、上昇84%　政策面を評価36%」、『朝日新聞』、http：//www.asahi.com/special/shijiritsu/TKY200302280045.html［2017-2-5］。

第七章　小泉纯一郎与安倍晋三的政治改革

坏。因此，小泉能否落实选举期间的政策主张消除派阀政治对日本民主制度的危害成为日本国民关注的焦点。

1. 打破以往按照派系实力分配职位的传统

派阀是自民党政治的重要组成单元，在自民党长期执政的"55年体制"中发挥着重要的作用。然而，小泉为了显示自己推动政治改革的决心，不仅在参与竞选自民党总裁之前辞去了党内第二大派阀会长的职务，显示出与派阀决裂的意志，同时在选拔内阁成员的过程中也坚决贯彻了"反对派阀"的政治态度。在自民党以往的阁僚任命中，派阀推荐、党内协商及"年功序列"成为选择内阁成员的主要方式。小泉不仅独自决定内阁人选，无视党内派阀均衡原则，同时还大胆起用和提拔女性、民间人士和自民党内的年轻议员，打破自民党内论资排辈的政治传统。结果第一次小泉内阁吸收了3名民间人士、5名女性，以及提拔了仅当选4次国会议员的石原伸晃和中谷元分别担任行政改革担当大臣和防卫厅长官，而自民党内的最大派系桥本派则只有2人入选。小泉内阁成员的选择体现了其无视自民党的政治传统，特别是其任命仅当选3次国会议员的田中真纪子为外务大臣和当时的庆应大学教授竹中平藏为经济财政政策担当大臣的决定体现了其决心遵守竞选时向国民的约定。小泉内阁的人选向选民传递了其坚决革除派阀政治的决心，受到日本社会热烈的支持。依据当时《朝日新闻》的舆论调查数据，小泉内阁的支持率达到了84%，而依据《读卖新闻》的调查数据其支持率达到了87.1%。[①] 在此后历次内阁改组中，小泉依然独断专行，完全凭自己的喜好选择内阁成员，无视自民党内的派系政治。

2. 打击派阀领袖，削弱派阀实力

为了进一步削弱自民党内各派阀的政治势力，巩固权力基础，小泉在剥夺派阀领袖内阁成员推荐权的基础上，利用掌控的政党援助金分化瓦解各派阀，弱化派阀领袖在政治资金分配方面的影响力。随着小泉政治改革进程的不断推进，派阀领袖在自民党内的影响力不断降低，各派阀围绕政治改革的分歧不断加大，最终自民党内分裂成拥护小泉政治改革的改革势力和反对小

---

① 高瀬淳一「政権運営と政治コミュニケーション―安倍政権の言葉政治を中心に―」、『名古屋外国語大学現代国際学部紀要』第5号、2009年3月、74頁。

泉的反对势力。自民党各派阀间的对抗和斗争在削弱自身实力的同时，进一步强化了小泉对自民党的领导。除此而外，小泉还利用"日本牙科医师会迂回献金事件"[①]重创自民党内的桥本派。2004年日本牙科医师会向桥本派提供1亿日元的政治献金事件被曝光，小泉授意检察机关和大众媒体对该事件展开了严肃的追查，结果使桥本龙太郎辞去桥本派会长职务，而桥本派会长代理村冈兼造则被判有罪。

3. 善于利用媒体，塑造魅力领袖形象

为了更好地推动政治改革，赢得日本社会的支持，小泉积极拥抱媒体，非常善于利用媒体传播自己的政治理念和改革进程。小泉不仅每天在首相官邸召开记者见面会，回答有关政治改革的问题或者就某件新闻事件进行评论，同时小泉积极利用各种机会参与电视节目的录制。在2001年7月8日富士电视台的《报道2001》节目中，小泉一边走进演播室一边用右拳击碎了一张写有"抵抗势力"的纸，小泉的这一举动赢得了电视机前日本国民的喝彩。同时，小泉还在网上开通个人主页，倾听选民的意见和宣传政治主张。小泉通过广泛地与大众媒体接触，不仅在民间积累了很高的人气，同时也让其致力于改革的形象深入人心。

小泉推行的"媒体政治"在拉近政治家与选民之间距离的同时，也将神秘的政治运作过程向社会公开。小泉一改以往日本政治家热衷于"密室政治"的做法，将自己与自民党反对势力以及在野党之间的矛盾向媒体公开，努力将自己塑造成摧毁既得利益集团，为民谋福利的改革者。

（二）强化官邸主导，削弱官僚力量

在战后日本"55年体制"中，政府的很多决策主要以族议员[②]、官僚、利益集团构成的"铁三角"为中心展开，其中官僚占据着主导地位。为了削弱官僚的力量，日本曾在20世纪60年代进行过官僚机构的改革，但是官僚权限不仅未能受到限制，反而在20世纪80年代中期得到了增强。随着泡沫经济的破灭，创造战后日本经济奇迹的官僚机构成为日本社会批评的焦

---

① 具体可参见東京新聞取材班『自民党迂回献金の闇―日歯連事件の真相―』、角川学芸出版、2005年。
② 关于族议员方面可以参考猪口孝・岩井奉信『「族議員」の研究―自民党政権を牛耳る主役たち―』、日本経済新聞社、1987年。

点。在小泉看来"现在的日本不是主权在民而是主权在官,官僚们有着绝对的权力,日本未来的出路在于让现有的官僚体制解体,并进行重组"①。因此,小泉成为日本首相之后对官僚机构实行了大刀阔斧的改革,全面削弱官僚在政府决策中的地位,强化官邸主导。

1. 设立内阁总理大臣辅佐制度,强化首相的决策能力

首先,为了全面提高内阁在政府决策方面的能力,小泉修改了《内阁法》,增加内阁官房在政策议题选择和立案方面的职能;其次,设立内阁府,加强内阁对经济财政政策、科学技术政策、灾害应对等方面的调查和审议,并协调各部门间的利益;最后,设立副大臣和大臣政务官,加大对大臣的辅佐力度。② 辅佐制度的设立较好地为首相以及大臣在政策议题选择、政策立案等专业领域提供支持,在一定程度上削弱了官僚在决策过程中的主导地位。

2. 加强对官僚的管理,制定官僚行为准则

2001年12月小泉内阁通过了《公务员制度改革大纲》,全面强化对官僚的管理。该大纲明确了人事院、内阁及主任大臣的职能和义务,强调人事工作的中立性和公正性,并鼓励民间人士和官僚机构间的交流与合作等内容。③ 该《大纲》的颁布不仅为未来公务员制度的改革指明了方向,而且其确立的唯才是举和能力优先原则打破了日本选拔人才的"年功序列制"的桎梏。同时,为了进一步细化改革方案,2004年12月,小泉内阁通过了《未来行政改革的方针》。该方针进一步明确了退休或者离职官僚再就业的条件及试行新的人事评价制度等内容④。

3. 起用民间人士,加强官僚机构干部间的横向交流

为了有效削弱官僚在决策领域的主导地位,除了强化首相官邸职能及制

---

① 小泉純一郎『官僚王国解体論—日本の危機を救う法—』、光文社、1996年、110頁。
② 内山融「日本政治のアクターと政策パターン」、『政策・経営研究』第13巻、2010年、12頁。
③ 该大纲公布之后,引起很大争议并受到官僚机构的批评,最终该《大纲》未能形成法案。具体内容参见閣議決定「公務員制度改革大綱」、2001年12月25日、http://www.kantei.go.jp/jp/kakugikettei/2001/1225koumuin.html［2017-2-15］。
④ 閣議決定「今後の行政改革の方針」、200412月24日、http://www.kantei.go.jp/jp/singi/gyokaku/kettei/041224housin.pdf［2017-2-15］。

定官僚行为准则外,还需要打破官僚对于决策过程的垄断。为此,小泉内阁时期积极起用大量民间专业人士。在第一次内阁期间小泉起用来自民间的川口顺子担任首任环境厅长官,起用民间人士远山敦子担任文部科学大臣,起用庆应大学教授竹中平藏担任内阁府经济财政政策担当大臣。小泉从民间吸收专业人士进入内阁,不仅可以利用其专业技能提高执政效率,还可以对官僚形成制衡。同时,小泉积极推动各省厅审议官级别和局级等中高级官僚间的横向交流,打破部门间的垄断,为官邸主导创造积极条件。

(三)推进经济和财政改革

实行经济改革,改变日本经济长期低迷的现状是小泉此次结构改革的重要议题。为此,小泉在内阁府设立经济财政咨询会议统领此次结构改革,通过实行道路、邮政民营化,中央和地方财政税收制度改革等措施,希望推动日本经济重新走上平稳发展的道路。

1. 设立经济财政咨询会议

经济财政咨询会议的主要职能是审议国家经济财政的基本状况、编制预算以及制定经济财政政策等。尽管该机构在森喜朗内阁时期就已经开始运行,但其决策指挥功能是在小泉内阁时期才得以完全发挥,并且该机构作为小泉强化官邸主导决策的重要一环受到重视。该机构的设立不仅强化了首相在政府决策中的主导地位,同时也使决策过程公开化和透明化。首先,该机构成员不仅有首相及内阁官员,还包括日本大型企业的负责人、大学教授等。以小泉时期为例,当时该机构的成员包括首相及6名内阁官员、4名民间人士和日本银行总裁,其中民间人士有丰田汽车公司董事长奥田硕、牛尾电机公司董事长牛尾治郎、东京大学教授吉川洋、大阪大学教授本间正明。[①] 这样的成员构成不仅可以强化该机构对内阁各省厅的综合协调职能,减少各省厅间的竞争和对抗,同时还可以助推政府决策向公开化和透明化的方向发展。其次,首相作为该机构的负责人具有选择议题及提案的主导权,民间专业人士的加入在有利于政府吸收新观点、新思想的同时,可以强化首相在决策过程中的主导地位,打破官僚和族议员对政府决策职能的垄断。最

---

① 内山融『小泉政権―「パトスの首相」は何を変えたのか―』、中央公論社、2007年、36頁。

后，该机构在完善首相决策职能，推动日本经济改革方面发挥着重要的作用，是小泉主导的"结构改革"的"指挥部"。

2. 推动财税改革，解决财政赤字

为了应对泡沫经济破灭后日本经济长期低迷的现状，日本历届内阁均实施了大规模的经济刺激政策。然而，大规模的财政刺激计划不仅未能有效推动日本经济走出衰退的泥潭，还产生了大规模的政府债务。截至小泉上台前的2000年，日本中央和地方政府长期债务累计已经达到了666万亿日元①，为当年国内生产总值的130%。② 庞大的债务负担使日本政府不堪重负，也使政府在干预经济方面陷入两难的境地，同时债务规模的不断扩大还会增加日本国家风险，降低日本国债的信用评级，影响国外投资者的信心。因此，小泉上台后于2001年6月26日在内阁会议上通过了经济财政咨询会议制定的《今后的经济财政运作以及经济社会结构改革的基本方针》，该方针提出"为了改善我国大规模财政赤字的情况需要进行财政改革，建立精简、高效的政府"，并提出在2002年政府预算中将国债发行控制在30万亿日元以内的目标。③ 同时，2003年经济财政咨询会议又制定了《经济财政运营和结构改革的基本方针2003》，该方针提出"推动中央与地方财政税收制度的改革，削减中央政府给地方的财政补助，向地方转移部分税源并扩大地方征税自主权，进而使得地方政府的财政系统实现可持续发展，建立高效的'小政府'"。④ 除此而外，小泉内阁还引入美国式的"资产折价方式"，加快银行不良债权的处理速度，改革养老金制度，完善社会保障体制，最终解决困扰日本政府多年的财政赤字问题。

---

① 「日本の借金残高の推移」、『金融情報サイト』、http://www.ifinance.ne.jp/data/economy/jpn01.html［2017-2-26］。

② 2016年日本政府债务占国家GDP的240%左右，为发达国家中最高，参见刘军红《造成日本深陷债务泥潭的美国因素》，人民网，2016年12月11日，http://world.people.com.cn/n1/2016/1211/c1002-28940058.html，最后访问日期：2017年2月26日。

③ 该方针的内容参见「今後の経済財政運営及び経済社会の構造改革に関する基本方針」、首相官邸、2001年6月26日、http://www.kantei.go.jp/jp/kakugikettei/2001/honebuto/0626keizaizaisei-ho.html［2017-2-26］。

④ 该方针的内容参见「経済財政運営と構造改革に関する基本方針2003」、首相官邸、2003年6月27日、http://www.kantei.go.jp/jp/singi/keizai/kakugi/030627f.html［2017-2-26］。

3. 实行特殊法人改革，推动道路公团和邮政事业民营化

特殊法人①的设立是为了推动社会公益事业的发展，其日常运营的资金大部分来源于政府预算。然而在财政赤字不断增加，与特殊法人相关的政治腐败事件接连发生的情况下，对特殊法人实行改革已经显得十分必要。小泉一方面减少对特殊法人的财政预算，另一方面提出了废除或者实行民营化的改革方案。结果废除了住宅金融银行等 17 个特殊法人，并于 2005 年 10 月 1 日开始对日本公路公团、首都高速公路公团、阪神高速公路公团、本州四国联络桥公团实施民营化。然而邮政民营化②的进展并不顺利，一方面邮政机构广泛分布于日本各地，具有强大的社会影响力，另一方面以邮政集团为核心形成了包括自民党族议员、前邮政省官僚以及在野党在内的强大的反对力量。为此小泉在 2004 年 9 月制定《邮政民营化的基本方针》并改组内阁，为了尽量削弱自民党内的反对力量，小泉一反常态，在未与自民党各派系商量的前提下直接以内阁决议的形式提交国会。尽管在小泉的强力推动下邮政民营化法案在众议院以微弱优势顺利通过，但在之后进行的参议院投票中被否决。最终小泉解散众议院举行大选，并取得胜利，成功压制住自民党内和在野党反对邮政民营化的势力。2005 年 10 月，日本国会顺利通过《邮政民营化法案》；2007 年 10 月 1 日，日本邮政公司成立，标志着邮政民营化改革正式启动。

三 小泉推行政治改革的结果

打着"革新"旗号的小泉政治改革搅乱了日本政治，同时也给日本社会带来剧烈的冲击。轰轰烈烈的改革背后是革新势力与保守势力的博弈和对抗，小泉绕开官僚和自民党通过媒体直接与日本国民接触的方式为其赢得日本社会的广泛赞誉，而其打击自民党派阀政治、重组官僚机构，进行财政改革则持续为其赢得较高的支持率，使其能够长期执掌日本政权③。对此，有

---

① 所谓特殊法人指的是日本政府通过设立特殊的法律对那些与社会公益事业紧密相关，但业务性质与企业经营又相似的法人，主要包括道路、邮政、电信等。
② 关于邮政民营化改革过程，参见刘轩《搁浅的改革：日本邮政民营化的政治博弈与制度安排》，《现代日本经济》2015 年第 4 期。
③ 小泉当任日本首相时间为 1980 天，仅次于吉田茂成为日本战后执政时间第二长的首相。

第七章　小泉纯一郎与安倍晋三的政治改革

日本学者认为2001年小泉当选日本首相开启了日本政治新纪元，日本政治开始从"55年体制"走向"2001年体制"，其主要特点为："在2001年体制中首相权力扩大，而派阀的实力被削弱；内阁府实力得到扩充，官僚的权力受到限制；舆论和民意在大选中的重要性增加"。①　总体而言，小泉主导的这场政治改革可以说取得了成功，成功地将小泉送上日本首相的宝座，并且小泉提出的替代原有方案的政治改革大部分已经得到落实，甚至有些在今天的日本政治中依然发挥着影响。尽管"2001年体制说"不断受到现实日本政治的挑战，但不可否认的是小泉领导的政治改革将长久地对日本政治、经济和社会产生深刻的影响。

第二节　民主党：建立政治主导和国民主导的政府

2009年8月30日，日本民主党历史性地击败自民党赢得第45届众议院选举的胜利。在此次大选中，民主党高举"政权更替"的大旗，标榜"政治主导"和"决策一元化"，在日本社会掀起了一股以"反对官僚集团、限制官僚特权"为核心的政治改革。同时，此次小选举区69.28%的投票率成为1996年引入小选举区制度以来的最高纪录②，在日本选民的狂热支持下，民主党获得308个众议院议席。然而，随着时间的推移，民主党充满理想主义色彩的"替代原有政治制度的方案"不仅受到日本官僚集团的强烈抵制，而且"为了反对而反对"的"在野党做派"也引发了日本国民的质疑。最终，民主党主导的这场政治改革在失败中落幕。

一　民主党崛起的背景

在此次大选中，民主党打出"政权更替"的旗号，不仅调动了日本选民参与投票的积极性，同时也引起了日本选民对于民主党政权的期待。一方

---

① 竹中治堅『首相支配—日本政治の変貌—』、中央公論社、2006年、240-258頁。
② 「小選挙区投票率69・28%、過去最高に」、『読売新聞』、http://www.yomiuri.co.jp/election/shugiin2009/news/20090830-OYT1T00824.htm［2017-2-26］。

面，自民党长期执政所形成的"政、官、财"三位一体的执政体制，不仅使得利益诱导政治盛行，还容易诱发政治腐败；另一方面，小泉执政时期全面削弱了派阀的实力，强化了官邸主导，但后小泉时代的自民党政治却又开始恢复其旧的政治传统。

2006年9月，安倍晋三接替小泉纯一郎出任日本首相，作为"小泉学校"培养出的政治新人，安倍继承了小泉强硬、独断专行的行事风格。这使日本国民希望安倍能够延续小泉推行的"结构改革"，带领日本走出困境。然而，执政经验的缺乏[①]和频频曝光的政治腐败事件[②]不断将安倍内阁推向国民舆论的焦点，再加上参议院选举的失败和《反恐特别措施法》的难产，使安倍的第一次首相之旅持续不到一年。接替安倍出任日本首相的福田康夫虽然执政经验丰富，擅长于协调各种问题，但内阁成员屡陷政治腐败丑闻以及执政盟友公明党的离弃动摇了福田内阁的执政根基，最终和安倍一样以突然辞职的方式离开尚不足一年的首相之位。接替福田康夫出任日本首相的麻生太郎并不被日本国民看好。一方面，其组建的"世袭内阁"[③] 被日本国民诟病为"权贵俱乐部"；另一方面，其内阁成员受各种事件的影响接连辞职[④]，导致其执政能力备受质疑。最终在自民党和在野党的联合追责下，麻生被迫解散国会举行大选。"后小泉时代"的自民党政治不仅未能继承小泉的革新路线，反而重新陷入派阀斗争、金权腐败和"密室政治"中，导致小泉政治改革的成果不断被颠覆。特别是日本首相频繁更迭引发的政治动荡和国会混乱使寄希望于自民党推动改革的日本国民大失所望，再加上政治腐败事件的频繁发生，加剧日本国民对自民党政治的厌恶。

日本《每日新闻》2009年9月16～17日的电话调查结果显示，12%的调查者支持自民党，45%的调查者支持民主党，而在《读卖新闻》18日举

---

① 安倍一上任便把修改宪法和加入联合国安理会常任理事国定为执政的两大目标，不重视国内政治和国民生活。
② 安倍内阁的行政改革大臣佐田玄一郎事务所经费造假事件、农林水产大臣赤城德彦政治腐败事件等。
③ 18名内阁成员中有11人为世袭议员，最多时有12名世袭议员。
④ 麻生太郎组阁5天之后，国土交通大臣因失言问题辞职、中川昭一财政大臣因醉酒问题而辞职、官房副长官因桃色丑闻而辞职等。

行的电话调查中，支持自民党的比例为 12%，支持民主党的比例为 51%。①两份调查结果表明日本国民对于民主党的未来执政充满期待，这种期待一方面来源于民主党在竞选期间提出的"反官僚"，强调"国民生活第一"的政治理念；另一方面则是民主党在竞选过程中展现出的亲民作风和青春活力，使其成为"新政治"的代表。正如鸠山由纪夫在大选获胜后所言："此次大选实现了三个更替，首先为政权更替，国民选择了新的执政党；其次为旧政治到新政治的更替；最后为主权的更替，即民主党努力实现从官僚主导政治到国民主导政治的转变。"②

事实上，民主党在大选中宣传的"政权更替"对日本选民的投票行为产生了直接的影响。在日本《朝日新闻》举行的全国性调查中，有 81% 的受访者认为民主党在此次大选中获胜的主要原因是"日本选民希望实现政权更替"③，也就是说日本选民不希望自民党继续执政。因此，一旦日本社会形成"实现政权更替"的氛围，就会推动大量的选民走向投票站，这也从侧面解释了为什么此次大选中小选举区的投票率是 1996 年之后最高的。也正是在这样的氛围下，民主党宣传的"政权更替"和"反对官僚集团"进入 2009 年日本十大流行语排行榜，并且"政权更替"位列榜首，"反对官僚集团"排名第六。④ 可见，日本民众对于自民党时期首相一年一换和政策朝令夕改十分厌烦，希望通过政权更替的方式实现日本政治的稳定和经济的发展，而此时民主党推行的以反官僚和反自民党为主要内容的政治改革无疑满足了日本国民的期待，正是在此背景下民主党在大选中击败自民党成功实现政权更替。

---

① 前田幸男「時事世論調査から見る政権交代」、『中央調査報』第 624 号、http://www.crs.or.jp/backno/No624/6241.htm［2017-2-27］。
② 鳩山代表「3つの交代、国民の期待に応える」、『読売新聞』http://www.yomiuri.co.jp/election/shugiin2009/news/20090831-OYT1T00259.htm［2017-2-27］。
③ 永久寿夫「自民を超えられなかった民主党政権」、『いま、民主党政権を振り返る—この3年で成したこと、直面する課題とは何か—』、政策シンクタンクPHP総研、2012年、3頁。
④ 「09年流行語大賞から考える『脱・脱官僚』」、『Harveyroad Weekly』第 658 号、2009 年 12 月 7 日。流行语排行版中的日文汉字为"政権交代"、"脱官僚"。

二 以"反官僚"为核心的政治改革

2009年9月16日,由民主党党首鸠山由纪夫组建的联合内阁正式成立,内阁成立初始即开始全面推动政治改革,摆脱官僚依赖,强化政治主导。鸠山首相在第一次内阁决议通过的"内阁基本方针"中指出"政府的运营必须从官僚主导与官僚依赖向政治主导和国民主导的方向进行改革"。[①]至此民主党开启了以反对官僚主导为核心的政治改革的大幕。

首先,改革决策机制,削弱官僚在决策过程中的主导地位。鸠山内阁规定各省厅设立由大臣、副大臣及政务官组成的"政务三役会议",废除事务次官会议制度。"政务三役会议"的设立使政治家可以不用通过事务次官直接找各省厅下属的局、科级负责人质询,削弱事务次官在政府决策过程中的影响力,而废除事务次官会议制度则直接将事务次官排除出政府决策过程,使内阁通过决议之前无须经过事务次官会议的讨论和协调,实现真正的政治主导。事实上民主党在大选中提出的竞选纲领就曾经将设立"政务三役会议"作为削弱官僚主导的重要手段,"政府要配置100名国会议员担任大臣、副大臣和政务官(政务三役),各省厅政策的立案及决策由政务三役具体负责"。[②] 而鸠山内阁通过的《基本方针》则进一步指出废除事务次官会议制度的意义是从根本上改变官僚主导决策而政治家只是对政策进行追认的政治土壤。因此,民主党认为事务次官会议制度是日本政治中官僚主导的重要标志,要想实现真正的政治主导和国民主导首先必须废除事务次官会议制度,全面压缩事务次官在政府决策过程中的影响力。

其次,设立国家战略室和行政改革会议。要想实现真正的政治主导,除了废除事务次官会议制度,削弱官僚在决策过程中的作用之外,民主党还需要构建推进改革的决策机构,而"国家战略室"和"行政改革会议"的设立事实上承担了民主党确立"政治主导"的重要职能。国家战略室主要负责设计和规划国家财政税收与经济发展等重要的国家战略,而行政改革会议

---

① 「基本方針」、2009 年 9 月 16 日、http://www.kantei.go.jp/jp/kakugikettei/2009/0916kihonhousin.html [2017-2-27]。
② 「民主党の政権政策 Manifesto 2009」、http://www.dpj.or.jp/download/325.pdf [2017-3-1]。

则从民本主义出发在对各级机关的预算进行改革的同时重新评估国家、地方及民间团体的作用。菅直人作为国家战略室的首任大臣在记者招待会上指出，"国家战略室是民主党为了实现政治家主导，摆脱对官僚政治的依赖而设立的战略本部"[1]，作为民主党推进改革的总指挥部，民主党选用了多名民间人士在国家战略室任职。通过引入民间人士，一方面可以较好地吸收和了解民间的建议，另一方面也可以对官僚集团进行制衡。民主党希望国家战略室和行政改革会议的设立可以强化其政治主导能力，削弱中央各省厅特别是长期垄断政府预算编制和国民经济运营的财务省、经济产业省等官僚机构在政府决策过程中的影响力。

最后，开展政府事业审查活动，重新审核政府机构预算。民主党在竞选期间就曾对各省厅巧立名目争取政府预算的行为进行过批评。为此，鸠山内阁成立之后就立即对各官僚机构的预算名目进行审查，清理各省厅私设的"小金库"。鸠山内阁发动的事业审查活动受到了日本社会的关注，一方面此次活动由行政改革会议负责，其成员主要由执政党议员、民间人士及地方人员组成，使此次活动显现出明显的"政官对立"的局面；另一方面此次审查活动全面公开，并利用电视和网络进行直播。最终，审查活动一共进行了三次，其中第三次在菅直人内阁期间实施。第一次查出了1万亿日元的"小金库"，废除和调整了7000亿日元的政府预算；第二次废除了38个项目的政府预算，并要求14家铁路建设及运输类相关的独立法人向国库返还超过1万亿日元的资金；第三次则废除了33个项目的政府预算，15个项目的预算暂停拨付等。[2] 民主党政府开展的政府预算审查活动不仅节约了国家财政，同时也将官僚机构的腐败问题向日本社会公开，有利于民主党巩固民意基础，进一步推动政治改革事业的发展。

除了改革决策机制外，加强对公务员的人事管理，比如禁止官僚退休后在中央省厅所属单位再就业、削减公务员人事费用预算、减少公务员的招聘数量、选用民间人士担任驻外大使等也成为民主党强化政治主导的重要举措。

---

[1] 櫻井敏雄「官邸機能の強化と行政全般の見直し—『国家戦略室』と『行政刷新会議』の設置—」、『立法と調査』第300号、2010年1月、10頁。

[2] 櫻井敏雄「官邸機能の強化と行政全般の見直し—『国家戦略室』と『行政刷新会議』の設置—」、『立法と調査』第300号、2010年1月、51-53頁。

三 民主党政治改革的结果

以"实现政权更替，强化政治主导"为竞选口号的民主党仅执掌日本政坛三年零三个月就在 2012 年 12 月的大选中败于自民党，成为在野党。民主党执政时成立的三届内阁均呈现出"一年制"的倾向，甚至鸠山内阁持续的时间还不足一年。这样的执政"成绩"不仅难以获得日本国民的认可，同时也颠覆了日本国民对于政权更替的认识。尽管民主党执政初期开启的以反对官僚主导为核心的政治改革获得了日本国民的支持，但在普天间基地搬迁事件及"3·11"大地震的冲击下，民主党执政能力缺乏的缺点暴露无遗，再加上反对官僚主导的政治改革加剧了政治家与官僚间的矛盾，导致民主党执政呈现出"高开低走"的趋势。

首先，民主党"强化政治主导、摆脱官僚依附"的政治改革在实践过程中演化成"排挤官僚、压制官僚"的敌视官僚的改革。民主党在各部门设立"政务三役"的主导体制，不仅削弱事务次官在政府决策过程中的影响力，同时也强烈打击了其工作的积极性，而废除事务次官会议制度则直接将事务次官排挤出政府决策过程，使官僚的经验和技能无法发挥，成为只会等候指示的"机器人"。这样的结果一方面使"政务三役"不得不花费大量的时间来应付和处理日常事务，导致其决策职能难以施展；另一方面官僚在各省厅、在野党、执政党及利益团体间相互协调的职能难以发挥，增加民主党执政的沟通成本。最终，普天间基地搬迁事件及"3·11"大地震的发生给民主党的执政能力带来巨大的挑战。在一系列突发事件中，民主党固执的坚持政治主导，不采用各省厅积累的专业知识和信息，致使事态进一步恶化。特别是在"3·11"大地震所导致的核泄漏事件中，菅直人发现事态已经超出管控之后才于 3 月 22 日召集内阁大臣和各事务次官设立"支援灾民生活的各府省联席会议"①，并规定每周召开两次。至此，事务次官会议制度在菅直人内阁期间重新开始运营，并在野田内阁期间继续发挥作用。

其次，内阁决策机制一元化成为泡影。民主党在竞选期间曾批评自民党

---

① 该会议在 5 月改为"东日本大地震各府省联席会议"，每周召开两次。

执政时期形成的政府—执政党的二元决策体制，为此在竞选纲领中提出要实现内阁决策一元化，废除民主党内的政策调查会，实行"阁僚委员会"，重视内阁大臣在政府决策中的作用。然而，政策调查会的废除引发了许多未能加入内阁的民主党议员的不满，同时也不利于民主党提高决策能力。于是在菅直人内阁期间民主党开始恢复政策调查会。与此同时，鸠山由纪夫力推的内阁决策一元化机制也未能实现，一方面尽管民主党不像自民党一样存在各种派阀势力，但民主党内部也存在各种各样的集团，各方力量之间也相互博弈；另一方面民主党内拥有最多支持者的小泽一郎出任民主党干事长，但鸠山由纪夫并未将其招入内阁，导致民主党形成政务和党务两个权力中心，这两个权力中心的形成为2012年6月民主党的分裂埋下伏笔。

最后，民主党违反竞选纲领中提出的增加民生、改善社会福利的政策不仅遭到日本社会的强烈批判，同时也动摇了民主党执政的根基。民主党在2009年提出增加儿童补贴、废除汽油税的暂定税率、增加农民收入补偿等一系列减税增福利的措施，然而由于财政入不敷出，许多项目半途而废，许多项目不了了之，最终使民主党失信于民。

在2009年的大选中，民主党击败自民党成功实现了政权更替。然而执政经验的缺失以及过于理想化的政治改革使民主党领导的以反对官僚主导为核心的政治改革难逃失败的厄运。与此同时，执政后的民主党呈现出自民党化的趋势，比如内部各种势力的斗争、首相一年一换、鸠山由纪夫等政治家的政治腐败问题等。这种自民党化的倾向不仅让日本国民大失所望，同时也严重损害了民主党的形象，导致民主党在2012年的众议院选举中大败。

第三节　安倍晋三：推动政治改革，挑战战后安保体制

民主党依靠日本国民对自民党政治的厌恶和对现行官僚体制的不满在2009年的大选中击败自民党实现政权更替，然而民主党的上台不仅未能给日本社会带来经济发展的"药方"，甚至执政后的民主党呈现出自民党化的倾向。民主党失信于民，最终在2012年大选中成为在野党。与此同时，以安倍晋三为首的自民党在充分吸取上次大选失败教训的基础上，提出"夺

回强大的日本"的口号,并联合公明党成功获得众议院 2/3 以上的议席,组建自公联合政权。此时的安倍作为自民党总裁第二次出任日本首相,安倍出任首相之后推出"安倍经济学",实行"俯瞰地球仪外交",推行积极的和平主义,意图在政治、经济和外交上全面"夺回强大的日本"。为此,安倍强化官邸主导决策职能,塑造强势首相形象,实行集体自卫权,制定新安保法,实现第三任期连任,并在此基础上意图修改宪法。

一 安倍强化首相官邸主导决策的职能

安倍作为小泉纯一郎的得意门生,其执政理念深受小泉的影响。在 2006 年接任小泉出任日本首相之后延续了小泉时期推行的政治改革,在强化官邸主导政府决策的同时,安倍改革的重点主要集中于外交和安保领域。2012 年安倍第二次出任日本首相,尽管安倍提出"安倍经济学",并展现出一副重视民生与社会发展的形象,但安倍关注的焦点依然集中在外交和安保领域,为了有效推进其在外交、安保领域的改革,安倍不断强化首相官邸在政府决策中的影响力。

(一)强化内阁人事任命,增加对政策的影响

安倍在首次担任日本首相期间曾试图通过公务员制度的改革来加强对内阁人事的管理,进而强化首相官邸在政府决策过程中的影响力,不过受到官僚集团的抵制而难以推进。2012 年安倍再次出任日本首相,为了顺利推动"安倍经济学"及各项政策的落实,安倍强化对内阁人事的管理,选择能够反映首相官邸意志的官僚任职于各官僚机构。2013 年初安倍向曾长期拒绝实行量化宽松政策的日本央行施压,明确要求其制定 2% 通胀目标的政策协议,在安倍的压力下日本央行制定了十项 2% 通胀目标的政策文件。不仅如此,安倍还不顾财务省的反对,起用亚洲开发银行行长黑田东彦任日本央行总裁,强力推进"安倍经济学"。[①] 为了解禁集体自卫权,2013 年 8 月安倍起用赞同修改宪法解释的日本驻法国大使小松一郎接替反对修改宪法解释的内阁法制局

[①] 「黒田氏起用へ120 日 新・日銀 脱デフレへの道 政策大転換(上) 首相、大胆緩和で共鳴」,『日本経済新聞』,http://www.nikkei.com/article/DGXDZO52764230T10C13A3M10700/ [2017-2-27]。

长山本庸幸。为了将首相官邸强化内阁人事任命制度化，2013 年 11 月，安倍内阁通过了设立内阁人事局和《国家公务员改革关联法案》的决议。内阁人事局[①]的设立将使首相官邸可以掌控各省厅审议官以上级别近 600 名干部的人事任免，手握官僚任免大权的安倍可以更容易地将其意志强加给各省厅官僚，强化首相官邸在政府决策过程中的主导地位[②]。当然，安倍自上而下的人事控制在有利于落实其政策主张的同时，也有损官僚系统中立、公正的立场。

（二）设立私人咨询机构，完善决策职能

为了有效推进"安倍经济学"的实施，同时也为了顺利解禁集体自卫权，突破战后安全法制的限制，安倍非常热衷于在党内外设立官方或民间的私人咨询机构，该私人咨询机构一般会以研究报告的形式引起日本社会的注意，并在此基础上引导社会舆论。2013 年 2 月，安倍重新恢复了其第一次担任日本首相期间创立的"安保法制恳谈会"活动，新的"安保法制恳谈会"的成员由 10 余名赞成行使集体自卫权的学者及企业负责人组成。[③] 2014 年该"安保法制恳谈会"出台赞同日本行使集体自卫权的报告，该报告指出，"如今单独自卫权已经无法保障日本的安全，日本应该认可集体自卫权的实行"。[④] 与此同时，为了推进日本经济的发展，规划未来日本的发展战略，安倍新设立了"日本经济再生本部"，该机构将成为协调和统筹日本经济发展战略的指挥中心，受到安倍的重视。然而，安倍设立各种咨询机构并非只是为了获得决策上的资讯，一方面这些机构可以成为安倍试探日本舆论的重要手段，一旦这些机构发布的研究报告引发舆论的强烈反应，安倍可利用其半官方或民间的性质而开脱责任；另一方面安倍起用民间人士担任咨询机构的成员可以有效制衡官僚在政府决策中的影响力。

[①] 关于内阁人事局设立的过程及具体内容可参考政木広行「国家公務員制度改革基本法に基づく内閣による人事管理機能の強化―国家公務員法等の一部を改正する法律案―」、『立法と調査』第 350 号、2014 年 3 月。

[②] 安倍主要通过内阁官房长官对各省厅的干部进行管理，其运营方式为安倍提出政策主张→内阁官房长官召集阁僚商议→向官僚下发指示并执行。

[③] 成员构成请参考：「安全保障の法的基盤の再構築に関する懇談会の開催について」、http://www.kantei.go.jp/jp/singi/anzenhosyou2/pdf/member.pdf［2017 - 3 - 1］。

[④] 『「安全保障の法的基盤の再構築に関する懇談会」報告書』、2014 年 5 月 15 日、http://www.kantei.go.jp/jp/singi/anzenhosyou2/dai7/houkoku.pdf［2017 - 3 - 1］。

（三）设立国家安全保障会议，强化在外交、安保决策中的主导地位

外交和安保领域是安倍关注的焦点，也是历届安倍内阁想要有所突破的领域。安倍首次出任日本首相期间就曾提出过设立国家安全保障会议的提案，但最终不了了之。2012 年 12 月，安倍带着此种遗憾再次出任日本首相，担任首相两个月之后，设立了"关于设立国家安全保障会议的有识者会议"的首相私人咨询机构，自此设立国家安全保障会议开始进入安倍内阁的议事日程。最终 2013 年 11 月日本国会通过《设立国家安全保障会议的关联法案》，12 月日本国家安全保障会议正式成立。日本国家安全保障会议的成立标志着未来日本外交安保领域的决策和情报分析将会以首相官邸为核心，这将成为保障日本和平与安全的重要转折。①

从国家安全保障会议这几年的实践来看，其在一定程度上降低了安倍统筹外交、安保政策的成本，规避了官僚机构间不合理的竞争，强化了安倍在外交安保决策中的主导地位，特别是"特定秘密保护法"的制定，使国家安全保障会议成为安倍内阁制定国家安全发展战略的中枢。

二　突破战后安保体制，加快"正常国家"化进程

强化首相官邸的决策职能，主导外交安保领域决策并非安倍推行政治改革的最终目的，通过打造以首相为核心的一元化决策模式来突破束缚日本的战后安保体制和国际秩序才是安倍政治改革的最终目的。为此，安倍不断突破战后安保体制，推动日本的安全政策从"专守防卫"向积极进取转变，并在此基础上意图修改和平宪法，使日本成为"正常国家"。

首先，废除"武器出口三原则"②，制定"防卫装备转移三原则"③。

---

① 原野城治「国家安全保障会議（日本版 NSC）が発足」、http://www.nippon.com/ja/behind/l00050/［2017 - 3 - 1］

② 武器出口三原则是 1967 年佐藤荣作内阁制定的，其内容为：①禁止向共产主义阵营的国家、②联合决议规定实施武器禁运的国家、③国际冲突的当事国或发生冲突风险的国家出口武器。1976 年三木武夫内阁对其进行修改，实际上全面禁止了武器出口。具体内容参见「武器輸出三原則」、外務省、http://www.mofa.go.jp/mofaj/gaiko/arms/mine/sanngen.html。

③ 主要内容为：①明确转移武器的原则，比如禁止向违反联合国安理会决议的国家转移武器等；②严格限定、审查及公开转移武器的用途的原则，比如推进国际和平事业的发展等；③有效管理向第三方转移武器的原则，比如向第三国转移武器需事先征得日本政府的同意等。「防衛装備移転三原則」、平成 26 年（2015）4 月 1 日国家安全保障会議決定閣議決定。

第七章　小泉纯一郎与安倍晋三的政治改革

2014年4月1日，安倍内阁以内阁决议的形式出台了"防卫装备转移三原则"，用来替代战后日本一直实行的"武器出口三原则"。"防卫装备转移三原则"的制定预示着战后日本安全保障理念的重大转变。在战后很长一段时期，"武器出口三原则"、"非核三原则"与和平宪法共同奠定了战后日本作为和平国家的基础。安倍解禁武器出口限制，一方面是想从思想理念方面带领日本社会突破战后安保体制，从思想上解构武器出口与和平国家之间的联系；另一方面则是通过扩大武器出口，加强本国军工产业的发展，并在此基础上强化与美国、澳大利亚等国间的联合开发，这既可以强化美日同盟关系，也可以通过共同开发来提高自身的军事科技水平。尽管日本政府对转移武器设定了相应的条件，但有日本学者认为："在安倍提倡的'积极的和平主义'理念下，通过武器出口或者军事技术的转移可以强化日本与他国之间的安保关系。在新的原则下，救灾、警戒、巡航及扫雷等方面的武器装备也在出口范围之内，这样向印度及东南亚国家出口巡逻艇等也将成为可能。"① 因此，日本可以利用武器出口拉拢东南亚地区国家，甚至利用与美欧之间的军事合作，提高自身的军事技术和军备水平，进而打破亚太地区脆弱的军事平衡，刺激不稳定因素的增长，威胁亚太地区的稳定。

其次，制定新安保法，推动自卫队走向全球。2016年3月29日，日本众、参两院在2015年强行表决通过的新安保法案②正式生效，标志着日本政府可以行使集体自卫权。这不仅是对战后日本"专守防卫"政策的颠覆，同时也将成为战后日本安全防卫政策的重要转折点。日本新安保法的本质是解禁集体自卫权，扩大自卫队在海外进行军事活动的范围，扩展自卫队参与海外军事活动的内容和类型。在新安保法案中，一方面，"周边"及"周边事态"等具有明确地域概念的词语被删除，使日本自卫队在海外的军事行动不受地域的限制，美日全球性安全同盟的建设将成为可能；另一方面，

---

① ロイターニュース編集部「武器輸出三原則に代わる新ルールを閣議決定　一定条件満たせば輸出認める」、http：//www.huffingtonpost.jp/2014/03/31/three-principles-on-arms-exports_ n_ 5066440.html［2017－3－1］。
② 此次通过的新安保法案包括1个新立法和10个修正法，具体内容可参见「平和安全法制等の整備について」、内閣官房、http：//www.cas.go.jp/jp/gaiyou/jimu/housei_ seibi.html。

战后日本选举与政治资金问题

"新的行使武力三要件"的模糊化设定,扩大了日本政府进行随意解释的空间,特别是第一要件的规定:"当日本或与日本关系密切的国家遭到武力攻击威胁到日本的生存,以及日本国民的生命和追求幸福、自由的权利面临危险时,日本可以对他国行使武力",意味着即使日本在没有遭到直接攻击的情况下,仅仅以"受到威胁"为由就可以对他国发动武力攻击。因此,新安保法的制定完全违背了战后日本和平宪法所主张的"和平主义"理念,新增加的"重要影响事态""生存危机事态"等内容不仅使日本政府派遣自卫队参与海外军事行动的门槛降低了,同时也使日本的安保政策更具进攻性,推动日本走向"正常国家"。

最后,修改宪法,摆脱战败国地位,不仅是日本自民党的立党纲领①,同时也是安倍一直梦寐以求的政治理想。为此,安倍在担任日本首相期间就一直在为修宪做各方面的准备。第一次担任首相期间安倍制定了《国民投票法》,之后在2015年6月力推《公职选举法》的修改,将选举投票年龄从现行的满20岁下调到满18岁。这些改革从程序上打通了修宪的各个环节,使修宪在程序上成为可能。不仅如此,2016年7月,以安倍为首的自公联盟获得参议院选举的胜利,加上支持修宪的在野党参议院议员,使支持修宪的势力在众参两院皆超过议员总数的2/3②,可以说此次安倍获得了战后日本政治史上最为有利的修宪条件。然而,安倍的修宪之路依然面临许多不确定的因素。一是执政党自民党内部缺乏共识,各方在修宪的内容和日程安排方面还存在分歧。尽管如今安倍在自民党内获得了极高的威望,但党内各派阀之间的斗争并未停息,各方都显示出想在修宪议题上牵制安倍的意愿。③ 二是自民党的政治盟友公明党未必会完全赞同安倍的修宪方案,公明

---

① 1955年自由党和民主党合并成立自民党,其立党纲领的第六条:在坚持和平主义、民主主义及尊重基本人权的同时,依据国情,自主修改现行宪法和重新审视占领期间的法律制度。参见「立党宣言・綱領」,https://www.jimin.jp/aboutus/declaration/。
② 古本陽荘「改憲勢力3分の2超す 自公、改選過半数」、『毎日新聞』、2016年7月11日、http://mainichi.jp/senkyo/articles/20160711/ddm/001/010/200000c〔2017-3-1〕
③ 在2016年7月参议院选举胜利之后,修宪方面担任"地方创生担当相"的石破茂表达了慎重的态度,其认为"现在优先的课题是在自民党内进行充分的讨论,至于宪法第9条谁都没提过"。担任"一亿总活跃担当相"的加藤胜信则表示"宪法修改内容和方式不经过充分讨论的话,三分之二的议员数也没什么意义"。参见「改憲は慎重議論が必要 石破茂担当相、3分の2確保で」、http://www.sankei.com/politics/news/160712/plt1607120036-n1.html。

210

第七章　小泉纯一郎与安倍晋三的政治改革

党的山口那津男曾公开表示："不赞同自民党立党大纲提出的现行宪法是美国人强加的，需要自主制定宪法的观点，也不完全认可自民党提出的宪法修改草案。"① 三是修宪从概念走向实际操作必定会引起日本社会的争论。尽管如今的日本社会呈现出保守化和右倾化的发展趋势，但一旦修宪议题引发日本国民的讨论，这种带有民族主义情绪的修改"美国人制定的宪法"② 的修宪主张必定会遭到日本国民的质疑，毕竟以今天的视野来看，成文于70年前的日本宪法所倡导的人权理念及对个人尊重的原则并不过时。一旦日本国民从民族情绪的束缚中解脱出来，修改宪法将会向技术化和专业化的方向发展，而该领域的权威不是安倍而是日本宪法学者。

三　成为战后日本在位时间最长的首相

除了执政联盟及日本社会外，安倍有限的任期将会制约其推进修宪议程。为此，安倍推动修改自民党党章，成功实现自民党总裁的3次连任，在此基础上以时间换空间，通过延长执政时间来推动宪法的修改。

历史上，自民党总裁的任期经过多次修改，从最初的党章规定任期2年到20世纪60年代废除任期的限制，到1971年又规定任期为两届；最近一次的修改是在小泉担任首相期间，小泉规定总裁任期为两届，每届由2年延长到3年。如果按照两届6年的任期规定，2018年9月，安倍将卸任自民党总裁一职，当然也将卸任日本首相。但是，以修改"美国人制定的宪法"为政治抱负的安倍不甘心就此放弃，在2016年起用从政经验十分丰富的二阶俊博担任自民党干事长，用来协调及平息自民党内各派政治势力。2017年3月5日自民党大会决定修改党章，将党章中规定的总裁任期两届6年延长到三届9年。在新的规定下，安倍可以在本届任期结束之后连续第三次参加总裁竞选。2018年9月，安倍在自民党总裁选举中击败石破茂，成功实现连任，其任期将持续至2021年9月。安倍长期执政的实现将给战后和平宪法带来新的挑战。在2017年3月的自民党大会上，安倍发表演讲，表明

---

① 「憲法改正『民進、野党共闘のため主張後退』公明・山口氏」、朝日新聞デジタル、2016年10月9日、http://www.asahi.com/articles/ASJB93DJYJB9UTFK004.html［2017-3-1］。
② 野原大輔「首相『占領期にでき今にそぐわない』改憲意欲」、『毎日新聞』2016年2月3日、http://mainichi.jp/articles/20160203/k00/00e/010/154000c［2017-3-1］。

其强烈要求修改宪法的意愿，指出："自民党要提出修宪的议案，引导具体议题的讨论。"① 作为对安倍演讲的回应，自民党大会通过了"为提出修宪草案迈出具体的步伐"的"2017 运动方针"。可见，安倍和自民党将利用 2017 年战后日本宪法实行 70 周年的机会向日本社会提出具体的修宪议题，通过主导议题设置来引领有关修宪的讨论。

安倍修改自民党章程，挑战第三任期之所以引人关注，一方面这是安倍藐视日本民主政治的重要体现，在各大在野党实力衰弱之时，通过修改党章来延长总裁任期，进而想提前预订日本首相之位，体现的是安倍对日本民主政治的不屑一顾，这也从侧面反映出日本民主政治的衰弱；另一方面，安倍以延长执政时间来换取修宪空间的战略，让人们对日本宪法的未来产生担忧。尽管安倍修宪还需要协调自民党、公明党等各方利益，同时也需要在国会进行讨论，但安倍强大的议题掌控能力和善于包装、隐藏真实意图的策略，使他可以较好地主导和引领修宪议题在国会和日本社会中的讨论。

四 安倍主导的政治改革能否成功

2012 年安倍带着第一次执政的失败教训再次回到日本权力的中心。安倍上台之后强化内阁人事权，增强在政府决策过程中的主导地位，特别是国家安全保障会议的设立，使安倍全面主导了外交和安保领域的政策决策。然而强化首相在政府决策中的地位，削弱官僚的影响并非安倍此次政治改革的最终目标。对于继承其外祖父岸信介保守政治理念的安倍而言，修改宪法，摆脱日本战败国地位才是其最终要实现的目标。

诚然，安倍获得了战后日本政治史上最为有利的修宪条件。一方面，自公联盟加上具有修宪意愿的在野党议员，使在日本众参两院中的修宪势力超过了国会议员总数的 2/3；另一方面，安倍已经打通了修宪程序的各个环节，修宪在程序上成为可能。更为重要的是如今安倍在自民党内颇具威望，领导自民党连续赢得多次众议院和参议院选举的胜利，并制定新安保法，成功解禁集体自卫权。然而，宪法能否最终得到修改还需要经过全民公投。为

---

① 「安倍首相、憲法改正に強い意欲 自民党大会」、日テレNEWS24、2017 年 3 月 5 日，http://www.news24.jp/articles/2017/03/05/04355721.html［2017 - 3 - 10］。

此，安倍利用2017年为战后日本宪法实行70周年的机会，鼓励自民党的国会议员大胆提出有关修宪的议题，引领日本社会关于修宪的讨论。但是，百密难免一疏，在安倍率领自民党朝着修宪的道路挺进的时候，"森友学园问题"① 的爆发却将安倍带入舆论旋涡之中。安倍在日本国会曾信誓旦旦地说："如果我或者我妻子与此次卖地事件有关，我将会辞去首相和国会议员"②，坚决否认与该学园存在利益关系。然而随着调查的深入，森友学园理事长龙池泰典在面对调查人员时承认"曾通过安倍的妻子收到安倍首相100万日元的捐款"。③ 虽然"森友学园问题"和"加计学园丑闻"对安倍的政治信誉造成打击。但在安倍强大的统制力下，这些事件的负面影响都进一步降低。当前日本国内政治呈现自民党独大和安倍一强的格局，安倍对于日本政治的独断将带领日本进入"安倍时代"。在"安倍时代"，其将继续强化政治改革，进一步削弱在野党的实力和减小党内竞争的压力。

本章小结

进入21世纪后，随着日本社会右倾化和保守化趋势的发展，以反官僚集团和反战后安保体制为核心的政治改革此起彼伏。在日本有"白发民主主义"④ 的现象，指的是老年人的增多以及老龄人口较高的投票率⑤使老年

---

① 森友学园为了新建小学而以1/7的评估价格获得国有土地，其出售和收购过程中存在诸多疑点，随着调查的深入，发现安倍夫人是森友学园的名誉校长，并且该学园的理事长称接受过安倍100万日元的捐款，此事件成为安倍执政4年来最大的丑闻。
② 山岸一生・安倍龍太郎・二階堂勇「安倍首相、1強の余裕　支える菅氏、霞が関の人事掌握」、『朝日新聞デジタル』、2017年2月27日、http://www.asahi.com/articles/ASK2S41Q4K2SUTFK00X.html［2017-3-5］。
③ 光田宗義、村上正「首相から100万円官房長官は否定」、『毎日新聞』、2017年3月16日、http://mainichi.jp/articles/20170317/k00/00m/010/058000c［2017-3-19］。
④ 老年人的增多及保持较高的投票率导致执政党在社会保障方面的改革迟难以推进，使老年人在国家政策上享受着优惠待遇，但这不仅扩大了政府财政赤字，同时也抑制了年轻人政治参与的热情，成为日本社会一个非常明显的政治社会问题。参见八代尚宏『シルバー民主主義—高齢者優遇をどう克服するか—』、中央公論新社、2016年。
⑤ 以2012年的众议院大选为例，20~24岁年龄段选民的投票率为35.3%，25~29岁的投票率为40.25%，而60~64岁的为73.17%，65~69岁的为77.15%。参见「明るい選挙推進協会」、http://www.akaruisenkyo.or.jp/040intro/。

战后日本选举与政治资金问题

人对日本政治具有较强的影响力,这导致日本社会福利支出过大,政府财政赤字不断增长,也使国家无法拿出更多的财政来支持年青一代的发展。再加上如今日本的老人年轻时大部分是 20 世纪五六十年代反安保运动的参与者,如今这批人将成为维护战后日本和平宪法的重要力量。为此,安倍修改《公职选举法》,将投票年龄从现行的满 20 岁下调到满 18 岁就是想利用年轻人比较容易受影响的特点,希望用年轻人的选票[①]来稀释老年人的选票,进而实现其修改宪法的政治夙愿。另外,失业率的连续降低以及大中专毕业生就业形势的不断好转使民粹型的政治改革在日本缺乏市场。依据最新的统计数据,2016 年日本的失业率为 3.1%,比 2015 年下降 0.3 个百分点,连续 6 年降低。[②] 依据日本文部科学省的统计数据,2015 年日本大学毕业生就业率为 97.5%,同比增加 0.8%,技校毕业生的就业率为 97.4%,同比增加 0.9%。[③] 如何激发年轻人的政治热情进而平衡老年人过高的投票率成为安倍在未来修宪运动中不得不认真思考的问题。此外,在小泉纯一郎和民主党的改革过程中,政治资金问题的发生也是推动其坚决实行政治改革,打破自民党旧有的"政经关系"的因素之一。通过利用自民党成员卷入的政治资金事件来寻求日本社会及舆论的支持,并在此基础上冲击原有的"政官关系",推动政治改革持续进行。

通过对小泉纯一郎的政治改革、民主党执政期间的政治改革以及安倍推行的政治改革进行分析,可知冷战结束以来的日本政治改革主要有以下特点。

第一,反对官僚在政府决策中的主导地位均成为历次政治改革的重要内容。不管是具有超高人气的小泉纯一郎,还是决心修改宪法的安倍晋三,成为首相之后都不断推行削弱官僚影响力的政治改革。2009 年上台的民主党

---

① 在 2016 年举行的参议院大选中,18 岁选民的投票率为 51.17%,19 岁选民的投票率为 39.66%,尽管比 70 岁及以上老年人口的投票率低很多,但远远超过 20 ~ 29 岁年龄段选民的投票率。参见「7月の参院選投票率、18 歳 51%・19 歳 42%　総務省が全員調査」、『日本経済新聞』、2016 年 9 月 9 日、http：//www.nikkei.com/article/DGXLASFS09H36_Z00C16A9PP8000/。

② 「完全失業率、2016 年は3.1%　1994 年以来 22 年ぶり低水準」、『日本経済新聞』、2017 年 1 月 31 日、http：//www.nikkei.com/article/DGXLASFL31H4Q_R30C17A1000000/ [2017 - 3 - 22]。

③ 「平成 27 年度大学等卒業者の就職状況調査」、2016 年 5 月 20 日、http：//www.mext.go.jp/b_menu/houdou/28/05/1371161.htm [2017 - 3 - 22]。

更是直接喊出了"战后行政大扫除"的口号。官僚之所以成为众矢之的，一方面是因为自民党的长期执政使自民党和官僚集团之间建立起深厚的利益关系，"族议员"和"利益诱导政治"的盛行加剧了日本政治的腐败；另一方面，官僚集团内部的割据性，使各省厅间经常围绕利益问题和管理权限发生摩擦，加剧了日本国民对官僚集团的负面印象。

第二，起用民间专业人士和设立私人咨询机构来制衡官僚集团。日本的官僚集团不仅具备专业的知识技能，同时还具有较高的业务素养。政治家要想从官僚手中夺回决策主导权，除了进行政治改革打破原有的决策机制外，还需要各类专业人才进行辅佐，而起用民间专业人士不仅可以打破原先封闭的官僚主导决策的机制，还可以拉近政治家和民间社会的距离，对官僚形成制衡。小泉和安倍都非常善于起用民间的专业人士来提供政策咨询和改革建议，通过起用民间专业人士和私人咨询机构来引导政府政策的走向。

第三，日本的政治改革还带有反美倾向。尽管美日之间是同盟关系，但在民主党执政期间的政治改革中表现出反美主义的特点。2009年，民主党的鸠山由纪夫担任首相后提出建立"对等的日美同盟关系"和"东亚共同体"的构想，通过加强与东亚各国间的联系，摆脱对美国单方面的依赖。安倍晋三和小泉纯一郎则希望通过修改美国人制定的宪法来真正实现"日本的宪法由日本人制定"的宏伟目标。

现阶段，日本首相安倍晋三集政治、经济、外交等大权于一身，真正建立了以首相为核心的一元化权力机制。官僚被"驯服"，解禁集体自卫权等具有日本特色的改革获得了初步的成功，未来安倍的目标将是修改战后日本宪法，摆脱战败国地位，突破战后东亚地区的国际秩序，使日本成为政治、军事及经济大国。因此，未来日本政治改革的趋势依然是围绕反对官僚主导决策和以宪法为核心的战后安保体制来展开。这既由日本官僚集团的性质所决定，同时也受到日本政治改革过程中的反美倾向影响。一方面，日本的官僚是通过严格的公务员考试选拔出来的社会精英，具备专业的知识和技能，政府机构的日常运营离不开官僚集团的参与。尽管安倍通过强有力的政治改革削弱了官僚集团在政府决策过程中的影响力，但安倍并没有否定官僚的作用，更没有将官僚排挤出决策过程。恰恰相反，不管是推行"安倍经济学"还是解禁集体自卫权，安倍都积极拥抱官僚，选择与其有相同政治理念的官

战后日本选举与政治资金问题

僚负责政策的制定和实施,使这些改革体现出鲜明的安倍个人色彩。然而,即使在最理想的情况下,2021年安倍依然要卸任日本首相职位,安倍所推行的政治改革能否继续实行还存有疑问。正如小泉施政下的日本政治,一旦强势领导人离任,不仅会导致原有的改革难以继续,同时还会引起被"驯服"的官僚集团的反抗。另一方面,日本政治改革中的反美倾向将会促使日本寻求构建"对等"的日美关系。在安倍看来最先要突破的就是修改战后由美国人制定的宪法,毕竟"宪法是国家的象征,而战后日本的宪法是在占领军的影响下制作而成,我们要亲手制作与21世纪相符的宪法"。[1] 但是在美国实力未明显衰退之前,对等同盟关系的建立依然遥不可及。因此,未来日本的反美主义将会继续裹胁在反对战后安保体制以及战后东亚国际秩序的政治主张中,以强化日美同盟关系来获取美国的信任,进而谋求突破束缚日本的战后安保体制。

---

[1] 「詳報(2):安倍首相『自身の手で憲法をつくる精神こそ新時代を切り開く』」、『産経新聞』2015年11月10日、http://www.sankei.com/premium/news/151110/prm1511100014-n1.html〔2017-3-22〕。

第八章
"改元"与"改宪"：
后平成时代日本政治走向*
——兼论日本政治资金问题的发展趋向

2018年与2019年对于日本而言是承前启后、辞旧迎新的一年，明仁天皇"生前退位"的实现意味着持续30年的平成时代即将落幕，日本将走向新的纪元。这一年，安倍在自民党总裁选举中击败石破茂成功实现三连任，自民党独大及安倍一强的政治格局将延续。外交领域，中日关系从竞争走向协调，日美、日俄、日印等大国关系进展顺利，日本在寻求政治大国的道路上越走越远。当前，安倍创造了战后70多年来最为有利的修宪环境，作为国家根本大法的战后和平宪法处于"命运的十字路口"。此外，在涉及日本国象征的天皇及皇室制度方面，明仁天皇自1817年光格天皇以来的首次生前退位不仅强烈冲击日本国民与社会，也将赋予这一"千年国体"新的时代气息。在日本"国体"和"政体"都将面临转变之际，后平成时代日本的走向值得关注。

第一节 告别平成时代，皇室的传统与现代之变

明仁天皇在2016年8月8日的NHK电视讲话中表示"我的年龄已超过80岁，在体力等方面也时常感到力不从心"，[①] 明确表示希望退位。尽管明仁天皇生前退位的想法事先就已经在日本社会流传，但天皇在电视讲话中明确宣布想要生前退位的消息时，依然让日本社会震惊。为了顺利推进明仁天皇退位事宜，日本政府做了多方面的努力。

---

* 本章内容曾发表于杨伯江主编《日本研究报告（2019）》，社会科学文献出版社，2019。
① 「象徴としてのお務めについての天皇陛下お言葉」，https://www3.nhk.or.jp/news/special/japans-emperor/index.html［2018-12-28］。

明仁天皇电视讲话之后,日本政府即着手成立了"关于减轻天皇公务负担等事宜的有识之士会议",就天皇退位问题展开商议,其成员包括日本经团联名誉会长今井敬等知名人士。2016年10月,日本政府在首相官邸召开首次明仁天皇退位有识之士会议,经过有识之士近半年的讨论,2017年4月该会议将整理好的报告提交日本政府。2017年5月,安倍以内阁决议的形式通过了仅适用于明仁天皇退位的特别法案。此后,该法案在日本国会众、参两院顺利通过,为日本天皇时隔近两百年的生前退位扫清了制度障碍。

2017年12月1日,日本首相安倍晋三召集皇族、宫内厅长及众参两院正副议长等人在宫内厅特别会议室召开日本皇室会议,就明仁天皇生前退位问题进行审议。此次皇室会议是继1993年以来时隔25年再次召开。经过商议,明仁天皇于2019年4月30日退位,皇太子将于同年5月1日即位并启用新年号。此后,日本政府于12月8日召开内阁会议,正式通过了明仁天皇退位时间的行政令。至此,明仁天皇生前退位的制度性安排已经就绪,平成时代即将落幕。

天皇制作为日本历史、文化的重要组成部分,受到世人的普遍关注。二战之后,天皇被揭去神秘的面纱而"现人形",并被改造为日本国的象征。战后日本和平宪法第一条规定:"天皇是日本国的象征,是日本国民整体的象征,其地位以主权所在的全体日本国民的意志为依据。"这意味着战后日本天皇已经丧失过去那种统领国家的权力,仅仅成为日本国民统合的象征。但这并不意味着战后日本天皇已经彻底退出日本政治的舞台。作为国家元首,天皇还会进行对外访问或接见来访外宾。不仅如此,天皇还会依据内阁的建议公布政令、法律及条约、认证官吏任免等。同时,作为万世一系的天皇事实上成为许多日本国民的文化信仰和精神寄托,深受日本国民的爱戴。此次明仁天皇退位对日本社会的冲击表明,后平成时代日本的天皇制依然面临诸多难题。

一 天皇与宪政的关系

日本与英国同为实行君主立宪制的国家,但在传统与现代、政治与社会之间,英国皇室表现得更为游刃有余,实现了某种平衡。如今,日本皇室仍然保留着许多非常古老的传统,天皇在加冕时几乎都要举行传统的类似于宗教的仪式,其目的是追溯日本民族的起源。在仪式上,天皇扮演着国民与神

第八章　"改元"与"改宪"：后平成时代日本政治走向

进行对话的角色，这意味着即使在现代日本社会，许多日本国民依然将天皇视为神的化身。面对现实政治，日本皇族表现出过分的小心和敏感，担心与现实政治接触过密而影响日本宪政。但日本右翼分子却经常打着天皇的大旗来替"神国日本"招魂，通过再次将天皇神化来充分利用天皇的政治价值。毕竟在许多日本国民心中，天皇依然拥有极高的地位和价值。一旦天皇身上的"神性"被日本右翼及保守势力在将来某个时刻激活，天皇将重回日本权力中心成为右翼及保守势力利用的目标。甚至在当前日本社会流传着秋筱宫文仁亲王与日本保守势力走得比较近这样的传言，而即将即位的德仁亲王没有儿子，这使日本右翼及保守势力更加蠢蠢欲动，将给后平成时代的日本皇室与宪政带来新的挑战。

二　天皇与日本政治家的关系

战后日本天皇与政治家之间的关系相对比较融洽，双方依据宪法、法律、政令等制度在不同的领域、场合发挥相应的作用，共同推动现代日本国家的建设和发展。然而自从2012年安倍第二次担任日本首相以来，天皇与日益强势的安倍首相之间就频频爆发出不和谐的"音符"。在维护宪法、反省战争罪责方面，天皇、皇室与安倍首相之间的分歧甚大。

众所周知，明仁天皇对于反思战争罪责、珍视战后日本和平道路的认识是一以贯之的。在其刚即位天皇之后就不断寻访深受战争祸害的地区，冲绳、广岛、硫磺岛、塞班岛等曾经发生过惨烈战事的地方都多次留下明仁天皇的足迹。此外，为了表达对战争的反省与和平的珍视，明仁天皇多次利用纪念仪式发表以珍视和平、维护战后日本和平宪法为主旨的讲话。2013年12月，在明仁天皇即将迎来80岁寿辰之际于皇宫举行的记者招待会上，在被记者问及平生印象最为深刻的事情时，明仁天皇答道："以前的战争，在此次战争中牺牲了310万名怀揣着对未来理想的年轻人，对此感到非常痛心……战后日本在盟军的占领下，珍视和平与民主主义理念，制定了战后日本和平宪法，通过各种改革才有今天日本的发展。"①

---

① 「天皇陛下80歳の誕生日記者会見全文」，http：//www.tokyo-np.co.jp/feature/koushitsu/131223/［2018-12-18］。

战后日本选举与政治资金问题

然而，日本首相安倍晋三不仅无视天皇对于和平的珍视及对战争的反省，甚至在明仁天皇发表上述讲话之后不久就去参拜靖国神社，将犯下战争罪行的甲级战犯当作日本英雄进行膜拜。不仅如此，在反思战争方面安倍与明仁天皇背道而驰。在 2014 年春季，安倍以自民党总裁身份向和歌山县高野町的战犯追悼碑致函，公开表示对战犯的哀悼。① 在数次战败纪念日的讲话中安倍对日本在二战期间的侵略行为没有表示深刻反省，更没提及日本是当年战争的发动者及加害者。随着日本政治格局中自民党一党独大体制的深化以及自民党内安倍一强的发展，具有"总统型首相"② 特质的安倍成为日本国内最有权势者。在反思战争、维护战后日本和平宪法方面，安倍与天皇之间的分歧逐渐公开化。

事实上，明仁天皇对于战后日本和平宪法的拥护已经被日本国民所熟知，其也成为和平宪法最重要的拥护者和支持者。然而安倍继承其外祖父岸信介的保守主义理念，修改战后和平宪法是其一直追求的政治理想。安倍在各种场合公开表示要改变战后体制，修改和平宪法，这导致安倍与天皇在修宪方面的分歧越来越大。在日本有一种观点认为，安倍对于修宪的志在必得是促使明仁天皇欲实现生前退位的诱因之一。天皇受宪法规定不能公开发表政治见解，但其反对安倍及右翼势力修宪及否认历史的修正主义史观。唯有通过生前退位的方式提醒日本国民及政治家需要牢记历史，维护战后得之不易的和平环境。

一旦 2019 年 4 月 30 日明仁天皇成功退位，后平成时代的天皇与以安倍为首的右翼保守势力之间围绕历史认识与修宪的博弈又将展开。根基不深、影响力有限的德仁亲王在即位天皇后能否再次举起珍视和平、反思战争及拥护和平宪法的大旗值得关注，安倍与皇室之间围绕修宪的博弈也将持续深化。

---

① 「安倍首相、A 级戦犯ら元军人の法要に追悼の书面」、https：//www.sankei.com/politics/news/140827/plt1408270030-n1.html ［2018 – 12 – 18］。
② 待鸟聡史『首相政治の制度分析：现代日本政治の権力基盤形成』、千仓书房、2013 年、71 – 94 頁。

三 皇室与日本民间社会的关系

事实上从明仁天皇开始，日本皇室与民间社会之间的联系就非常紧密。在明仁天皇之前，日本皇室尚没有与民间子女成婚的先例。当年其与民间女子恋爱的消息传出后，受到皇室内部和旧贵族的反对，甚至连昭和天皇和皇后也反对这桩婚事。但明仁敢于突破传统习俗、礼教的约束，执意与来自民间的美智子成婚。如今美智子皇后一直被日本国民视为平民皇后第一人，很多日本国民对于明仁天皇的印象也是其娶了一位来自民间的女子。2019 年 4 月双方迎来结婚 60 周年，明仁天皇在任期内最后一次记者见面会的发言中表达了对美智子皇后深深的爱意。① 明仁天皇开先河打破以往皇室传统，冲破各种阻力与民间人士成婚的举动也深深影响着下一代皇子们的选择。不知是不是受其父亲的影响，明仁天皇的两位皇子都选择与民间女子结婚，甚至文仁亲王还与出身中产家庭的女性结婚。但正如明仁天皇和美智子皇后之间的婚事一样，不是每一桩皇室与民间社会人士之间的婚事都能顺利和完美。当前围绕秋筱宫夫妇的长女真子公主与其大学同学小室圭的婚事在日本社会引发很大的争议。这一方面是因为依据日本《皇室典范》的规定，女性皇室成员结婚之后将脱离皇籍，一旦真子公主与小室圭结婚后其将成为明仁天皇第一位一般日本国民的孙辈；另一方面也是因为小室圭的家庭背景复杂，特别是涉及其母亲的金钱问题在日本社会引发各种非议。结果宫内厅在 2018 年 2 月突然发布消息称，真子公主和小室圭的婚礼等相关仪式将推迟至 2020 年举行。

宫内厅推迟婚礼的消息一经公布即引发日本社会热议。虽然此前也有日本皇室推迟婚期的情况，比如昭和天皇的婚礼就曾受到关东大地震的影响而推迟，战后也曾有过由于皇族成员的去世而推迟婚礼的例子，但是此次真子公主婚礼的推迟却不存在任何的"天灾人祸"，且婚礼时间推迟了两年，这样的安排确实显得不太符合常理。真子公主作为明仁天皇的长孙女，从小就比较叛逆，其能否突破皇室之规与小室圭完婚将成为观察和分析后平成时代

---

① 「天皇陛下として最後の記者会見、皇后さまねぎらう」、https://www.nikkansports.com/general/news/201812230000158.html［2018 - 12 - 28］。

皇室与日本社会互动的一个缩影。同时，真子公主的妹妹佳子公主从小也比较叛逆，也更喜欢制造各类社会话题。在后平成时代，通过观察接受现代教育洗礼的皇室成员与日本现代社会互动的过程，让我们找到一个分析和观察后平成时代皇室与现代日本社会关系的窗口。后平成时代日本皇室会不会改革部分"陈规陋习"，实现再次"现代化"值得关注。

四 退位后的明仁与新天皇之间的关系

如何安置退位后的明仁天皇以及如何处理其与新天皇之间的关系成为后平成时代日本社会需要认真对待的问题。根据天皇退位有识之士会议的协商及日本政府的确认，退位后的明仁被称为"上皇"，皇后被称为"上皇后"。然而，"上皇"在日本历史上曾扮演了重要的角色。在日本历史上，接任后三条天皇的白河天皇为了抑制藤原氏的影响而生前退位给年幼的堀河天皇成为上皇，实施"院政"。此后上皇与天皇之间围绕政治权力展开了激烈的斗争。如今，明仁退位后成为上皇必将引发日本社会有关上皇与天皇之间关系的猜测，退位后的明仁能否与新天皇实现平稳过渡也值得关注。

第二节 摆脱战后体制，安倍式修宪进入新阶段

在2018年9月20日举行的日本自民党总裁选举中，安倍击败石破茂成功连任，有望创造历史成为日本近代内阁制建立以来执政时间最长的首相。安倍再次当选意味着日本国内自民党一党独大、自民党内安倍一强的政治格局得以持续。日本国内的政局将在缺乏有力竞争对手的情况下保持稳定，安倍的执政路线也将在党内缺乏有力挑战者的局面下得到贯彻和落实。与此同时，2019年德高望重的明仁天皇于4月30日退位，德仁亲王于5月1日正式即位。在新老天皇交替，新天皇在适应日本政治叙事及重塑天皇形象的过程中，安倍事实上已经成为日本最有权势的统治者，[①] 后平成时代将首先进入"安倍时代"。

进入"安倍时代"后，日本首相安倍依然面临许多重要的内政、外交

---

① 菊池正史『安倍晋三「保守」正体：岸信介のDNAとは何か』、文藝春秋、2017年、3頁。

第八章 "改元"与"改宪"：后平成时代日本政治走向

议题，但对于安倍而言最为优先且艰巨的课题则是修改宪法。安倍多次强调修宪将是其政治生涯中的重要使命，当前安倍率领自民党迎来了战后70年来最为"有利"的修宪环境。正如安倍在2018年1月举行的自民党两院议员总会上所言"终于迎来了修宪的时机"①。

在2018年3月举行的自民党大会上，安倍明确提出了修宪四议题，分别是宪法第九条、紧急事态条款、撤销合并了的参议院选区、充实教育②。在这四个议题中，修改宪法第九条成为安倍最为重视的事项。事实上关于宪法第九条，安倍曾在2017年5月"日本会议"主办的集会上发表视频讲话，提到关于宪法第九条，应在探讨保留第九条第一、二项的基础上，将自卫队明文写入宪法，终止自卫队可能违宪的争论，并强烈期待在2020年实施新宪法。2018年5月安倍依然在"日本会议"举办的集会上进行视频讲话，并再次强调自卫队必须明确写入宪法，终止围绕自卫队是否违宪的讨论，但在此次讲话中安倍并未提出明确的修宪日程。10月14日，安倍在陆上自卫队的检阅仪式上发表训话，表示"创造让自卫队员充满自豪地去执行任务的环境是当下政治家的责任"③，再次强调其自卫队入宪的理念。虽然在总裁选举中安倍与石破茂围绕宪法修改展开了激烈的辩论，双方对于修宪的方式及内容还存在较大争议，但在"自卫队入宪"方面自民党内部并不存在根本分歧。

安倍在2018年9月的自民党总裁选举中获得连任，既可以将其执政时间延续至2021年，同时也将为修宪争取到足够的时间。按照安倍提出的2020年实施新宪法的修宪日程倒推可知，2018年和2019年将是安倍推动修宪的"黄金时间"。但进入2018年以来，安倍式修宪在日本国内面临的阻力越来越大。原先所设想的修宪进程也迟迟难以推进。依据自民党的修宪安排，2018年2月将汇总党内修宪草案并提交众参两院宪法审查会。针对党内存在争议的

---

① 「首相、憲法改正『実現する時』」，https：//www.nikkei.com/article/DGXMZO25972040S8A120C1000000/［2019-1-1］。
② 「首相、9条改正へ決意　森友問題は陳謝　自民党大会」，https：//www.nikkei.com/article/DGXMZO28556410V20C18A3PE8000/? n_cid=SPTMG002［2019-1-1］。
③ 「首相、自衛隊の憲法明記に意欲　観閲式で訓示」，https：//www.nikkei.com/article/DGXMZO36472430U8A011C1000000/［2019-1-1］。

战后日本选举与政治资金问题

宪法第九条等敏感议题，将尽快统合意见制定统一的方案，争取在2018年秋季临时国会期间提出修宪提议，并争取在众议院表决通过。但回顾2018年自民党的修宪历程可知，安倍式修宪在各个环节都面临着不小的阻力。

首先，自民党内关于宪法第九条的修改分歧甚大，在安倍看来第九条的第一、二两项需要保留，但最大的竞争对手石破茂则认为应该删除，双方的分歧直接导致自民党的修宪草案难产。其次，围绕撤销已经合并的参议院选区的内容，招致各政党的一致反对。[①] 同时，作为联合执政的公明党多次在公开场合表达了关于修宪的谨慎态度，牵制了"安倍式修宪"的进度。再次，日本国民对于修宪的态度变得谨慎，依据日本经济新闻5月的民意调查，关于宪法，回答维持现状比较好的比例比2017年4月上升了2个百分点，达到了48%，回答应该修改宪法的比例由去年的45%下降为41%。[②] 反对和支持势力的此消彼长显示了当今日本国内支持"和平宪法"的声音依然高涨，"安倍式修宪"在日本国内仍面临较大的阻力，要想跨越"全民投票"的门槛依然十分困难。

9月20日，安倍在赢得自民党总裁选举的致辞中尽管强调要倾注全力完成修宪，但他也意识到党内关于修宪草案存在的争论，并指出在将来的工作中需要加强党内的团结和强化与公明党之间的协调。然而，安倍的这番喊话未能换来公明党的支持，公明党代表山口那津男在接受媒体采访时提到"有关修宪，执政党和在野党没有什么区别，最重要的还是要在国会获得广泛的支持，并不存在与自民党事前协商一致后提交国会审议的情况"，[③] 间接否定了自民党所期望的在提交国会审议前与公明党达成执政党协议。公明党对于修宪的谨慎态度让安倍的修宪之路面临很多不确定性。

从修宪的进程来看，要想成功修宪需要跨过以下几个门槛：一是提交自民党的修宪案，二是与联合执政的公明党协商，三是提出修宪动议，四是进

---

① 「『1票の格差』は正緩む　自民改憲案に全党反対」、https://www.nikkei.com/article/DGXMZO27392270W8A220C1000000/［2019-1-1］。

② 「憲法『現状維持』48%　『改正すべき』を上回る」、https://www.nikkei.com/article/DGXMZO30070910S8A500C1MM8000/［2019-1-1］。

③ 「公明代表『場外で合意先行ない』　改憲で与党協議否定」、https://www.nikkei.com/article/DGXMZO36078710T01C18A0PP8000/［2019-1-1］。

第八章 "改元"与"改宪"：后平成时代日本政治走向

行国民投票。从当前的情况来看，与安倍提出的2020年启用新宪法的目标尚有一定距离。一是自民党内关于安倍提出的宪法修正案还存在不同意见，一度成为总裁选举中安倍晋三和石破茂进行政策论争的议题；二是在野党及执政联盟公明党和自民党之间的分歧难以弥合，公明党在修宪议题上表现得极为慎重，而第一大在野党立宪民主党则坚决反对自民党提出的宪法修正案；三是从时间进度来看，2019年最为关键的即为参议院选举，一旦修宪势力未能超过2/3多数，那安倍式修宪将难以推进；四是2019年日本需要举行多场大型的活动，除了直接关系到修宪进程的参议院选举而外，新老天皇的退位与即位仪式、G20会议、非洲开发会议等大型活动几乎占满了2019年日本的公事日程，留给自民党修宪的时间并不充裕。

尽管安倍式修宪面临诸多制约，不可否认的是安倍式修宪仍在全力推进并一步步接近实现。2006年安倍首次就任日本首相以来，就着手推动修宪的准备工作。比如，制定《国民投票法》，明确了修宪的相关程序和具体做法，实现了修宪的可操作化。但过于执着的修宪意愿成为安倍过早下台的原因之一。2012年安倍第二次出任日本首相后即明确提出要将修改宪法第九条作为终极目标。但在具体操作层面，安倍在坚持修宪的大前提下，灵活而又擅长于抓住时机加速推进修宪进程。一方面，依据国内形势的变化调整修宪目标，从修改宪法第九条到自卫队入宪，安倍在修宪的目标上不断寻求与在野党及日本社会的妥协；另一方面又不失时机地夸大日本所面临的安全环境，利用周边地缘政治局势的变化来营造危机氛围。截至目前，安倍在修宪方面一系列的战术调整确实收到了不错的效果。但安倍式修宪将会陷入一个自我预设的困境中，即安倍越是在乎执政联盟公明党、在野党及国内的民意，越是需要花费大量的时间寻求与各方进行协调和周旋，在这个过程中其所付出的时间成本是非常巨大的。相反，假设安倍要减少与各方进行协调的成本而甘冒风险，强行推动修宪议程，修宪不仅变得遥遥无期，而且还难以获得执政联盟公明党的支持，有可能给执政联盟带来毁灭性的冲击，甚至会造成自民党的分裂和衰落。因此，安倍获得了连任，也争取到了修宪的时间，但考虑到今后的政治进程及政权运营状况，后平成时代安倍式修宪将不得不在冒进与协调之间走钢丝，一旦与各方沟通协调出了问题，那么安倍修宪的大棋将走向败局。

第三节　后平成时代日本政治走向

2018年对日本而言是一个开始也是一个终结，平成时代在此落幕，新的纪元即将到来。安倍在总裁选举中成功连任为修宪赢得了时间，安倍式修宪将在后平成时代全力推进。在历史激变时刻日本能否继续保持正确的方向，避免国家再次误入歧途，毫不夸张地说新旧更替的2018年、2019年将是关键点。

一　天皇生前退位让古老的皇室制度焕发新的"容颜"

在传统与现代的变奏中，皇室能否跟上现代社会的步伐进行改革，新天皇如何维系战后和平宪法成为后平成时代日本社会关注的焦点。明仁天皇生前退位的确认让古老的皇室制度成为现代日本社会关注的焦点，围绕皇室的各种争论也让皇室在后平成时代的变革充满期待。集传统与现代、保守与革新于一体的皇室在后平成时代安倍一强的格局下将如何维护战后日本和平宪法？众所周知，明仁天皇与安倍在历史认识及对现行宪法的认识上存在根本性的差别。明仁天皇在多个场合表示日本要深刻反省历史、维护战后和平宪法。在修宪势力日益强大的日本社会，此时的明仁天皇举起了拥护和平宪法及反对历史修正主义的大旗，较好地牵制了以安倍为首的日本右翼保守势力。德仁天皇在历史认识方面也与其父一脉相承，他在位太子时也在各种场合多次表达了对现行宪法的拥护和对历史的反省，甚至在很多时候其表述比明仁天皇更为直接。然而，在安倍一强的格局下，强势的安倍政府在主导修宪议题方面具有强大的统制力。2019年5月1日即位之后的新天皇在维护和平宪法方面将面临越来越大的压力。新天皇是决心像其父一样举起反省历史、维护现行和平宪法的大旗，还是向安倍妥协值得关注。

此外，古老的天皇制在现代日本社会越发显示出其不适应，其中最为明显的是皇室的继承危机。根据现行《皇室典范》的规定只有属于皇统的男性成员才能继承皇位，为了让天皇皇位的继承能够延续，在2004年小泉执政时期成立了一个由各界人士组成的研究小组，讨论如何修改《皇室典范》的问题。该研究小组向小泉提交报告，建议实行长子优先的皇位继承原则，

第八章 "改元"与"改宪"：后平成时代日本政治走向

并承认女性成员的继承权。然而小泉向国会提交承认女性成员继承权的《皇室典范》修正案遭到了日本保守势力的强烈反对。尽管后来纪子妃生下了男孩，皇位继承危机暂时得以解决，但在秋筱宫这一代后只有他一个人能继承皇位，而他将来也必须生下男孩才能延续日本皇室的血脉。因此，可以说悠仁王子的诞生只是将日本皇室的继承危机暂时延后，但警报并没有解除。在后平成时代，具有强烈革新意识的德仁天皇将有可能顺应现代社会的潮流对皇室制度进行改革。日本皇室是向欧洲王室一样变得更为开放？还是让古老的皇室充满自由民主的气息？这些选项对于德仁天皇来说都将会存在，毕竟在以往的发言和讲话中其更强调人性化的主张，承认皇室成员的"私"比"公"要更重要。

二 后平成时代的首场选举

参议院选举与战后和平宪法的命运息息相关，安倍能否带领自公联盟赢得选举，修宪势力能否得到2/3议席值得各方引起重视。安倍式修宪将成为2019年日本社会的一大焦点，而参议院选举则成为观察修宪动向的重要风向标。2017年安倍踌躇满志欲在2018年推动修宪进入新的阶段，但回顾2018年，安倍式修宪进展缓慢，但安倍在外交领域全面开花。2019年日本内政外交方面皆有多场重要活动，内政方面如明仁天皇的退位及新天皇的即位仪式、参议院选举等；外交领域有在日本举行的G20峰会、非洲开发会议等主场外交。在多种重要议题交织的2019年，安倍式修宪必定会面临"苦战"，如何在实现"外交总决算"的同时推动修宪将成为安倍不得不认真面对的课题。但真正决定安倍式修宪能否有效推进的则是参议院选举。这对安倍而言是一场不能输的"战争"。尽管当前日本政治格局呈现出自民党一党独大及在野党分裂的态势，但并不意味着自公联盟会在2019年的参议院选举中大获全胜。一方面，2019年4月日本还要举行统一地方选举，两场选举间隔时间太短，这对自民党的选举动员工作而言将是一个严峻的挑战。有日本学者认为2019年的参议院选举对于自民党而言将是一场苦战。[①]

---

① 権藤敏範「どうなる？ことしの選挙」、2019年1月7日、http：//www.nhk.or.jp/kaisetsu-blog/300/312075.html［2019-02-01］。

227

另一方面，此次参议院选举与修宪进程密切相关，在当前日本国民对修宪的态度日益谨慎的背景下，修宪势力要想获得 2/3 多数的议席确实需要一场"苦战"。

一旦安倍不能带领自民党在参议院选举中获得胜利，不仅安倍在自民党内的影响力将受到影响，同时修宪也会变得遥遥无期，至少不会让安倍在日本宪政史上留下"浓墨重彩"的一笔。

三　安倍超长期执政对日本未来发展的影响

后平成时代安倍超长期执政将重塑日本政治、外交及经济的格局，这对日本未来发展的影响值得重视。2018 年 9 月的自民党总裁选举中，安倍的获胜让"超长期执政"成为可能，这对于安倍而言将会有更多的时间来推动安倍式修宪、"安倍经济学"及大国化外交的发展。

首先，安倍第二次担任日本首相后，即着手为应对美日同盟变动、全球秩序碎片化、区域热点不断升级而进行积极的谋划。在后平成时代，安倍超长的执政时间及更为自信的处理内政、外交的能力将助推日本的"正常国家化"和"军事大国化"进程。一方面，积极谋求改善与周边国家的关系，推动中日关系走向正常化；另一方面，积极顺应国际形势的变动，主动、灵活调整外交战略，将自由开放的印太战略调整为自由开放的"印太构想"①，进一步加强与东南亚、印度及印太沿线国家间的军事安全合作。

其次，主动扛起维护自由贸易体制的大旗，争夺国际经贸规则的主导权。2018 年 12 月 30 日，有 11 个国家参与的《跨太平洋伙伴关系全面进步协定》（CPTPP）正式生效，这是日本政府在国际经贸博弈中的重大胜利，也是安倍推行大国化、自主化外交行动的成功。此外，2019 年 2 月 1 日，日本与欧盟的经济伙伴关系协定（EPA）正式生效，横跨欧亚的全球最大的自由贸易区正式诞生。日本通过参与构建新的多边贸易体制，不断提高其在全球自贸体系中的影响力。在后平成时代，日本将会加快与中国、韩国以及东盟等签订自由贸易协定，在高举自由贸易大旗的同时，加强自主性大国外

---

① 2018 年 11 月 6 日，安倍在会见马来西亚总理马哈蒂尔时首次将"印度太平洋战略"改为"印度太平洋构想"。

交的开展。

最后，后平成时代安倍式修宪将进入新阶段，这里的"新"主要有三层含义：一是在推动修宪的方式上安倍已经放弃原先冒进、强硬的修宪姿态，开始强调自公联盟内部的合作，重视在野党的意见，在照顾国民情绪方面表现得更为理性和稳健；二是安倍在修宪内容方面将会变得更为灵活，不再拘泥于修改难度很高的宪法第九条，而是推进"技术性修宪"，只追求打破"宪法金身"即可的最低目标；三是修宪进入关键时刻，一旦 2019 年 6 月的参议院选举，修宪势力获得 2/3 多数，修宪的推进可能会更为迅速。

在后平成时代，自民党独大及安倍一强的政治格局将会延续，不管安倍式修宪能否顺利推进，超长期执政的安倍将会持续强化官邸主导，增强其在内政及外交安保领域的强势决策地位，① 在后平成时代推动"安倍时代"的到来。

四　后平成时代日本政治资金问题的发展趋势

2019 年 5 月 1 日德仁天皇即位成为新天皇，宣布日本正式进入令和时代。尽管天皇和年号的更替在现代日本社会并不具有重要的时代意义和历史价值，但令和时代的到来已经从年代范畴将日本划分为两个时期。在令和时代，日本政治资金问题的发展趋势是什么？将对日本政治、经济、社会产生哪些影响？

1988 年，即平成元年的前一年，日本媒体揭发利库路特以低价向政界要人赠送未上市的原始股，待该股票上市后，政治家们以市场价高价抛售的政治腐败事件。该事件牵涉大量的自民党派阀领袖和内阁要员，对自民党的声誉造成严重影响，是战后日本四大政治腐败事件之一。进入平成时代，1992 年 8 月，自民党副总裁金丸信非法收受政治资金事件及偷税丑闻曝光，使自民党的声望降到低点。受此事件的影响，在 1993 年举行的众议院大选中，自民党的议席未过半数，失去执政党的地位，至此自民党长期执政的"55 年体制"成功落幕。可以说，平成时代是在日本国民与自民党"金权政治"作斗争的背景下开启的。经过多方博弈，1994 年日本政治改革四法案

---

① 中北浩爾『自民党——一強の実像—』、114 - 115 頁。

成功通过，日本政治资金管制体系的建设迎来新的时代。原先牵涉大量政界要人及企业的集体腐败案件不断减少，各政党有了国家财政的支持对企业献金的依赖也有所降低，政治家个人的政治资金收支受到更多的监管。尽管如此，平成时代还是爆发了迂回献金以及政党援助金滥用的政治资金问题。为了避免上述问题的发生，令和时代的日本政治资金监管体系应该进一步强化惩罚机制，从细处着眼，在鼓励日本选民参与政治和强化对政治家政治资金收支进行监管的前提下，推动政治资金管制体系更进一步的发展。

首先，完善政治家筹款宴会的举办，进一步规范企业及团体在购买入场券方面的行为，有效避免企业及团体的大额资金违规流入政治家钱包。日本《政治资金规制法》严格禁止日本企业及团体协会向政治家个人及其资金管理团体捐献政治资金。为了规避该法规的限制，日本政治家以举办筹款宴会或者特定筹款宴会的方式从企业那里接收政治资金。通过这种方式，原先被堵住的企业向政治家捐献政治献金的通道被激活，尽管筹款宴会有150万日元的限额，但企业及团体通过多购买入场券的方式即可成功规避该条款的限制。因此，在令和时代，要想有效预防政治资金问题的发生，有必要进一步规范筹款宴会以及特定筹款宴会的举行。

其次，规范政治家政治资金的使用，避免大量政治资金被闲置或流转到下一年使用。日本宪法保障日本公民及企业等团体公平参与政治活动的机会。对于普通公民而言，向支持的政党及政治家捐献政治资金是最为基本的政治参与行为。但日本政治资金捐献文化的缺失以及不健康的政经关系，使日本国民并不积极向支持的政治家及团体捐献政治资金。这导致日本政治家之间也存在极为严重的贫富分化问题，一些自民党派阀领袖及内阁成员政治资金充裕，而部分年轻议员及在野党政治家则相比更缺乏政治资金。这导致大量的政治资金沉淀在实力派政治家的资金池中，很多政治资金难以得到有效、合理且充分的利用。从长远来看，这将不利于日本民主政治的健康发展。

最后，增强政治资金管制体系中的惩罚机制建设，为政党及政治家上牢紧箍咒，增加其违法的成本。由于日本的《政治资金规制法》主要强调政治资金相关账簿的公开，重点在于规范政治家、政党等相关团体向日本社会公开其政治资金的使用情况，对于违犯政治资金法律的行为很多时候只是处以罚款的惩罚，甚至违法的数额巨大受到的处罚也比较轻微。惩罚机制的缺乏，让政治家的违法成本较低，难以对政党及政治家的违法行为产生威慑。

本章小结

　　2019年4月30日，明仁天皇的退位预示着平成时代的大幕已经落下，5月1日，德仁天皇的即位拉开了令和时代。尽管在现代社会天皇及年号的更替已不具有重要的历史价值，但在自民党独大、安倍一强的格局下，且在安倍式修宪不断推进的背景下，明仁天皇的退位就显得不一般。明仁天皇的退位被许多分析家解读为延缓甚至是扼杀安倍式修宪的推进，但安倍以特例的方式尽量减少天皇退位给日本政局带来的影响。新即位的德仁天皇在反思战争、珍惜和平方面与老天皇如出一辙，在未来的安倍式修宪中，新天皇的态度值得持续关注。

　　新老天皇的更替让日本皇室继承的问题逐渐浮出水面，德仁天皇只有一个女儿，没有儿子，在日本社会尚难以接受女天皇的情况下，未来的皇室继承问题该如何解决？

　　此外，在平成时代初期，日本国内存在大规模的政治资金问题，自民党的高层领导多次卷入大规模的政治资金腐败事件，为日本民主政治的发展蒙上阴影。此后，经过政治改革，引入政党援助制度，强化政治资金管制体系的建设，集团式的政治资金案件减少了，许多政党及政治家在政治资金收支方面也变得更为规范。但筹款宴会的漏洞以及政治家之间日益严重的贫富分化，使新的政治资金问题又浮出水面，这些问题是否在令和时代大规模爆发出来值得关注。

# 第九章
结　语

一　选举制度成为政治资金问题成因的替罪羊

在探讨战后日本政治资金问题的成因时，选举制度一直是一个不可回避的焦点。日本除了1946年曾经实行过一次大选举区制度而外，在1925～1994年长期实行中选举区制度。因此，中选举区制度对于日本政治及社会具有深远的影响。然而，在战后实行中选举区制度时期，自民党一党独大体制的形成、政治资金腐败事件的发生及自民党内部派阀政治的横行使中选举区制度成为批评的焦点。日本国民认为中选举区制度正是导致日本政治资金问题及自民党一党长期执政的罪魁祸首，要想铲除导致政治资金问题的制度土壤、实现政权更替及实行以政党为中心的选举，就必须实行选举制度改革，废除中选举区制度。并且日本国民相信政治改革的核心是选举制度改革，而选举制度改革的重点即为废除中选举区制度、引入小选举区制度。于是1994年经过5年多的争论，日本终于实现了政治改革，废除了实行快70年的中选举区制度，引入了小选举区制度，实行小选举区比例代表并立制。同时为了解决政治家对于企业献金的依赖问题，引入了政党援助制度，并且为了强化对于政治资金及选举活动的管理，修改了《政治资金规制法》和《公职选举法》。至此，轰轰烈烈的政治改革终于完成。然而中选举区制度造成的政治资金问题及自民党长期一党独大的机制又是什么呢？

中选举区制度之所以被称为金权政治及利益政治的元凶，主要在于在中选举区制度下大政党需要向同一选区提名多名候选人，这导致政党内部竞争激烈，候选人为了在选举中战胜同党的对手就不得不自己组织后援会，实行以候选人为中心的选举。同时为了在党内的竞争中胜出，加入派阀，依靠派阀领袖也成为很多自民党候选人的选择。但后援会的活动需要大量的政治资金，同时派阀政治的运转依然需要大量的政治资金来支撑，于是中选举区制度就被形容为"花钱多"的选举及中选举区制度被称为形成战后日本"金权政治"的主要原因。

然而，事实上，选举制度与政治资金问题之间并没有必然的联系，选举作为现代民主制度的重要构成部分，其物质基础来源于大量的资金投入。况且在1994年的选举制度改革之后，日本国民所期望的以政党和政策为中心的选举、花钱少的选举、政治清廉的选举并没有实现。

首先，同一选区提名多名候选人既不是造成中选举区制度是花钱多的选举，也不一定就容易形成利益诱导政治。日本学者浅野正彦指出："在中选举区制度下，作为第一在野党的社会党，尽管数量比较少但是也会在同一选区派出多名候选人，形成社会党内部候选人之间的激烈竞争，小选举区制度下民主党也会向同一选区派出多名候选人去竞争同一政党的选票。"[①] 因此，如何断定相同政党之间的内部竞争就会导致候选人需要依靠自身力量去组织选民，并且依靠派阀，民主党又为什么在相同的小选举区提名多名候选人呢？在对中选举区制度的研究中存在用结果推导原因的问题，特别是过分重视自民党的情况，忽视了其他政党。

其次，中选举区制度也并非形成以候选人为中心的选举。在小选举区制度下，尽管政党在选区建立了政党支部作为基层的党组织，然而事实上选区的候选人身兼政党支部负责人、后援会组织者及资金管理团体负责人等各种政治团体领导职务，形成"一套人马多块牌子"的情况。尽管表面上选民选的是政党的候选人，但事实上在小选举区制度下后援会的活动与在中选举区制度下并没有明显的区别，候选人依然利用自身的影响力及后援会的动员和监视投票活动来进行选举活动。日本学者名取良太认为："即使选举制度改变成了小选举区比例代表并立制，强有力的个人后援会在选举活动中依然发挥重要的作用……即使选举制度改变了也不可能消灭利益诱导政治。"[②]

最后，中选举区制度与自民党长期一党执政并没有直接的联系。1925～

[①] 浅野正彦『市民社会における制度改革—選挙制度と候補者リクルート—』、235頁。

[②] 名取良太「選挙制度改革と利益誘導政治」、『選挙研究』第17卷、2002年、139－140頁。

战后日本选举与政治资金问题

1945年，日本也长期实行中选举区制度，然而那时却形成战后日本人梦寐以求的民政党和政友会两大党制。因此，中选举区制度并不会天然促使形成自民党一党长期执政的"55年体制"。同时，与其说是中选举区制度导致自民党长期一党执政，不如说自民党的长期执政是导致体制僵化及中选举区制度下政治资金腐败事件频发的重要原因。自民党利用中央集权的财政体制，通过补助金的发放来强化选举地盘和筹集选票。[①]

不仅如此，1994年的政治改革之后，日本不仅未能有效遏制政治资金问题的发生，反而由于政党援助金及政党支部的建立而引发了新的政治资金问题。

二 1994年政治改革之后政治资金问题的发展

1994年的政治改革不仅未能有效遏制政治资金问题的发展，而且还带来了新的政治资金问题。1994年的政治改革引入了政党援助制度，所谓的政党援助制度指的是政府向符合相应要件的政党拨付政党援助金。当初引入政党援助制度的最主要原因在于防止政治家对企业献金的依赖，减少或遏制政治资金问题的发生。然而，事实上由于对政党援助金的监管机制的缺乏或监管比较宽松，日本国民对于政党援助金的使用一直存在诸多指责。其中最大的担忧和指责在于政党及政治家通过伪造材料骗取政党援助金及政党援助金的使用得不到监管。最终日本国民的担忧成为现实，1998年发生了中岛洋次郎事件。自民党的众议院议员中岛洋次郎通过伪造发票和在支出报告书上虚假登记骗取了数百万日元的政党援助金。尽管最后中岛洋次郎以违犯《政党援助法》和《政治资金规制法》的名义被逮捕，但是日本对于政党援助金的监管问题一直未能得到有效解决。

同时，1994年的选举制度改革引入了小选举区制度，而为了真正实现以政党及政策为中心的选举，日本政党在选举区设立政党支部作为基层的党组织。然而政党支部与政党本部一样的属性使其游离于政治资金监管体系之外，最终导致政党支部成为躲避政治资金管制体系监管的最有效的工具。其中由政党支部所带来的迂回献金问题更是引来日本社会强烈的担忧。政党支

[①] 広瀬道貞『補助金と政権党』、朝日新聞社、1981年、15–16頁。

第九章 结语

部是导致迂回献金及秘密献金盛行的原因在于以下三点。其一，政党支部不受政治资金管制体系的监管。为了避免违犯宪法对于公民结社自由的保护，日本政府对于政党支部在政治献金的接收方面没有做出限制。因此，在2000年以后，日本政治家为了规避《政治资金规制法》禁止企业向政治家捐赠政治献金的规定，利用政党支部绕开了监管，用迂回的方式将企业献金送入政治家的口袋。其二，设立政党支部的数量并不受限制。政党支部的设立条件是一个以上的市町村就可以设立政党支部，因此这相当于允许政治家无限设置政党支部。在这方面自民党则一直走在前面，截至2013年1月1日，自民党拥有7259多个政党支部[①]，政党支部的数量已经远远超过自民党国会议员及地方议员之和。其三，候选人身兼多职。所谓的候选人身兼多职指的是选举区的候选人既是该选举区政党支部的负责人，也是后援会的组织者及资金管理团体的负责人，在这种情况下，政治家可以灵活地利用各政治团体的特点来对政治资金进行流转。虽然《政治资金规制法》对于政治团体之间的流转限额为每年5000万日元，但是该法律没有规定候选人拥有政治团体的数量，因此起不了任何作用。为此，政治资金就在政治家的政治团体之间相互流转，不仅带来了监管难的问题，也不利于政治资金的公开和透明。最终迂回献金的盛行给政治资金问题的发生留下了隐患，也直接导致2004年的日本牙科医师会事件的发生。因此，新引入的政党援助制度及政党支部不仅未能有效遏制政治资金问题的发生，反而引发了新的危机，特别是政党支部成为政治家躲避企业献金监管的有力工具。

从上述情况我们也可以推导出1994年政治改革之后日本政治资金问题的发展特点。首先，政治资金问题的隐蔽性，秘密献金、迂回献金横行。不管是政党援助金的腐败事件，还是迂回献金所引起的政治资金问题，最初都不是由监管部门发现的，中岛洋次郎事件是由秘书举报才最终被媒体曝光，进而由司法部门介入。可想而知，1994年改革之后的政治资金问题表面上看发生的频率确实没有改革之前那么频繁，但是并非这些问题不存在，而是

---

① 総務省「政党助成法に基づく政党の届き出（平成26年1月1日）の概要」、2014年1月22日。『「政党法」の制定を目指して—日本の政党のガバナンス・「政党力」向上のために—』（2012年度政治・行政改革委員会報告書）、公益財団法人経済同友会、2015年5月17日、6頁。

监管机构无法发现。其次，政治资金腐败事件中的参与者已经出现明显的变化，涉及政、官、财等日本社会各界的大规模的政治资金腐败事件已经明显减少。不管是围绕小泽一郎的西松建设事件还是铃木宗男事件，政治资金腐败事件涉及的政治家数量与级别同改革前相比已经明显下降。政治资金腐败事件涉案人员的参与方式更多体现的是"一对一"的形式，改变了原先企业家与政治家和官僚"纵横交错"的利益关系。

虽然改革之后的政治资金问题依然未能得到有效遏制，但是改革之后围绕政治资金问题发生的大案要案则明显减少了。不过这并非选举制度改革的功劳，也不是政治资金管制体系强化的结果，而是政党支部的设立为日本政治家找到了一个更好的既可以接收大量企业献金，又难以被发现的躲避监管机制的工具。因此，在政治资金问题上日本政治家为自己关上一扇窗户的同时又打开了另一扇门。

三 战后日本政治资金问题产生的主要原因

导致战后日本政治资金问题发生的主要原因既不是选举制度也不是后援会，而是政治资金监管机制出了问题。战后日本在政治资金监管方面主要依赖《政治资金规制法》及《政党援助法》。虽然，《政治资金规制法》从制定以来到2009年已经经过了40多次的修改，但是从每次修改的过程来看，自民党和在野党将历次修改当作削弱对手的最佳时机。频繁针对对方的政治资金来源问题展开攻击。1954年2月，社会党左右两派联合提出修改议案，其主要内容为限制政党、协会团体接收来自企业的政治资金。该提案遭到自由党的强烈反对，自由党认为不能仅限制企业的献金，作为社会党财源的劳动工会的献金也应该限制。此次争论表明国会内部各政党都不想限制自己的资金来源，反而想通过修订《政治资金规制法》来削弱其他政党筹集政治资金的能力，并进而打击其他政党的发展。围绕《政治资金规制法》的修改，各党派间的政治斗争成为该法修改历程的"主旋律"。在此后的修改中，各政党并非真心想要完善该法律，从第一次修改开始，打击政治对手就成为历次《政治资金规制法》改革的主要议题。因此，尽管在20世纪60年代的第一次选举制度审议会就已指出企业及团体献金对日本民主政治的危害，但是企业及团体献金问题一直没有得到解决。尽管政党援助制度的引入前提是废除企业及团体献金，但是最终在部分国会议员的反对之下不了了之。

除此而外，政党支部缺乏有效的监管也成为1994年选举制度改革之后引发政治资金问题的重要原因。由于政党支部超然于政治资金管制体系之外，政治家及政党利用政党支部接收企业的迂回献金和秘密献金。有必要制定《政党法》来对政党实施有效的监管，并且强化对于政治资金流转的限制，保障政治资金的公开和透明。

当然，战后日本政治资金问题的发生除了政治资金监管体制和政党支部的问题外，缺乏强有力的惩罚机制也是造成战后日本政治资金问题多发的重要因素。在20世纪90年代初期的金丸信事件中，尽管金丸信收受了5亿日元的企业献金，但是最终仅被东京的简易裁判法院以违犯《政治资金规制法》对于企业献金数量的限制的罪名给予20万日元的罚款。可以看出，由于政治家违法的成本极小，既不会对其政治生命造成威胁，也不会使其遭受较大规模的财产损失，缺乏强有力的惩罚机制使政治家难以认真对待及重视政治资金问题，也使政治家敢于"以身试法"。

参考文献

一 著作类

（一）中文著作

林尚立：《政党政治与现代化——日本的历史与现实》，上海人民出版社，1998。

谭融：《美国利益集团政治研究》，中国社会科学出版社，2002。

王振锁：《自民党的兴衰——日本"金权政治"研究》，天津人民出版社，1996。

许晓光：《思想转型与社会近代化——日本近代早期非传统政治思想研究》，高等教育出版社，2011。

周杰：《日本选举制度改革探究》，社会科学文献出版社，2012。

〔美〕特索·纳吉塔：《当代日本政治的思想基础》，贺雷译，江苏人民出版社，2013。

〔美〕D. 埃莉诺·韦斯特尼：《模仿与创新：明治日本对西方组织模式的移植》，李萌译，清华大学出版社，2007。

〔美〕阿伦·李帕特：《选举制度与政党制度：1945～1990年27个国家的实证研究》，谢岳译，上海世纪出版集团，2008。

（二）日文

阿比留瑠比『政権交代の悪夢』、新潮社、2011年。

奥島貞雄『自民党総裁選―権力に憑かれた亡者たち―』、中央公論新社、2006年。

朝日新聞編『日本共産党』、朝日新聞社、1973年。

池田信夫『強すぎる自民党の病理』、PHP新書、2016年。

川人貞史・吉野孝ほか『現代の政党と選挙』、有斐閣アルマ、2001年。

参考文献

　川人貞史・新藤宗幸・阿部斉『日本の政治』、放送大学教育新興会1986年。
　川人貞史『日本の国会制度と政党政治』、東京大学出版会、2005年。
　川人貞史『選挙制度と政党システム』、木鐸社、2004年。
　村松岐夫・伊藤光利・辻中豊『戦後日本の圧力団体』、東洋経済新報社、1986年。
　村松岐夫『政官スクラム型リーダーシップの崩壊』、東洋経済新報社、2010年。
　大森忠夫『会社法講義』（改訂版）、有信堂、1971年。
　大嶽秀夫『日本型ポピュリズム：政治への期待と幻滅』、中央公論社、2003年。
　大嶽秀夫『日本政治の対立軸』、中央公論社、1999年。
　大嶽秀夫『現代日本の政治権力経済権力』、三一書房、1996年。
　待鳥聡史『首相政治の制度分析：現代日本政治の権力基盤形成』、千倉書房、2013年。
　稲田正次『明治憲法成立史』、有斐閣、1960年。
　的場敏博『戦後日本政党政治史論』、ミネルヴァ書房、2012年。
　東京新聞取材班『自民党迂回献金システムの闇―日歯連事件の真相―』、角川学芸出版、2005年。
　飯尾潤『日本の統治機構』、中央公論社、2014年。
　福岡政行『日本の選挙』、早稲田大学出版部、2000年。
　富森叡児『日本型民主主義の構図』、朝日新聞社、1993年。
　富山康吉『現代商法学の課題』、成文堂、1975年。
　宮川隆義『小選挙区比例代表並立制の魔術』、政治広報センター、1996年。
　古賀純一郎『政治献金：実態と理論』、岩波新書、2004年。
　谷口将紀『現代日本の選挙政治：選挙制度改革を検証する』、東京大学出版会、2004年。
　関根勉『政治とカネの判例集』、星雲社、2012年。
　広瀬道貞『補助金と政権党』、朝日新聞社、1981年。

広瀬道貞『政治とカネ』、岩波新書、1989年。
国民政治協会『国民政治協会40年史』、国民政治協会出版、2001年。
海部俊樹『政治とカネ：海部俊樹回顧録』、新潮社、2010年。
河野勝『制度』、東京大学出版会、2002年。
花村仁八郎『政財界パイプ役半生記—経団連外交—』、東京新聞出版局、1990年。
吉村正『日本政治の診断』、東海大学出版会、1965年。
吉田善明『変動期の憲法諸相』、敬文堂、2001年。
季武嘉也『選挙違反の歴史—ウラから見た日本の100年—』、吉川弘文館、2007年。
加藤秀治郎『日本の統治システムと選挙制度の改革』、一藝社、2013年。
加藤秀治郎『日本の選挙　何を変えれば政治が変わるのか』、中央公論新社、2003年。
建林正彦『政党政治の制度分析』、千倉書房、2017年。
久保慶一・河野勝編『民主化と選挙の比較政治学：変革期の制度形成とその帰結』、勁草書房、2013年。
久米郁男・河野勝『現代日本の政治』、放送大学教育振興会、2011年。
菊池正史『安倍晋三「保守」の正体：岸信介のDNA』、文藝春秋、2017年。
堀江湛『日本の選挙と政党政治』、北樹出版、1997年。
堀江湛『政治改革と選挙制度』、芦書房、1993年。
堀要『日本政治の実証分析：政治改革・行政改革の視点』、東海大学出版会、1996。
鈴木良一『実務と研修のためのわかりやすい政治資金規正法』、ぎょうせい、1995年。
鈴木宜則『現代日本の政治』、北樹出版、2011年。
鈴木竹雄『会社法判例百選』、有斐閣、1983年。
鈴木竹雄『商法研究Ⅲ』、有斐閣、1971年。

参考文献

梅津実・坪郷実・後房雄・大西裕・森脇俊雅『比較・選挙政治—21世紀初頭における先進6か国の選挙—』、ミネルヴァ書房、2004年。

毎日新聞政治部・経済部『財界と政界再編への胎動』、耕文社、1991年。

平野浩・河野勝『アクセス日本政治論』、日本経済評論社、2010年。

蒲島郁夫『戦後政治の軌跡：自民党システムの形成と変容』、岩波書店、2004年。

斉藤淳『自民党長期政権の政治経済学：利益誘導政治の自己矛盾』、勁草書房、2010年。

浅野一郎『選挙制度と政党』、信山社出版、2003年。

浅野正彦『市民社会における制度改革—選挙制度と候補者リクルート—』、慶応義塾大学出版会、2006年。

日本財政法学会『財政法叢書7 政治資金』、学陽書房、1991年。

三鬼陽之助『献金金脈』、講談社、1975年。

三宅一郎『選挙制度変革と投票行動』、木鐸社、2001年。

三枝一雄・吉田善明ほか『政治資金と法制度』、日本評論社、1998年。

森英樹編著『政党国庫補助の比較憲法的総合的研究』、柏書房、1994年。

砂原庸介『分裂と統合の日本政治』、千倉書房、2017年。

山口二郎『日本の課題』、岩波書店、1997年。

山口二郎『政治改革』、岩波新書、1993年。

杣正夫『日本選挙制度史：普通選挙法から公職選挙法まで』、九州大学出版会、1986年。

上脇博之『政党助成法の憲法問題』、日本評論社、1999年。

升味準之輔『現代日本の政治体制』、岩波書店、1969年。

石川真澄・広瀬道真『自民党—長期支配の構造—』、岩波書店、1989年。

石川真澄『人物戦後政治』、岩波書店、1997年。

石川真澄『小選挙区制と政治改革—問題点は何か—』、岩波書店、

战后日本选举与政治资金问题

1993 年。

　　石川真澄『戦後政治構造史』、日本評論社、1978 年。

　　市川太一『世襲代議士の研究』、日本経済新聞社、1990 年。

　　室伏哲郎『汚職の構造』、岩波新書、1981 年。

　　笹子勝哉『政治資金』、社会思想社、1988 年。

　　松本保美『新しい選挙制度：理論とテクノロジーに裏付けられた』、木鐸社、2003 年。

　　松尾尊兊『普通選挙制度成立史の研究』、岩波書店、1989 年。

　　藤田博昭『日本の政治と金』、勁草出版サービスセンター、1980 年。

　　田中愛治ほか『なぜ政権交代だったのか：読売・早稲田の共同調査で読みとく日本政治の転換』、勁草書房、2009 年。

　　田中宗孝『政治改革六年の道程』、ぎょうせい、1997 年。

　　樋渡展洋・斉藤淳『政党政治の混迷と政権交代』、東京大学出版会、2011 年。

　　樋口陽一・佐藤幸治・中村睦男・浦部法穂『憲法Ⅱ』、青林書院、1997 年。

　　樋口陽一『憲法』、創文社、1992 年。

　　筒井清忠『昭和戦前期の政党政治：二大政党制はなぜ挫折したのか』、筑摩書房、2012 年。

　　丸山健『政党法論』、学陽書房、1976 年。

　　西島久『公明党』、雪華社、1967 年。

　　西原寛一『商事法研究』（第 3 巻）、有斐閣、1968 年。

　　小林俊治『企業政治資金―もう一つの投資の理論―』、日本経済新聞社、1976 年。

　　小林良彰『現代日本の選挙』、東京大学出版会、1991 年。

　　小林良彰『現代日本の政治過程：日本型民主主義の計量分析』、東京大学出版会、1997 年。

　　小林良彰『選挙制度：民主主義再生のために』、丸善、1994 年。

　　岩井奉信『「政治資金」の研究：利益誘導の日本的政治風土』、日本経済新聞社、1990 年。

参考文献

塩田潮『民主党の研究』、平凡社、2007年。

野中尚人『自民党政治の終わり』、筑摩書房、2008年。

伊藤之雄『政党政治と天皇』、講談社、2002年。

斎藤栄三郎『政治改革の原点―政界汚職百年史―』、国会審議調査会、1992年9月6日。

『政権交代時代の政府と政党のガバナンス―短命政権と決められない政治を打破するために―』、21世紀政策研究所、2012年。

政治資金制度研究会『政治資金規正法要覧』（第三次改訂版）、国政情報センター、2006年。

政治資金制度研究会『逐条解説―政治資金規正法―』（第二次改訂）、行政出版、2002年。

中北浩爾『自民党―「一強」の実像―』、中央公論社、2017年。

中央社編『衆議院議員選挙法改正：政府解説纂輯』、中央社、1934年。

自由法曹団『検証小選挙区制』、新日本出版社、1994年。

自治大学校編『戦後政治史Ⅳ―衆議院選挙法改正―』、自治大学校出版、1961年。

佐々木毅『政治改革1800日の真実』、講談社、1999年。

佐々木毅ほか編著『代議士とカネ―政治資金全国調査報告―』、朝日新聞社、1999年。

佐藤誠三郎・松崎哲久『自民党政権』、中央公論社、1986年。

Herbert E. Alexander・白鳥令編著『民主主義のコスト―政治資金の国際比較―』、新評論、1995年。

K. V. ウォルフレン『日本/権力構造の謎』、篠原勝訳、早川書房、1990年。

ジェラルド・カーティス、石川真澄『土建国家ニッポン』、光文社、1983年。

ジェラルド・カーティス『代議士の誕生』、山岡清二・大野一訳、日経BP出版センター、2009年。

ジェラルド・カーティス『政治と秋刀魚』、日経BP出版センター、

2008年。

フランシス・ローゼンブルース、マイケル・ティース『日本政治の大転換:「鉄とコメの同盟」から日本型自由主義へ』、徳川家広訳、勁草書房、2012年。

（三）英文

Henry Aaron, Robert D. Reischauer, eds., *Setting National Priorities: The 2000 Election and Beyond*, Brookings press, 1999.

Gerald L. Curtis, *The Logic of Japanese Politics: Leaders, Institutions, and the Limits of Change*, New York: Columbia University Press, 1999.

Matthew Soberg Shugart and Martin P. Wattenberg, eds., *Mixed Member Electoral Systems: The Best of Both Worlds?*, New York: Oxford University Press, 2001.

Matthew Carlson, *Money Politics in Japan*, Lynne Rienner Publishers, 2007.

Masaru Kohno, *Japan's Postwar Party Politics*, Princeton University Press, 1997.

Scheiner, Ethan, *Democracy without Competition in Japan: Opposition Failure in a One-Party Dominant State*, New York: Cambridge University Press, 2005.

Van Wolfren, Karel, *The Enigma of Japanese Power: People and Politics in a Stateless Nation*, New York: Norton, 1989.

二　论文类

（一）中文论文

曹天禄：《日本共产党独具特色的财政活动》，《咸宁师专学报》2002年第1期。

刁大明：《美国大选中的金权政治》，《红旗文稿》2012年第21期。

乔林生：《从"世袭政治"看日本民主的实像》，《南开学报》（哲学社会科学版）2010年第1期。

曲静：《原地转圈：日本政治捐款制度改革》，《日本问题研究》2013年第1期。

宋益民：《日本"金权政治"刍议》，《日本学刊》1989年第4期。

孙惠彦：《日本的财界》，《世界经济》1983 年第 11 期。

孙立勇：《美国西部开发与腐败》，《正气》2008 年第 4 期。

孙哲、赵可金：《美国国会对腐败问题的治理》，《清华大学学报》（哲学社会科学版）2009 年第 2 期。

王振锁：《政治资金与自民党的兴衰》，《日本学刊》1996 年第 3 期。

徐彤武：《"外围团体"对 2012 年美国大选的影响》，《美国研究》2012 年第 3 期。

徐万胜：《政治资金与日本政党体制转型》，《日本学刊》2007 年第 1 期。

臧志军：《日本政治资金及其管理法制改革》，《外国问题研究》2009 年第 2 期。

周永生：《日本的政治捐款制度》，《中国政法大学学报》2008 年第 6 期。

（二）日文论文

奥平康弘「憲法政治の復権はいかにあるべきか」、『法律時報』第 61 巻第 12 号、1989 年。

濱本真輔「小選挙区比例代表並立制の存立基盤」、『年報政治学』第 60 巻第 1 号、2009 年。

成田憲彦「公職選挙法と政治資金規正法」、『都市問題』第 100 巻第 10 号、東京市政調査会、2009 年。

川人貞史「選挙協力・戦略投票・政治資金：2000 年総選挙の分析」、『選挙研究』第 17 巻、2002 年。

川人貞史「中選挙区制研究と新制度論」、『選挙研究』第 15 巻、2000 年。

村上信一郎「政党活動に対する国家助成イタリアの経験から」、『選挙研究』第 6 巻、1991 年。

殿岡昭郎「政治家における金の研究」、『文芸春秋』第 53 巻第 6 号、1975 年 6 月。

富田信男「普選法の制定と普選第一回総選挙」、『選挙研究』第 5 号、日本選挙学会、1990 年。

战后日本选举与政治资金问题

  富田信男「小選挙区比例代表並立制に関する一考察」、『選挙研究』第 13 巻、1998 年。
  高野恵亮「政治活動と倫理—政治資金規正法をめぐって—」、『世界と議会』第 521 巻、2008 年 2 月。
  亀井正夫「政治臨調のすすめ」、『経団連月報』、1988 年 10 月号。
  和田淳一郎「二大政党制をめぐって」、『公共選択の研究』第 2004 巻第 40 号、1991 年。
  河野勝・フォルニエパトリック「日本の中選挙区・単記非移譲式投票制度と戦略的投票「M＋1の法則」を超えて」、『選挙研究』第 15 巻、2000 年。
  加藤秀治郎「選挙研究と日本政治の改革ポパーの漸進的社会工学に導かれて」、『選挙研究』第 23 巻、2008 年。
  加藤一彦「企業による政治資金の規制論拠」、『一橋法学』第 2 巻第 2 号、2003 年 6 月。
  建林正彦「中小企業政策と選挙制度」、『年報政治学』第 48 巻、1997 年。
  金崎雅之・細江守紀「選挙制度と地方公共財供給の経済分析」、『地域学研究』第 33 巻第 1 号、2002－2003 年。
  芦部信喜「選挙制度改革問題断想」、『選挙研究』第 6 巻、1991 年。
  名取良太「選挙制度改革と利益誘導政治」、『選挙研究』第 17 巻、2002 年。
  森正「『制度改革』の政治学日本政治の変化をめぐる日本政治研究の展開」、『年報政治学』第 57 巻第 1 号、2006 年。
  藤田博昭「政治資金とは何か」、『北海道大学法学』第 33 巻第 1 号、1982 年。
  武村正義「なぜ国政にはそんなにカネがかかるのか」、『都市問題』第 100 巻第 10 号、東京市政調査会、2009 年。
  下仲宏卓「政党助成法の一部を改正する法律等について」、『選挙時報』第 45 巻第 2 号、1996 年。
  小林良彰「選挙制度改革の分析」、『選挙研究』第 7 巻、1992 年。

小平修「選挙制度の国際比較」、『選挙研究』第 3 巻、1998 年。

岩井奉信「政治資金をめぐる—果てしない『イタチごっこ』」、『都市問題』、東京市政調査会特集 1、2009 年 10 月。

永山正男「明治期小選挙区制の基礎的研究選挙区人口の推定、有権者数および棄権率の整理とその分析」、『選挙研究』第 12 巻、1997 年。

遠藤速晶「後援会動員と日本の有権者—世論調査モード間比較—」、『早稲田政治公法研究』第 100 号。

澤大洋「明治最初期の選挙制度論の発展」、『選挙研究』第 5 号、1990 年。

曽根泰教「衆議院選挙制度改革の評価」、『選挙研究』第 20 巻、2005 年。

趙漢義「日本の利益分配政策と自民党の支配」、『選挙研究』第 8 巻、1993 年。

中島茂樹「憲法問題としての政治献金」、『立命館法学』第 3・4 号下巻、2000 年。

中島茂樹「憲法問題としての政治献金—熊谷組政治献金事件福井地裁判決を素材に—」、『立命館大学人文科学研究所紀要』No. 84、2004 年 3 月。

リードスティーブン・R.「中選挙区制における均衡状態」、『選挙研究』第 15 巻、2000 年。

（三）英文论文

Christensen, Raymond, "Electoral Reform in Japan: How It Was Enacted and Changes It May Bring", *Asian Survey*, Volume 34, Issue 7, 1994.

David, Leggett, "Japan's Money Politics", *PublicMoney & Management*, January-March 1995.

Donald P. Moynihan, "Protection Versus Flexibility: The Civil Service Reform Act, Competing Administrative Doctrines, and the Roots of Contemporary Public Management Debate", *Journal of Policy History*, Volume 16, Issue 1, 2004.

Gary W. Cox and Michaelf Thies, "The Cost of Intraparty Competition",

Comparative Political Studies, June 1998.

Martin Linton, "Money and Votes", Institute for the Public Policy Research, 1994.

三 法律法规及其他参考资料

日本自由民主党『政治改革大綱』1989 年 5 月 23 日。

『中選挙区制度廃止宣言』、1992 年 12 月 18 日。

『政党助成法』2004 年 2 月 4 日法律第 5 号。

『政治資金規正法』1948 年 7 月 29 日法律第 194 号。

『公職選挙法』1950 年 4 月 15 日法律第 100 号。

『憲法中綱領之議』、日本国立国会図書館デジタルコレクション、1881、http://dl.ndl.go.jp/info:ndljp/pid/3860373。

政治議会調査室『政治資金規正関係年表』、国立国会図書館調査及び立法考査局、2010 年。

2008~2013 年総務省自治行政局選挙部政党助成室『政党交付金使途報告のしおり』。

2004~2011 年総務省「政治資金収支報告の概要」。

2001~2011 年総務省『官報』。

2008~2011 年総務省「政党交付金使途等報告の概要」。

公明党：http://www.komei.or.jp。

自民党：https://www.jimin.jp/。

朝日新聞：http://www.asahi.com/。

読売新聞：http://www.yomiuri.co.jp/。

日本経済新聞：http://www.nikkei.com/。

legislation.Gov.UK：http://www.legislation.gov.uk/。

后 记

本书是在我博士论文的基础上修改而成。成书之际，回想起这些年的求学历程，心里充满感激之情。

成书之际，衷心感谢攻读博士学位期间北京大学梁云祥教授、早稻田大学河野胜教授和吉野孝教授的指导与关怀。在北京大学求学期间，梁老师始终鼓励我去探索未知的学术领域，激励我不断提高自身的科研能力。在攻读硕士学位期间，我有幸获得北京大学国际关系学院硕博连读资格，并入选北京大学－早稻田大学博士双学位项目。这使我有机会走进日本，深刻观察、感受自己的研究对象。在早稻田大学政治学研究科留学期间，河野胜教授和吉野孝教授作为我的指导老师给予我多方面的关怀。他们积极鼓励我学习计量政治、启发我开展比较研究，我的论文得以顺利完成。同时要感谢唐亮教授、谷藤悦史教授，在早稻田大学博士论文开题的时候，两位教授提出了诸多宝贵的修改意见。

在求学过程中，张锡镇老师和归永涛老师的敦敦教诲让我受益匪浅。在博士论文开题和写作过程中，张海滨老师、王联老师、宋伟老师、潘维老师、李玉老师提出了许多宝贵的修改建议。在此，我对各位老师们的指导和关怀表示感谢。

在求学和论文写作的过程中，同窗好友的关心和帮助令人难以忘怀。在日本留学期间，尾崎顿司、高井亮佑、工藤文、唐琳、王莹、崔纱华等同学在生活和学习上给予我很大的帮助，让我能够顺利地融入早大的学习生活。在早稻田大学奉仕园和北京大学燕园的求学生活是人生中的美好时光，感谢金晓文师兄、程多闻师兄、王剑英师兄、马婧师姐在求学和论文写作过程中的支持和帮助。

最后，感谢我的家人在我求学过程中的支持和付出，尤其是在我博士论文写作期间对我的关怀和照顾。

朱清秀
2019 年秋于北京

图书在版编目(CIP)数据

战后日本选举与政治资金问题 / 朱清秀著. -- 北京：社会科学文献出版社，2019.11
ISBN 978 - 7 - 5201 - 5668 - 4

Ⅰ.①战… Ⅱ.①朱… Ⅲ.①选举制度 - 研究 - 日本 - 现代 ②财政资金 - 研究 - 日本 - 现代 Ⅳ.①D731.324 ②F813.131

中国版本图书馆 CIP 数据核字（2019）第 214163 号

战后日本选举与政治资金问题

著　　者 / 朱清秀

出　版　人 / 谢寿光
责任编辑 / 郭红婷

出　　版 / 社会科学文献出版社·当代世界出版分社（010）59367004
　　　　　地址：北京市北三环中路甲29号院华龙大厦　邮编：100029
　　　　　网址：www.ssap.com.cn
发　　行 / 市场营销中心（010）59367081　59367083
印　　装 / 三河市东方印刷有限公司

规　　格 / 开　本：787mm × 1092mm　1/16
　　　　　印　张：16　字　数：261千字
版　　次 / 2019年11月第1版　2019年11月第1次印刷
书　　号 / ISBN 978 - 7 - 5201 - 5668 - 4
定　　价 / 79.00元

本书如有印装质量问题，请与读者服务中心（010 - 59367028）联系

▲ 版权所有 翻印必究